全国高等教育自学考试指定教材

# 财务管理学

（含：财务管理学自学考试大纲）　　课程代码　00067

（2024年版）

全国高等教育自学考试指导委员会　组编

主　编　贾国军　刘海英

副主编　李胜坤　林　莉　刘广斌

中国人民大学出版社

·北京·

# 中国人民大学出版社自考数字教材配套数字资源使用指南

由全国高等教育自学考试指导委员会组织国内相关领域知名专家，编写了最新版自考教材，并首次配套数字资源。本数字教材有以下特点：

（1）知识点微课贯穿全书，视频扫码随时学。

（2）在线自测题按章分布，边学边练效果好。

（3）支持课程互动和评论，让学习不再孤单。

（4）考试资讯和资源更新，关注公号享服务。

凡是购买正版教材的考生，可凭封面的兑换码免费兑换教材配套数字资源。

数字资源获取方法和使用说明如下：

（1）扫描并关注“人大社 e 自考”微信公众号。

（2）点击“课程中心”中的子菜单“兑换中心”。

（3）刮开本书所附卡片涂层，获取数字资源兑换码，即可兑换教材配套数字资源。

（4）在“课程中心”中的子菜单“我的课程”里找到已兑换的课程进行学习。

如兑换码有误或有其他问题，请关注“人大社 e 自考”微信公众号并留言。

# 组编前言

21 世纪是一个变幻莫测的世纪，是一个催人奋进的时代。科学技术飞速发展，知识更替日新月异。希望、困惑、机遇、挑战，随时随地都有可能出现在每一个社会成员的生活之中。抓住机遇，寻求发展，迎接挑战，适应变化的制胜法宝就是学习——依靠自己学习、终身学习。

作为我国高等教育组成部分的自学考试，其职责就是在高等教育这个水平上倡导自学、鼓励自学、帮助自学、推动自学，为每一个自学者铺就成才之路。组织编写供读者学习的教材就是履行这个职责的重要环节。毫无疑问，这种教材应当适合自学，应当有利于学习者掌握和了解新知识、新信息，有利于学习者增强创新意识，培养实践能力，形成自学能力，也有利于学习者学以致用，解决实际工作中所遇到的问题。具有如此特点的书，我们虽然沿用了“教材”这个概念，但它与那种仅供教师讲、学生听，教师不讲、学生不懂，以“教”为中心的教科书相比，已经在内容安排、编写体例、行文风格等方面都大不相同了。希望读者对此有所了解，以便从一开始就树立起依靠自己学习的坚定信念，不断探索适合自己的学习方法，充分利用自己已有的知识基础和实际工作经验，最大限度地发挥自己的潜能，达到学习的目标。

欢迎读者提出意见和建议。

祝每一位读者自学成功。

全国高等教育自学考试指导委员会<br>2022 年 12 月

# 目　录

全国高等教育自学考试

# 财务管理学

# 自学考试大纲

全国高等教育自学考试指导委员会　制定

# 大纲前言

为了适应社会主义现代化建设事业的需要，鼓励自学成才，我国在 20 世纪 80 年代初建立了高等教育自学考试制度。高等教育自学考试是个人自学、社会助学和国家考试相结合的一种高等教育形式。应考者通过规定的专业考试课程并经思想品德鉴定达到毕业要求的，可获得毕业证书；国家承认学历并按照规定享有与普通高等学校毕业生同等的有关待遇。经过 40 多年的发展，高等教育自学考试为国家培养造就了大批专门人才。

课程自学考试大纲是规范自学者学习范围，要求和考试标准的文件。它是按照专业考试计划的要求，具体指导个人自学、社会助学、国家考试及编写教材的依据。

随着经济社会的快速发展，新的法律法规不断出台，科技成果不断涌现，原大纲中有些内容过时、知识陈旧。为更新教育观念，深化教学内容方式、考试制度、质量评价制度改革，使自学考试更好地提高人才培养的质量，各专业委员会按照专业考试计划的要求，对原课程自学考试大纲组织了修订或重编。

修订后的大纲，在层次上，本科参照一般普通高校本科水平，专科参照一般普通高校专科或高职院校的水平；在内容上，及时反映学科的发展变化，增补了自然科学和社会科学近年来研究的成果，对明显陈旧的内容进行了删减，以更好地指导应考者学习使用。

全国高等教育自学考试指导委员会

2023 年 12 月

# Ⅰ　课程性质与课程目标

## 一、课程性质和特点

“财务管理学”是高等教育自学考试金融学（专升本）、工商管理（专升本）、国民经济管理（专升本）等多个经济管理类专业的一门课程。

本课程是从现代企业制度下财务管理工作实践出发，着重介绍财务管理的基本原理、基本知识和基本技能。主要内容有财务管理基本理论、财务分析与预测、投资决策、筹资决策及利润分配决策。该课程综合性强，内容丰富，涉及面广，章节联系密切，逻辑严密，方式方法灵活多样，计算较为复杂。

## 二、课程目标

通过本课程的学习，考生应懂得财务管理学的基本理论；熟悉国家有关财经方针、政策和财务管理制度；掌握财务管理学的基本原则、工作内容和实践操作方法。同时，学生应具有以提高企业经济效益和社会效益为核心，进行价值评估、财务分析、规划与预算、筹资管理、投资管理以及股利分配决策的初步能力。

鉴于本课程内容的理论性、政策性和技术性较强，并与相关的其他基础理论课程和专业课程联系密切，因此，该课程将力求做到立足于我国国情，关注国际经济动态，链接企业财务管理案例，做到理论与实践相结合。通过对财务管理学的基本理论、基本知识和基本技能的理解与掌握，考生在专业技能上能适应企业财务管理实践的需要。

## 三、与相关课程的联系与区别

财务管理学涉及经济学、会计学、管理学、数学等学科的知识。它是建立在经济学的理论基础之上，利用会计提供的信息资料，运用数学方法和手段，按照管理学的一般原则进行研究的学科。对于非经济管理类和不习惯定量分析的考生来说，学习难度较大。建议考生在学习过程中主要掌握一些基本理论与方法，注重财务管理实务，不要过分关注公式的推导。

## 四、课程的重点和难点

“财务管理学”课程的重点与难点可以概括为：第一章财务管理概述的第一节、第二节和第三节（财务管理环境分类除外）；第二章价值评估基础的第一节和第二节；第三章财务分析的第一节（财务分析意义和财务分析基础除外）、第二节和第三节；第四章利润规划与短期预算的第一节、第二节；第五章长期筹资方式与资本成本的第一节（长期筹资内涵除外）、第二节、第三节（债券信用评级除外）、第四节；第六章杠杆原理与资本结构的第一节、第二节；第七章证券投资决策的第一节、第二节、第三节；第八章项目投资决策的第一节、第二节、第三节、第四节；第九章营运资金决策的第一节（营运资金决策的原则除外）、第二节、第三节、第四节、第五节；第十章股利分配决策的第一节（股利分配的意义除外）、第二节、第三节。

# Ⅱ　考核目标

本课程考试依据理论联系实际的原则，要求考生能够深刻理解财务管理的基本原理和方法，并能结合具体的问题加以应用，着重考查财务管理的基本理论和方法。具体要求包括：识记、领会、简单应用和综合应用四个层次。

识记（Ⅰ）：要求考生经过学习后能够识别和记住的内容，包括基本概念、基本原理、基本方法以及有关法规制度等，并根据考核要求，做出正确的表述、选择和判断。

领会（Ⅱ）：要求在识记的基础上，能够全面掌握财务管理的概念、原理、方法和有关法规的内容，能够完整表述财务管理的基本内容，能够根据考核的不同要求对有关财务管理问题进行逻辑推理和论证，并做出正确的解释和说明。

简单应用（Ⅲ）：要求考生能够灵活运用财务管理的某一个基本原理或技术方法解决公司财务管理实践中较为单一的问题，是考查应用能力的较低层次要求。

综合应用（Ⅳ）：要求考生能够运用财务管理知识，分析并解决综合性较强的公司财务问题，这是考查应用能力的最高层次要求。

# Ⅲ 课程内容与考核要求

## 第一章 财务管理概述

### 一、学习目的与要求

通过本章的学习，要求理解财务管理的概念与特点、财务管理的内容、财务管理的目标、财务管理的环境等基本理论问题，对财务管理有一个总括的认识，并为学好以后各章内容奠定扎实的理论基础。

### 二、课程内容

#### 第一节 财务管理的含义

（一）公司财务活动

（二）公司财务关系

（三）财务管理的特点

#### 第二节 财务管理的内容与目标

（一）财务管理的内容

（二）财务管理的目标

（三）财务管理目标的协调

#### 第三节 财务管理环境

（一）技术环境

（二）经济环境

（三）法律环境

（四）金融环境

### 三、考核知识点与考核要求

（一）财务管理的含义

识记：财务活动；投资活动；筹资活动；经营活动；股利分配活动；财务关系。

领会：组织财务活动中形成的经济利益关系；财务管理的特点。

（二）财务管理的内容与目标

识记：投资管理；筹资管理；营运资金管理；股利分配管理。

领会：利润最大化；股东财富最大化；企业价值最大化；股东与经营者之间的利益冲突与协调；股东与债权人之间的利益冲突与协调。

（三）财务管理环境

识记：技术环境；经济环境；法律环境；金融市场的构成要素；金融市场的种类。

领会：金融市场与财务管理的关系；流动性风险；期限性风险；通货膨胀补偿。

简单应用：利率的计算。

### 四、本章重点与难点

本章的重点是掌握财务管理的基本概念、财务管理目标、利率计算；难点是理解不同种类财务管理目标的优缺点。

## 第二章　价值评估基础

### 一、学习目的与要求

通过本章的学习，理解货币时间价值的概念，掌握货币时间价值的计算；理解风险的概念，掌握风险的计量方法，理解风险与收益的关系。

### 二、课程内容

#### 第一节　货币时间价值

（一）货币时间价值的概念

（二）货币时间价值的计算

（三）利率或计息期计算

（四）名义利率和实际利率的关系

#### 第二节　风险与收益

（一）风险的概念与分类

（二）单项资产的风险与收益衡量

（三）风险和收益的关系

### 三、考核知识点与考核要求

（一）货币时间价值

识记：货币时间价值；单利与复利；年金。

领会：实际利率与名义利率的关系；插值法的运用。

简单应用：复利终值与现值；普通年金终值与现值；即付年金终值与现值；永续年金现值的计算。

综合应用：递延年金终值与现值的计算。

（二）风险与收益

识记：系统风险与非系统风险；方差、标准离差与标准离差率；期望值。

领会：风险概念；风险与收益关系；资本资产定价模型；证券市场线。

简单应用：单项资产风险与收益衡量。

综合应用：投资组合的风险与收益的关系。

### 四、本章重点与难点

本章的重点是货币时间价值计算、单项资产风险与收益的计量、资本资产定价模型；难点是名义利率与实际利率的关系、投资组合的风险与收益关系。

## 第三章　财务分析

### 一、学习目的与要求

通过本章的学习，理解财务分析的意义、财务分析的内容、财务分析的基础数据来源和财务分析方法的类型；掌握财务比率分析和杜邦分析体系及其具体运用。

### 二、课程内容

#### 第一节　财务分析概述

（一）财务分析的意义

（二）财务分析的内容

（三）财务分析的基础

（四）财务分析的方法

#### 第二节　财务能力分析

（一）营运能力

（二）短期偿债能力

（三）长期偿债能力

（四）发展能力

（五）盈利能力

#### 第三节　综合财务分析

（一）杜邦分析体系

（二）杜邦分析体系的应用

### 三、考核知识点与考核要求

（一）财务分析概述

识记：财务分析；营运能力分析；偿债能力分析；盈利能力分析；综合财务分析；资产负债表；利润表；现金流量表；比率分析法；比较分析法。

领会：财务分析的意义；财务分析的主体；财务分析的内容。

简单应用：比较分析法。

（二）财务能力分析

识记：总资产周转率；流动资产周转率；应收账款周转率；存货周转率；流动比率；速动比率；资产负债率；产权比率；权益乘数；利息保障倍数；营业收入增长率；资产增长率；股权资本增长率；营业利润增长率；销售毛利率；销售净利率；净资产收益率；总资产息税前利润率；总资产净利率；每股收益。

简单应用：各项指标的计算。

综合应用：营运能力分析；短期和长期偿债能力分析；发展能力分析；盈利能力分析。

（三）综合财务分析

识记：杜邦分析法。

综合应用：杜邦分析体系的应用。

### 四、本章重点与难点

本章的重点是营运能力、短期偿债能力、长期偿债能力和盈利能力指标的计算，杜邦财务分析体系的运用；难点是杜邦分析体系的运用。

## 第四章　利润规划与短期预算

### 一、学习目的与要求

通过本章的学习，掌握本量利分析的基本模型、盈亏临界点分析、与盈亏临界点相关指标的计算、保利分析、利润的敏感分析；理解全面预算体系的内容和预算编制方法，掌握营业预算和财务预算的编制。

### 二、课程内容

#### 第一节　利润规划

（一）成本性态分析

（二）本量利分析的基本模型

（三）盈亏临界点分析

（四）保利分析

（五）盈亏临界图

（六）有关因素变动对盈亏临界点及实现目标利润影响的分析

（七）利润敏感性分析

#### 第二节　短期预算

（一）全面预算体系

（二）全面预算的编制方法

（三）营业预算编制
（四）财务预算编制

## 三、考核知识点与考核要求

（一）利润规划

识记：成本性态；固定成本；变动成本；混合成本；盈亏临界点；安全边际与安全边际率；盈亏临界点作业率。

领会：盈亏临界图。

简单应用：总成本模型运用；盈亏临界点的计算；安全边际与安全边际率的计算；盈亏临界点作业率的计算；销售息税前利润率的计算。

综合应用：保利分析；有关因素变动对盈亏临界点及实现目标利润影响的分析；利润敏感性分析。

（二）短期预算

识记：全面预算；特种决策预算；营业预算；财务预算；固定预算；弹性预算；增量预算；零基预算；定期预算；滚动预算。

领会：全面预算的体系；固定预算的特点；弹性预算的特点；增量预算的特点；零基预算的特点；定期预算的特点；滚动预算的特点。

简单应用：销售预算编制；生产预算编制；直接材料预算编制；直接人工预算编制；制造费用预算编制；产品成本预算编制；销售与管理费用预算编制。

综合应用：现金预算编制；预计利润表编制；预计资产负债表编制。

## 四、本章重点与难点

本章的重点是成本性态分析、盈亏临界点计算与分析、安全边际与安全边际率的计算、实现目标利润的影响因素分析以及敏感分析、营业预算和财务预算的编制；难点是利润敏感分析、营业预算和财务预算的编制。

# 第五章　长期筹资方式与资本成本

## 一、学习目的与要求

通过本章的学习，理解长期筹资的含义；掌握预测筹资数量的销售百分比法；理解吸收直接投资的方式与特点；理解普通股和优先股股东享有的权利及筹资特点；理解长期借款的保护性条款；掌握债券发行价格的确定；掌握租赁筹资的租金计算；理解资本成本的概念和影响资本成本的因素；掌握个别资本成本与加权资本成本的计算。

## 二、课程内容

### 第一节　长期筹资概述

（一）长期筹资的内涵

（二）预测筹资数量——销售百分比法

### 第二节　权益资金筹集

（一）吸收直接投资

（二）普通股筹资

（三）优先股筹资

（四）留存收益筹资

### 第三节　长期债务资金筹集

（一）长期借款筹资

（二）长期债券筹资

（三）租赁筹资

### 第四节　资本成本

（一）资本成本概述

（二）个别资本成本

（三）加权平均资本成本

## 三、考核知识点与考核要求

（一）长期筹资概述

识记：销售百分比法；内含增长率；可持续增长率。

领会：长期筹资内涵；外部筹资需求的敏感分析；可持续增长的假设条件。

简单应用：销售百分比法计算外部筹资。

综合应用：内含增长率的计算；可持续增长率的计算。

（二）权益资金筹集

识记：吸收直接投资；普通股；优先股；留存收益。

领会：吸收直接投资的种类；吸收直接投资的方式；吸收直接投资的优缺点；普通股股东的权利；普通股筹资的优缺点；优先股股东的权利；优先股筹资的优缺点；留存收益筹资的优缺点。

（三）长期债务资金筹集

识记：长期借款；固定利率与浮动利率；债券；租赁；直接租赁；售后租回；杠杆租赁。

领会：长期借款的保护性条款；长期借款的偿还方式；长期借款筹资的优缺点；债券的信用评级；长期债券筹资的优缺点；租赁筹资的优缺点。

简单应用：债券发行价格的计算；租赁筹资租金的计算。

（四）资本成本

识记：资本成本的概念；加权平均资本成本的概念。

领会：资本成本的影响因素；资本成本的作用。

简单应用：个别资本成本的计算。

综合应用：加权平均资本成本的计算。

## 四、本章重点与难点

本章的重点是使用销售百分比法预测外部资本需要量、内含增长率计算、可持续增长率计算；权益资金筹集的形式及特点、长期债务资金筹集的形式及特点，以及个别资本成本和加权平均资本成本的计算。本章的难点包括使用销售百分比法预测外部资金需要量、可持续增长率计算、债券发行价格的确定和加权平均资本成本的计算。

# 第六章　杠杆原理与资本结构

## 一、学习目的与要求

通过本章的学习，熟悉经营杠杆、财务杠杆和复合杠杆的概念与特点，掌握经营杠杆、财务杠杆和复合杠杆的计算；理解杠杆效应与风险之间的关系；理解资本结构的概念与影响因素；掌握最优资本结构的确定方法。

## 二、课程内容

### 第一节　杠杆原理

（一）经营风险与经营杠杆

（二）财务风险与财务杠杆

（三）公司总风险与复合杠杆

### 第二节　资本结构

（一）资本结构理论

（二）资本结构的主要影响因素

（三）资本结构的决策方法

## 三、考核知识点与考核要求

（一）杠杆原理

识记：经营风险；经营杠杆；财务风险；财务杠杆；复合杠杆。

领会：经营风险的影响因素；经营杠杆和经营风险关系；财务风险和财务杠杆的关系。

综合应用：经营杠杆系数的计算；财务杠杆系数的计算；复合杠杆系数的计算。

（二）资本结构

识记：资本结构；每股收益无差异点。

领会：资本结构理论的主要观点；影响资本结构的主要因素；最优的资本结构。

综合应用：比较资本成本法运用；每股收益分析法运用；公司价值分析法运用。

## 四、本章重点与难点

本章的重点是经营风险与经营杠杆的概念及两者之间的关系，财务风险与财务杠杆的概念及两者之间关系，三个杠杆系数的计算及关系，资本结构优化选择的方法；难点是资本结构理论的主要观点、资本结构优化选择的每股收益分析法和公司价值分析法。

# 第七章　证券投资决策

## 一、学习目的与要求

通过本章的学习，掌握股票投资、债券投资的估价模型，掌握债券投资收益率的计算；理解债券投资风险及其类型，理解股票投资期望收益率的计算，理解股票投资与债券投资的优缺点；理解证券投资基金的含义及特点，掌握证券投资基金的分类及费用类型，理解证券投资基金风险的特征。

## 二、课程内容

### 第一节　债券投资

（一）债券投资估价
（二）债券投资收益率
（三）债券投资风险
（四）债券投资优缺点

### 第二节　股票投资

（一）股票投资估价
（二）股票投资期望收益率
（三）股票投资优缺点

### 第三节　证券投资基金

（一）证券投资基金的概念及特点
（二）证券投资基金的分类
（三）证券投资基金的费用
（四）证券投资基金的投资风险

## 三、考核知识点与考核要求

（一）债券投资
识记：到期收益率；违约风险；利率风险；购买力风险；变现力风险；再投资风险。
领会：债券投资风险；债券投资优缺点。
简单应用：债券投资收益率计算。
综合应用：债券投资估价模型应用。
（二）股票投资
识记：股票内在价值；股票投资期望收益率。

领会：股票投资优缺点。

简单应用：股票投资期望收益率计算。

综合应用：股票投资估价模型应用。

（三）证券投资基金

识记：证券投资基金；契约型基金；公司型基金；封闭式基金；开放式基金；债券基金；股票基金；货币市场基金。

领会：证券投资基金的特点；证券投资基金的费用；证券投资基金的投资风险。

### 四、本章重点与难点

本章的重点是债券估价模型、债券投资收益率以及债券投资风险；股票投资估价模型；证券投资基金的概念、特点和分类，证券投资基金的费用以及证券投资基金的风险。难点是债券估价模型与到期收益率的计算以及股票估价模型的应用。

## 第八章　项目投资决策

### 一、学习目的与要求

通过本章的学习，了解企业投资的特点和分类；掌握项目投资现金流量的构成与计算，了解现金流量估计应该注意的问题；掌握项目投资决策的评价指标的计算方法和决策规则，了解各种评价指标的优缺点；掌握固定资产更新决策和新建项目投资决策方法的应用。

### 二、课程内容

#### 第一节　企业投资概述

（一）企业投资的特点

（二）企业投资的分类

#### 第二节　项目投资现金流量的估计

（一）现金流量的概念

（二）现金流量的分析

（三）现金流量估计应注意的问题

#### 第三节　项目投资决策评价指标

（一）非折现现金流量指标

（二）折现现金流量指标

#### 第四节　项目投资决策方法的应用

（一）固定资产更新决策

（二）新建项目投资决策

## 三、考核知识点与考核要求

（一）企业投资概述

识记：项目投资和证券投资；战略性投资和战术性投资；独立投资和互斥投资。

领会：企业投资特点；企业投资的不同分类。

（二）项目投资现金流量的估计

识记：现金流量；初始现金流量；营业现金流量；终结现金流量。

领会：现金流量估计应注意的问题。

简单应用：建设期现金流量的估计；正常经营期的现金流量的估计；项目终结点现金流量估计的应用。

（三）项目投资决策评价指标

识记：净现值；现值指数；内含报酬率；投资回收期；会计平均收益率。

领会：非折现现金流量指标的决策规则和优缺点；折现现金流量指标的决策规则和优缺点。

简单应用：净现值、现值指数、内含报酬率的计算；投资回收期、折现投资回收期的计算。

（四）项目投资决策方法的应用

识记：固定资产更新；最小公倍寿命法；年均净现值法。

领会：固定资产更新决策和新建项目决策的含义。

综合应用：新旧设备使用寿命相同情况下的更新决策；新旧设备使用寿命不相同情况下的更新决策；新建项目投资决策。

## 四、本章重点与难点

本章的重点是项目投资现金流量的构成，项目投资决策的分析方法；难点是项目投资折现现金流量指标的计算，项目投资决策方法的应用。

# 第九章　营运资金决策

## 一、学习目的与要求

通过本章的学习，了解营运资金的概念与特征，掌握营运资金投资策略和筹资策略的内容；理解现金管理的目标，掌握现金持有的动机，最佳现金持有量的确定方法；掌握应收账款的功能、成本及管理目标，理解应收账款日常管理的内容，掌握信用条件与信用标准的分析，了解应收账款日常管理的内容；掌握存货的功能、成本及管理目标，掌握经济批量、再订货点和保险储备的计算；理解商业信用筹资的类型以及信用条件的制定，了解商业信用筹资的优缺点；了解短期借款的类型，理解短期借款的信用条件内容和短期借款筹资的优缺点。

## 二、课程内容

### 第一节　营运资金决策概述

（一）营运资金的概念及特点

（二）营运资金投资决策

（三）营运资金筹资决策

### 第二节　现金管理

（一）持有现金的原因

（二）现金持有量决策

（三）现金日常管理

### 第三节　应收账款管理

（一）应收账款的功能与成本

（二）信用政策

（三）应收账款的日常管理

### 第四节　存货管理

（一）存货的功能与成本

（二）经济批量模型

### 第五节　短期债务筹资管理

（一）商业信用筹资

（二）短期借款筹资

## 三、考核知识点与考核要求

（一）营运资金决策概述

识记：营运资金；营运资金周转；永久性流动资产；波动性流动资产；宽松型流动资产投资策略；适中型流动资产投资策略；紧缩型流动资产投资策略；配合型筹资策略；稳健型筹资策略；激进型筹资策略。

领会：营运资金投资策略的特点；营运资金筹资策略的特点。

（二）现金管理

识记：现金；交易性需求；预防性需求；投机性需求。

领会：持有现金的原因；现金的日常管理。

简单应用：成本分析模型；因素分析模型。

综合应用：存货模型；随机模型；现金周转模型。

（三）应收账款管理

识记：应收账款的功能；应收账款的成本；信用标准；信用条件。

领会：应收账款信用调查；应收账款信用评估方法。

简单应用：应收账款成本计算。

综合应用：信用政策决策分析。

（四）存货管理

识记：存货的功能；存货的成本；再订货点。

领会：基本经济批量模型的假设条件。

简单应用：存货经济批量；经济批量下的存货总成本。

综合应用：订货提前期模型；存货陆续入库模型；保险储备模型。

（五）短期债务筹资管理

识记：商业信用；短期借款。

领会：商业信用筹资形式；商业信用筹资的优缺点；短期借款的种类；短期借款的信用条件；短期借款筹资的优缺点。

简单应用：放弃现金折扣成本计算。

## 四、本章重点与难点

本章的重点是营运资金的基本概念、营运资金投资策略和营运资金筹资策略的内容、现金管理、应收账款管理、存货管理；难点是现金持有量、应收账款信用政策分析、存货经济批量以及商业信用放弃现金折扣资本成本率的计算。

# 第十章　股利分配决策

## 一、学习目的与要求

通过本章的学习，了解利润分配的概念和意义，理解股利支付程序和股利支付方式，理解股利理论的基本观点；掌握股利政策制定应考虑的因素，掌握不同类型股利政策的特点；理解股票股利、股票分割与股票回购对公司和股东的影响。

## 二、课程内容

### 第一节　股利分配概述

（一）股利分配的概念和意义

（二）股利支付程序和方式

### 第二节　股利理论与股利政策

（一）股利理论

（二）影响股利政策的因素

（三）股利政策的类型

### 第三节　股票股利、股票分割与股票回购

（一）股票股利

（二）股票分割

（三）股票回购

## 三、考核知识点与考核要求

（一）股利分配概述

识记：股利分配；股利宣布日；股权登记日；除息日；股利支付日；现金股利；股票股利；财产股利；负债股利。

领会：股利分配的意义。

简单应用：在股利分配方案中区分股利宣告日、股权登记、除息日和股利支付日。

（二）股利理论与股利政策

识记：剩余股利政策；固定或稳定增长股利政策；固定股利支付率政策；低正常股利加额外股利政策。

领会：股利无关论；"一鸟在手"理论；信号传递理论；税差理论；代理理论；影响股利政策的因素；固定或稳定增长股利政策优缺点；低正常股利加额外股利政策优点。

综合应用：四种股利政策股利支付额和股利支付率计算。

（三）股票股利、股票分割与股票回购

识记：股票分割；股票回购。

领会：股票股利对公司与股东的影响；股票分割对公司与股东的影响；股票股利和股票分割的异同点；股票回购对公司和股东影响。

综合应用：股票股利、股票分割和股票回购对股东权益影响的比较。

## 四、本章重点与难点

本章重点是股利支付的程序与方式，股利理论的基本观点，影响股利政策制定的因素，股利政策的类型，股票股利与股票分割对股东权益的影响，以及股票股利、股票分割和股票回购对公司和股东的影响；难点是不同种类股利政策的优缺点以及股票股利和股票分割的比较。

# Ⅳ　关于大纲的说明与考核实施要求

## 一、自学考试大纲的目的和作用

课程自学考试大纲是根据专业自学考试计划的要求，结合自学考试的特点而确定的。其目的是对个人自学、社会助学和课程考试命题进行指导和规定。

课程自学考试大纲明确了课程学习的内容及其深度和广度，规定了课程自学考试的范围和标准。因此，它是编写自学考试教材和辅导书的依据，是社会助学组织进行自学辅导的依据，是自学者学习教材、掌握课程内容知识范围和程度的依据，也是进行自学考试命题的依据。

## 二、课程自学考试大纲与教材的关系

课程自学考试大纲是进行学习和考核的依据，教材则包含了学习掌握课程知识的基本内容与范围，教材的内容是大纲所规定的课程知识和内容的扩展与发挥。课程内容在教材中可以体现一定的深度或难度，但在大纲中对考核的要求一定要适当。

大纲与教材所体现的课程内容应基本一致。大纲里面的课程内容和考核知识点，教材里一般也要有；反过来，教材里有的内容，大纲里就不一定体现。

## 三、关于自学教材

《财务管理学》，全国高等教育自学考试指导委员会组编，贾国军、刘海英主编，中国人民大学出版社，2024 年版。

## 四、关于自学要求和自学方法的指导

本大纲的课程基本要求是依据专业考试计划和专业培养目标而确定的。课程基本要求还明确了课程的基本内容，以及对基本内容掌握的程度。基本要求中的知识点构成了课程内容的主体部分。因此，课程基本内容掌握程度、课程考核知识点是高等教育自学考试考核的主要内容。

本课程共计 6 学分。

为有效地指导个人自学和社会助学，本大纲已指明了课程的重点和难点。根据学习对象的情况，学习“财务管理学”这门课程应该重点掌握以下几个环节：

1. 制订计划、规范自己。要按照计划严格要求自己，在规定的时间内完成任务。既学习了知识，也养成了良好的习惯。

2. 全面复习、不得遗漏。考试涉及章节的覆盖面非常广泛，尤其是单项选择题。在学习时，可以对章节有所侧重，但是不能想当然认为某一部分不重要，就把该内容略过，这样可能会造成无谓的丢分。

3. 通读教材、抓住重点。考生在对全书内容有基本的把握之后，要能够抓得住教材的重点。应对客观题的基础是通读教材，重点强化是保障在简答题、计算题以及案例分析题上得到高分。

4. 全真模拟、发现不足。要认真做几套以往考过的真题。在做题的时候，不能做一步就与答案核对一下，要摒弃这种习惯。拿到真题之后，把题干读清楚，判断涉及哪一章的知识点，按部就班地做下去，最好要掌控时间，这样也可以减轻在考试时候的紧张程度。如果找不到真题，就以书上的例题为参考，多加练习。

以上是我们对考生学习方法上的一个提示。

## 五、对考核内容的说明

1. 本课程要求考生学习和掌握的知识点内容都作为考核的内容。课程中各章的内容均由若干知识点组成，在自学考试中成为考核知识点。因此，课程自学考试大纲中所规定的考试内容是以分解为考核知识点的方式给出的。由于各知识点在课程中的地位、作用以及知识自身的特点不同，自学考试将对各知识点分别按四个认知（或叫能力）层次确定其考核要求。

2. 在考试之日起 6 个月前，由全国人民代表大会和国务院制定或修订的法律、法规都将列入相应的考试范围。凡大纲、教材内容与现行法律、法规不符的，应以现行法律、法规为准。

## 六、关于考试命题的若干规定

1. 本课程的考试方式为闭卷、笔试，考试时间为 150 分钟。考试时可以携带无存储功能的计算器。

2. 本课程在试卷中对不同能力层次要求的分数比例大致为：识记占 20%，领会占 30%，简单应用占 35%，综合应用占 15%。

3. 要合理安排试题的难易程度，试题的难度分为易、较易、较难和难四个等级。必须注意试题的难易程度与能力层次有一定的联系，但二者不是等同的概念。在各个能力层次中，对于不同的考生都存在着不同的难度。在大纲中要特别强调这个问题，应告诫考生切勿混淆。

4. 本课程考试命题的主要题型一般有单项选择题、多项选择题、简答题、计算题、案例分析等题型。各种题型的具体形式可参见本大纲参考样卷。

# 附录　参考样卷

**一、单项选择题：本大题共 20 小题，每小题 1 分，共 20 分。**

在每小题列出的备选项中只有一个是最符合题目要求的，请将其选出。

1. 在不考虑增值税的前提下，企业以现金购入材料的经济业务将影响的财务比率是

A. 流动比率　　B. 速动比率　　C. 产权比率　　D. 资产负债率

2. 企业年应收账款周转次数为 4.5 次，若一年按 360 天计算，则应收账款周转天数是

A. 30 天　　B. 60 天　　C. 80 天　　D. 90 天

3. 一般情况下，采用销售百分比法预测资本需要量时，假定不随销售收入变动的项目是

A. 现金　　B. 存货　　C. 应付账款　　D. 公司债券

4. 下列各项货币时间价值指标中，无法计算出确切结果的是

A. 普通年金现值　　B. 先付年金终值　　C. 递延年金现值　　D. 永续年金终值

5. 某项永久性奖学金，计划每年末颁发 50 000 元，如果年复利率为 8%，则该项奖学金的现值是

A. 125 000 元　　B. 400 000 元　　C. 525 000 元　　D. 625 000 元

6. 根据投资方案未来收益的各种可能结果，以概率为权数计算出来的加权平均数是

A. 风险收益　　B. 预期收益　　C. 标准离差　　D. 标准离差率

7. 已知甲方案投资收益率的期望值为 16%，乙方案投资收益率的期望值为 18%，比较甲、乙两个方案风险大小应采用的指标是

A. 标准离差　　B. 期望值　　C. 净现值　　D. 标准离差率

8. 我国消费物价指数如果由 3%上升为 3.5%，这种变化可能给企业带来的投资风险是

A. 市场风险　　B. 决策风险　　C. 外汇风险　　D. 通货膨胀风险

9. 下列项目投资决策指标中，属于非折现现金流量指标的是

A. 净现值　　B. 动态投资回收期

C. 现值指数　　D. 会计平均收益率

10. 企业为满足交易性现金需求所持有现金余额的决定因素是

A. 企业的研发水平　　B. 企业的投资机会

C. 企业的偿债能力　　D. 企业的销售水平

11. 企业无法收回应收账款所产生的损失属于

A. 机会成本　　B. 坏账成本　　C. 管理成本　　D. 转换成本

12. 企业通过商业信用筹资时，其资金来源是

A. 政府财政资金　　B. 银行信贷资金

C. 企业留存收益　　D. 其他企业资金

13. 理论上讲，下列筹资方式中资本成本最低的是

A. 发行普通股　　B. 留用利润　　C. 发行债券　　D. 发行优先股

14. 与权益资本筹资方式相比，银行借款筹资的缺点是

A. 资本成本高　　B. 财务风险大

C. 筹资的弹性差　　D. 分散企业控制权

15. 企业因预防动机而确定持有的现金余额时，一般不需要考虑的因素是

A. 企业销售水平　　B. 企业临时举债能力的强弱

C. 企业愿意承担风险的程度　　D. 企业对现金收支预测的可靠程度

16. 下列各项中，属于吸收投入资本筹资方式优点的是

A. 可保持企业的控制权　　B. 可降低企业的资本成本

C. 可享受财务杠杆的作用　　D. 可提高企业的资信和借款能力

17. 当市场利率低于债券票面利率时，分期付息到期还本债券的发行方式是

A. 溢价发行　　B. 折价发行　　C. 面值发行　　D. 等价发行

18. 能够加大财务杠杆作用的筹资活动是

A. 增发普通股　　B. 留用利润　　C. 增发公司债券　　D. 吸收直接投资

19. 某公司的经营杠杆系数为1.8，财务杠杆系数为1.5，则该公司销售额每增长1倍，就会造成每股收益增加

A. 0.3倍　　B. 1.2倍　　C. 1.5倍　　D. 2.7倍

20. 能够使灵活性与稳定性较好结合的股利政策是

A. 剩余股利政策　　B. 固定股利政策

C. 固定股利支付率政策　　D. 低正常股利加额外股利政策

**二、多项选择题：本大题共5小题，每小题2分，共10分。**

在每小题列出的备选项中至少有两项是符合题目要求的，请将其选出，错选、多选或少选均无分。

21. 反映企业营运能力的财务指标有

A. 资产负债率　　B. 存货周转率　　C. 总资产净利率　　D. 销售净利率

E. 应收账款周转率

22. 下列表达式中，关于边际贡献表述正确的有

A. 边际贡献＝销售收入－总成本　　B. 边际贡献＝销售收入－变动成本总额

C. 边际贡献＝销售收入×边际贡献率　　D. 边际贡献＝息税前利润＋固定成本

E. 边际贡献＝息税前利润－固定成本

23. 运用存货经济批量模式确定货币资金最佳持有量所考虑的成本有

A. 持有成本　　B. 管理成本　　C. 缺货成本　　D. 转换成本

E. 机会成本

24. 企业采用较为严格的信用标准，对应收账款成本产生的影响有

A. 收账费用增加　　B. 坏账成本降低　　C. 管理成本提高　　D. 转换成本提高
E. 机会成本降低

25. 上市公司发放股票股利将产生的影响有

A. 公司股东持有股数增加　　B. 公司股东权益账面总额增加
C. 公司股东持股结构不变　　D. 公司发行在外的股票数量增加
E. 不会增加企业现金流出量

**三、简答题：本大题共 3 小题，每小题 5 分，共 15 分。**

26. 简述证券投资基金的含义及特点。

27. 简述“5C”评估法的内容。

28. 简述固定或稳定增长股利政策的含义及特点。

**四、计算题：本大题共 4 小题，每小题 10 分，共 40 分。**

29. 某公司 2023 年资产负债表简表如下表所示。

**资产负债表（简表）**

2023 年 12 月 31 日　　单位：万元

| 资产 | 年初数 | 年末数 | 负债及所有者权益 | 年初数 | 年末数 |
|---|---|---|---|---|---|
| 流动资产 | | | 流动负债 | 5 840 | 6 840 |
| 货币资金 | 1 320 | 1 360 | 长期负债 | 3 760 | 4 760 |
| 应收账款净额 | 4 260 | ② | 所有者权益 | | |
| 存货 | 6 260 | ① | 实收资本 | 14 000 | 14 000 |
| 流动资产合计 | 11 840 | 13 040 | 未分配利润 | 2 400 | 4 400 |
| 固定资产净值 | 14 160 | 16 960 | 所有者权益合计 | 16 400 | 18 400 |
| 资产总计 | 26 000 | 30 000 | 负债及所有者权益总计 | 26 000 | 30 000 |

假设该公司 2023 年营业收入为 32 800 万元，营业成本为 18 400 万元，实现净利润 2 100 万元。2023 年末速动比率为 0.926 9，全年按 360 天计算。

要求：(1) 计算上表中①、②所代表项目的金额。

(2) 计算 2023 年应收账款周转天数和存货周转次数。

(3) 计算 2023 年末资产负债率。

(4) 计算 2023 年净资产收益率。

（计算结果保留小数点后两位）

30. 甲物业公司在服务住宅区内开设了一家家政服务中心，为住宅区内住户提供钟点家政服务。家政服务中心将物业公司现有办公用房作为办公场所，每月固定分摊物业公司折旧费、水电费、电话费等共计 4 000 元。此外，家政服务中心每月发生其他固定费用 900 元。家政服务中心现有 2 名管理人员，负责接听顾客电话、安排调度家政工人以及其他管理工作，每人每月固定工资 2 000 元；招聘家政工人 50 名，家政工人工资采取底薪加计时工资制，每人除每月固定工资 350 元外，每提供 1 小时家政服务还可获得 6 元钱。家政服务中心按提供家政服务小时数向顾客收取费用，目前每小时收费 10 元，每天平均有

250 小时的家政服务需求，每月按 30 天计算。

要求：(1) 计算家政服务中心每月的变动成本、固定成本、边际贡献。

(2) 计算家政服务中心每月的盈亏临界点销售量和安全边际率。

31. 甲公司目前的资本总额为 1 800 万元，其中普通股 800 万元，普通股股数为 800 万股，长期债务 1 000 万元，债务年利率为 10%。该公司目前的息税前利润为 700 万元，企业所得税税率为 25%。公司拟投产一个新项目，该项目需要投资 600 万元，预期投产后每年可增加息税前利润 300 万元。该项目有两个筹资方案可供选择：(1) 发行债券，年利率为 12%；(2) 按每股 5 元增发普通股。假设各筹资方案均不考虑筹资费用。

要求：(1) 计算发行债券筹资后的债务年利息和普通股每股收益。

(2) 计算增发普通股筹资后的债务年利息、普通股股数和普通股每股收益。

(3) 计算增发普通股和债券筹资的普通股每股利润无差别点。

(4) 根据计算结果，分析该公司应当选择哪一种筹资方案。

(计算结果保留小数点后两位)

32. 投资者准备购买 A 公司普通股股票，该股票上年股利为每股 2 元，股利年增长率为 5%。假设无风险收益率为 3%，该股票 $\beta$ 值为 1.2，市场平均收益率为 13%。

要求：(1) 按照资本资产定价模型计算股东要求的收益率。

(2) 计算该股票内在价值。

(3) 若目前该股票的每股市场价格为 18 元，为投资者作出是否购买该股票的决策。

(4) 若该股票的每股市场价格为 20 元，计算投资者购买该股票的期望收益率。

## 五、案例分析：本题 15 分。

33. 甲公司是一家高科技上市公司，流通在外股数 2 000 万股，2022 年净利润为 8 000 万元，为了回馈股东，甲公司讨论股利分配方案，相关资料如下：

(1) 备选股利分配方案：方案一为每 10 股支付现金股利 5 元；方案二为每 10 股发放股票股利 10 股。

(2) 股权登记日为 2023 年 9 月 25 日；除权（除息）日为 2023 年 9 月 26 日；现金红利到账日为 2023 年 9 月 28 日；新增可流通股份上市流通日为 2023 年 10 月 10 日。

结合案例材料，回答下列问题：

(1) 如果采用方案一，计算支付的现金股利总额，如果通过股票回购将等额现金支付给股东，假设回购价格每股 40 元，请设计回购方案并说明采用回购方案对股东的优势。

(2) 如果采用方案二，计算发放股票股利后的每股收益，如果通过股票分割达到同样的每股收益稀释效果，请设计股票分割方案并说明股票股利与股票分割的不同点。

# 参考样卷答案

**一、单项选择题：本大题共 20 小题，每小题 1 分，共 20 分。**

1. B　2. C　3. D　4. D　5. D　6. B　7. D　8. D　9. D　10. D　11. B　12. D　13. C　14. B　15. A　16. D　17. A　18. C　19. D　20. D

**二、多项选择题：本大题共 5 小题，每小题 2 分，共 10 分。**

21. BE　22. BCD　23. ADE　24. BE　25. ACDE

**三、简答题：本大题共 3 小题，每小题 5 分，共 15 分。**

26. 证券投资基金是指通过公开发售基金份额募集资本，由基金托管人托管，由基金管理人管理和运用资本，为基金份额持有人的利益，以资产组合方式进行证券投资的一种利益共享、风险共担的集合投资方式。作为一种现代化投资工具，证券投资基金所具备的特点是：

（1）集合投资。基金的特点是将零散的资本汇集起来，交给专业机构投资于各种金融工具，以谋取资产的增值。

（2）分散风险。基金可以凭借其集中的巨额资本，在法律规定的投资范围内进行科学的组合，分散投资于多种证券，实现资产组合多样化，达到分散投资风险的目的。

（3）专业理财。基金实行专业理财制度，由受过专门训练、具有比较丰富的证券投资经验的专业人员运用各种技术手段收集、分析各种信息资料，预测金融市场上各个品种的价格变动趋势，制定投资策略和投资组合方案，从而可以避免投资决策失误，提高投资收益。

27. 所谓“5C”评估法，是指重点分析影响信用的 5 个方面来评价顾客信用的一种方法。这五个方面是品质、能力、资本、抵押和条件。因为这五个方面英文单词的第一个字母都是“C”，所以将其称为 5C 评估法。

（1）品质，指当债务到期时，顾客愿意履行偿债义务的可能性。顾客是否愿意尽自己最大努力来归还货款，直接决定着账款的回收速度和数量。品质在信用评估中常被认为是最重要的因素。

（2）能力，指短期偿债能力。

（3）资本，指顾客的财务状况。这主要根据顾客的有关财务比率分析。

（4）抵押，指顾客是否能为获取商业信用提供担保财产。如有抵押资产，则对顺利收回款项比较有利。

（5）条件，指一般经济环境可能对顾客还款能力的影响，或某一地区的一些特殊情况对顾客还款能力的影响。例如，万一经济不景气，会对顾客的付款行为产生什么影响，这需要了解顾客在过去困难时期的付款历史。

28. 固定或稳定增长股利政策是指公司将每年发放的股利固定在某一水平上并在较长的时期保持不变，只有当公司确信未来利润将显著地而且不可逆转地提高时，才增加年度的股利发放额。其主要特点有：

(1) 能增强投资者的信心。

(2) 能满足投资者取得正常稳定收入的需要。

(3) 能在一定程度上降低资本成本并提高公司价值。

**四、计算题：本大题共 4 小题，每小题 10 分，共 40 分。**

29. (1) $年末速动比率=\frac{13\ 040-存货}{6\ 840}=0.926\ 9$

年末存货=13 040－6 840×0.926 9=6 700（万元）

年末应收账款=13 040－1 360－6 700=4 980（万元）

(2) $应收账款周转天数=\frac{360\times(4\ 260+4\ 980)\div2}{32\ 800}=50.71$（天）

$存货周转次数=\frac{18\ 400}{(6\ 260+6\ 700)\div2}=2.84$（次）

(3) $资产负债率=\frac{6\ 840+4\ 760}{30\ 000}\times100\%=38.67\%$

(4) $净资产收益率=\frac{2\ 100}{(16\ 400+18\ 400)\div2}\times100\%=12.07\%$

30. (1) 变动成本=250×30×6=45 000（元）

固定成本=4 000＋900＋2 000×2＋350×50=26 400（元）

边际贡献=250×30×10－45 000=30 000（元）

(2) 盈亏临界点销售量=26 400/(10－6)=6 600（小时）

安全边际率=(250×30－6 600)÷(250×30)×100%=12%

31. (1) 债务年利息=1 000×10%＋600×12%=172（万元）

$EPS=\frac{(700+300-172)\times(1-25\%)}{800}=0.78$（元）

(2) 增发普通股筹资后债务年利息=1 000×10%=100（万元）

普通股股数=800＋600÷5=920（万股）

$EPS=\frac{(700+300-100)\times(1-25\%)}{920}=0.73$（元）

(3) $\frac{(EBIT-172)\times(1-25\%)}{800}=\frac{(EBIT-100)\times(1-25\%)}{920}$

解得：$EBIT=652$（万元）

(4) 由于发行普通股筹资后的每股收益小于债券筹资后的每股收益，公司筹资后的息税前利润大于每股收益无差异点的息税前利润，综上所述，应选择发行债券筹资。

32. (1) 股东要求的收益率=3%＋1.2×(13%－3%)=15%

(2) $股票内在价值=\frac{2\times(1+5\%)}{15\%-5\%}=21$（元）

(3) 因为股票的市价18元低于其内在价值21元，因此，该股票值得投资购买。

(4) 股票期望收益率$=\frac{2\times(1+5\%)}{20}+5\%=15.5\%$

**五、案例分析题：本题15分。**

33. (1) 现金股利总额=2 000×5/10=1 000（万元）

回购方案的设计：回购股数=1 000/40=25（万股），即按照每股40元价格回购股票25万股。

股票回购对股东的优势：股票回购后，股东得到资本利得收益缴纳所得税低于现金股利缴纳的所得税，即可得到纳税上的好处。

(2) 每股收益=8 000/(2 000+2 000×10/10)=2（元）

股票分割方案的设计：如果使普通股股数增加一倍，即按照1股换成2股的比例进行股票分割。

股票股利与股票分割的不同点：股票分割降低每股面值，股票股利每股面值不变；股票股利导致股东权益内部结构变化，股票分割不影响股东权益内部结构。

# 大纲后记

《财务管理学自学考试大纲》是根据《高等教育自学考试专业基本规范（2021 年）》的要求，由全国高等教育自学考试指导委员会经济管理类专业委员会组织制定的。

全国高等教育自学考试指导委员会经济管理类专业委员会对本大纲组织审稿，根据审稿会意见由编者做了修改，最后由经济管理类专业委员会定稿。

本大纲由河北大学贾国军教授编写；参加审稿并提出修改意见的有中国人民大学周华教授、中央财经大学宋顺林教授、北京经济管理职业学院冯秀娟教授。

对参与本大纲编写和审稿的各位专家表示感谢。

全国高等教育自学考试指导委员会
经济管理类专业委员会
2023 年 12 月

全国高等教育自学考试指定教材

# 财务管理学

全国高等教育自学考试指导委员会　组编

# 编者的话

财务管理学是一门应用性很强的学科，从其历史发展动态来看，财务管理的基本理论已经广泛应用于财务管理的实践。本教材以习近平新时代中国特色社会主义思想为指导，为实现党的二十大报告中提出的“完善中国特色现代企业制度，弘扬企业家精神，加快建设世界一流企业”的目标，立足中国实际，反映改革开放以来财务管理理论的研究成果与实践经验，以上市公司为主体，以资金筹集及应用为主线，系统介绍了公司财务管理的基本技术与方法，引导读者分析财务管理实践中的成败得失和经验教训，使读者能够学以致用。

本教材的编写内容和写作方法充分考虑了自学考试的特点。一是在内容编排上，弱化财务管理基本理论的阐述，强化财务管理技术与方法的解释、说明与运用；二是例题编写增加解析内容，为学生自学提供解题思路与分析方法；三是每章结束后均有本章小结和思考题，帮助学生梳理本章的主要内容，起到提纲挈领作用；四是为了拓展学生的视野，激发学习兴趣和理解教材核心内容，增加了“相关链接”栏目。

本教材由河北大学贾国军教授、山东大学刘海英教授担任主编，河南师范大学李胜坤教授、北京化工大学林莉教授、北京石油化工学院刘广斌教授担任副主编。各章分工如下：李胜坤负责第一、三章；林莉负责第五、六章；刘广斌负责第二、七章；刘海英负责第八、九章；贾国军负责第四、十章。全书由贾国军教授负责总体框架设计和修改定稿。

中国人民大学周华教授、中央财经大学宋顺林教授和北京经济管理职业学院冯秀娟教授对本书的初稿进行了评审并提出修改建议，在此深表谢意！

受编者水平限制，本书难免会有错误或疏漏，恳请广大读者提出宝贵意见。

读者意见可反馈至：jiaguojunhbu@126. com。

编者

2023 年 12 月

# 第一章　财务管理概述

## 第一节　财务管理的含义

财务管理是公司管理的重要组成部分，财务资源取得与管理的完善是公司成功的最重要条件之一。随着我国资本市场的不断发展，财务管理在现代公司管理中扮演的角色越来越重要。要了解什么是财务管理，必须先分析公司的财务活动和财务关系。

财务管理的含义

### 一、公司财务活动

公司财务活动是指公司从事的与资金运动有关的业务活动。资金这一概念，可以从不同的角度或根据不同的需要来解释。如果从来源的性质上解释，资金是指公司的负债和股东权益。负债代表公司与债权人之间的一种信用或借贷关系，公司必须按期偿还本金和利息。股东权益包括公司股东投入的资金、公司从净利润中留存的盈余以及资本公积和未分配利润。如果从公司资金的具体占用形态方面来解释，资金是指公司的资产，包括有形资产和无形资产。

公司从事生产经营活动的主要目的是谋求自身价值的增加，寻求发展，从而满足各个利益相关者的要求。因此，必须把筹集到的资金投放到能够产生最大效益的各个方面。资金在生产经营过程中得到增值后，将回收的原始投入资金和增值后留归公司使用的那部分利润重新投入到生产经营过程中，同时将增值的另一部分利润分配给公司的利益相关者。按照这一过程，资金反复地运行，形成了公司的资金运动，如图 1－1 所示。资金运动就是从货币度量这个角度反映生产经营过程中的价值变化的各方面。而公司从事资金运动中的各项经济活动，构成了公司财务活动。总体来讲，公司财务活动包括筹资活动、投资活动、经营活动及股利分配活动。

#### （一）筹资活动

公司要从事生产经营，首先要筹集一定数量的资金。公司通过发行股票、发行债券、银行借款、吸收直接投资等方式筹集资金，表现为公司的资金流入。公司偿还银行借款、支付利息及股利，则表现为公司的资金流出。这种由于资金的筹集和使用而产生的资金流入与流出，便构成了公司筹资引起的财务活动。

#### （二）投资活动

公司筹集资金的目的是把资金用于生产经营活动，以便取得盈利，增加公司价值。公

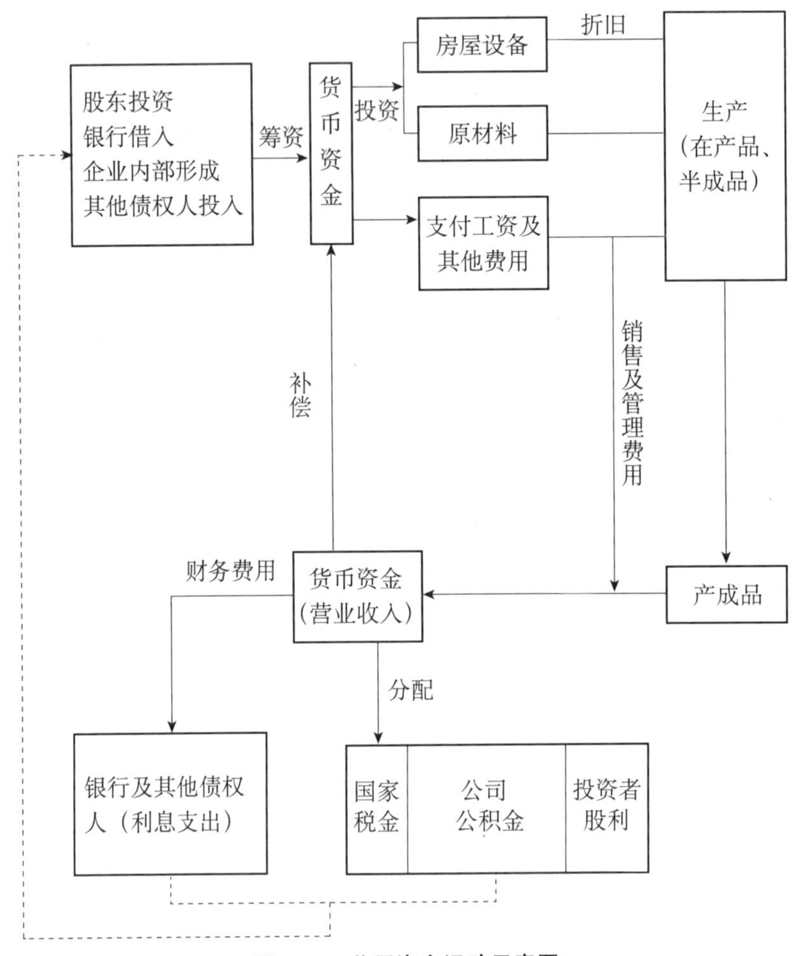


**图 1-1　公司资金运动示意图**

司把筹集到的资金投资于公司内部，用于购置固定资产、无形资产等，形成公司的对内投资；公司把筹集到的资金用于购买其他公司的股票、债券，便形成公司的对外投资。无论是公司购买生产经营所需的各种资产，还是购买各种有价证券，均表现为公司资金的流出。而当公司变卖其对内投资的各种资产或收回对外投资的本金和收益时，则表现为公司资金的流入。这种由于公司投资而产生的资金流入与流出，便构成了公司投资引起的财务活动。

### (三) 经营活动

公司在正常生产经营活动中，会发生一系列的资金流入与流出。首先，公司要采购材料和商品，以便从事生产和销售活动，同时还要支付工资和其他营业费用；其次，公司把产品或商品销售之后，可以取得资金的流入，收回资金；最后，如果公司现有资金不能满足公司生产经营的需要，可以采取短期借款的方式筹集所需资金。上述由于生产经营而产生的资金流入与流出，便构成了公司经营活动引起的财务活动。

### (四) 股利分配活动

在会计期末，对生产经营产生的利润和对外投资而分得的利润，应该按照规定的程序进行分配。首先，依法纳税；其次，弥补亏损、提取法定公积金；最后向股东分配股利。这种因分配而产生的资金流动属于股利分配引起的财务活动。

公司财务活动的四个方面，不是相互割裂、互不相关的，而是相互联系、相互依存的。正是上述相互联系又有一定区别的四个方面，构成了完整的财务管理活动。

## 二、公司财务关系

公司财务关系是指公司在组织财务活动过程中与各方面发生的经济利益关系。公司财务关系可以概括为以下几个方面。

### （一）公司与股东之间的财务关系

公司与股东之间的财务关系主要是指公司的股东向公司投入资金，公司向其支付股利形成的经济利益关系。公司经理受股东的委托，运用股东赋予的经营权从事符合股东利益和自身利益的经营活动。公司的股东要按照合同、章程、协议的约定履行出资义务，以便及时形成公司可用资金。公司利用资金进行经营，实现利润后，应按照投资比例、合同、章程的规定，向股东分配股利。一般而言，股东的投资额不同，他们各自对公司承担的责任也不同。

### （二）公司与债权人之间的财务关系

公司与债权人之间的财务关系主要是指公司向债权人借入资金，并按照借款合同的规定按期支付利息和归还本金所形成的经济利益关系。公司利用债权人的资金，要按约定的利息率向债权人支付利息；债务到期时，要合理调度资金，按期向债权人归还本金。公司与债权人的关系体现的是债务与债权的关系。

### （三）公司与被投资单位之间的财务关系

公司与被投资单位之间的财务关系主要是指公司以购买股票或直接投资的形式向其他公司投资形成的经济利益关系。公司向其他单位投资应按约定履行出资义务，参与被投资单位的利润分配。公司与被投资单位的关系体现的是所有权性质的投资与被投资的关系。

### （四）公司与债务人之间的财务关系

公司与债务人之间的财务关系主要是指公司将其资金以购买债券、提供借款或商业信用等形式出借给其他单位所形成的经济利益关系。公司将资金出借后，有权要求其债务人按约定的条件支付利息和偿还本金。公司与其债务人之间的关系体现的是债权与债务的关系。

### （五）公司内部各单位之间的财务关系

公司内部各单位之间的财务关系主要是指公司内部各单位之间在生产经营各环节相互提供产品或劳务所形成的经济利益关系。公司在实行内部经济核算制的条件下，公司供应、生产、销售各部门及各生产单位之间，相互提供产品或劳务要确定内部转移价格，进行计价结算。这种在公司内部各单位之间形成的关系体现为资金的结算关系。

### （六）公司与职工之间的财务关系

公司与职工之间的财务关系主要是指公司向职工支付劳动报酬的过程中所形成的经济利益关系。公司从其收入中按照职工提供的劳动数量和质量支付职工的劳动报酬。这种公司与职工之间的关系体现为劳动成果的分配关系。

### （七）公司与税务机关之间的财务关系

公司与税务机关之间的财务关系主要是指公司要按照税法的规定依法纳税而与国家税务机关形成的经济利益关系。公司应该按照国家税法规定缴纳各种税款，以保障国家财政收入的实现，满足社会各方面的需要。及时、足额纳税是公司应尽的义务。公司与税务机关之间的关系体现为依法纳税和依法征税的关系。

### 三、财务管理的特点

公司生产经营活动的复杂性，决定了公司管理包括了多方面的内容，如生产管理、设备管理、人力资源管理、销售管理以及财务管理等。其中的财务管理是指组织公司财务活动、协调公司财务关系的一项综合性管理工作。财务管理侧重于公司价值管理，根据资金在公司中的运动规律，通过对公司筹资、投资、日常经营及股利分配等各种财务活动的管理，使公司的价值最大化。财务管理的特点具体表现在以下几个方面：

（1）综合性强。财务管理的综合性主要体现在它的价值管理上。公司价值是物质技术条件、人力资源条件、有形资产、无形资产和经营水平的综合体现，所以对公司价值的管理必然是一项综合性管理工作。财务管理工作的综合性，要求在从事财务管理工作时必须全面考虑，借助于价值形式，把公司的一切物质条件、人力资源和经营过程都合理地加以规划与控制，达到公司效益不断提高、公司价值不断增大的目的。

（2）涉及面广。在公司经营的各个方面，从生产、供应、销售到人事、行政、技术等各部门的业务活动，都与资金的运动密切相关，因而财务管理工作必然要延伸到公司经营的各个方面。

（3）对公司的经营管理状况反应迅速。公司财务管理的效果，可以通过一系列财务指标来反映。透过财务指标，我们可以了解到公司经营管理情况。如产成品占用过多，往往反映产品销售不畅、营销管理不到位；公司生产成本过高，反映公司可能存在严重的物质投入或人力资源投入的浪费等。财务部门应当及时地向公司管理人员提供财务信息，以帮助其了解公司的各种管理状况，以利于及早发现问题，改进管理工作。

## 第二节　财务管理的内容与目标

### 一、财务管理的内容

财务管理的
内容与目标

公司财务管理的最终目标是股东财富最大化，公司价值增加的主要途径是提高收益水平和降低风险。公司收益的高低和风险的大小又取决于公司的投资项目、资本结构和股利分配政策。因此，公司财务管理的主要内容是投资管理、筹资管理、营运资金管理和股利分配管理。

#### （一）投资管理

投资是指公司为了获得未来收益或避免风险而进行的资金投放活动。投资管理主要研究和解决公司应该投资什么样的资产、投资规模是多大，并在对风险与收益权衡的基础上做出选择。例如，购买政府债券、购买公司的债券和股票、购置设备、兴建厂房、开办商店等，公司都要发生资金流出，并预期产生更多的资金流入。公司的投资，按不同的标准可以分为以下类型。

1. 直接投资和间接投资

直接投资是指把资金直接投放于生产经营性资产，以便获取利润的投资。例如，购置设备、兴建厂房、开办商店等。

间接投资又称证券投资，是指把资金投放于金融性资产，以便获取利息、股利以及资本利得的投资。例如，购买政府债券、购买公司债券和股票等。

上述两种投资在决策时其具体方法是不同的。直接投资要事先准备一个或几个备选方案，通过对这些方案的分析和评价，从中选择最优方案。证券投资应该通过证券分析与评价，从证券市场中选择购买股票、债券、基金等金融资产，并形成投资组合，作为公司的证券投资方案。

2. 长期投资和短期投资

长期投资是指其持有期超过一年的投资。例如，购买设备、兴建厂房以及购买期限在一年以上的股票和债券等。对于股票和债券的长期投资，在公司需要货币资金时可以相对容易地变现，而投资于经营性长期资产的投资则难以变现。所以，有时长期投资专指经营性长期资产投资。短期投资是指其持有期不足一年的投资，例如应收账款、存货、交易性金融资产等。

长期投资和短期投资的决策方法不同。由于长期投资涉及时间长、风险高，决策分析应该更重视时间价值和投资风险价值的计量。

### （二）筹资管理

筹资是指公司资金的筹集。例如，公司发行股票、发行债券、取得借款、赊购、租赁等都属于公司筹资。筹资管理主要解决的问题是如何取得公司所需资金，包括向谁筹集、在何时筹集、筹集多少资金，以及确定各种长期资金来源所占的比重，即确定最佳资本结构。可供公司选择的资金来源有很多，按不同标准可以进行以下分类。

1. 权益资金和债务资金

权益资金是指公司股东提供的资金。在公司存续期间不需要归还，筹资风险较低；但股东预期报酬较高，加大了公司使用资金的成本。债务资金是指债权人提供的资金。它有固定的还本付息的时间，有一定的筹资风险；但其要求的报酬通常低于权益资金。

所谓资本结构，就是指公司长期资金来源中债务资金和权益资金的比例关系。一般来说，完全通过权益资金筹资是不明智的，不能得到负债经营的好处，但债务资金比例过大，风险也会随之提高，公司随时可能陷入财务危机。因此，筹资决策的一个重要内容就是确定最佳资本结构。

2. 长期资金和短期资金

长期资金是指公司可以长期使用的资金，包括长期负债和权益资金。长期负债在短期内不用考虑归还问题，而权益资金又不需要归还，因此，公司均可以长期使用。短期资金是指一年内要归还的短期借款。一般来说，短期资金的筹集应主要解决临时性资金需要问题。例如，在生产经营的旺季需要的资金较多，可以借入短期借款，在生产经营淡季则可以安排归还。

长期资金和短期资金在筹资速度、筹资成本、筹资风险、借款公司的限制等方面均有所区别。如何安排长期和短期筹资的相对结构，是筹资决策需要解决的另一个重要问题。

### （三）营运资金管理

营运资金管理分为营运资金投资管理和营运资金筹资管理两部分。营运资金投资管理主要是制定营运资金投资政策，决定用于应收账款和存货的资金规模，决定保留多少现金以备支付的需要。营运资金筹资管理主要是制定营运资金筹资政策，包括决定向谁借入短期资金、借入多少短期资金、是否采用赊购的筹资政策等。

### （四）股利分配管理

股利分配是指确定在公司获取的税后利润中有多少作为股利分配给股东，有多少留存在公司内部作为再投资。过高的股利支付率，会影响公司的再投资能力，使未来收益减少，造成股价下跌；过低的股利支付率，也可能会引起股东的不满意，进而抛售股票，导致股价下跌。

股利政策的制定受多种因素的影响，包括税法对股利和出售股票收益的不同处理、未来公司的投资机会、各种资金来源、机会成本、股东对当期收入和未来收入的相对偏好等，公司必须根据具体情况制定适合本公司的股利政策。

## 二、财务管理的目标

目标是人们通过一系列的行为所要达到的目的。任何组织要想完成其事业，必须首先确定追求的目标。公司财务管理的目标是财务管理理论和实务的基础与逻辑起点。财务管理目标就是公司财务活动期望实现的结果，是评价公司财务活动是否合理的基本标准。关于公司财务管理目标的表达，主要有以下三种观点。

### （一）利润最大化

利润代表了公司新创造的财富，利润越多，则公司财富增长得越多，越接近公司生存、发展和盈利的目标。以利润最大化作为财务管理目标，有其合理的一面。即公司追求利润最大化，就必须加强管理，改进技术，提高生产率，降低产品成本，注重市场销售。这些措施都有利于资源的合理配置，有利于经济效益的提高。然而，如果一味地追求过高的利润也会带来一些负面影响。主要集中在以下几个方面：

（1）忽视了时间的选择，没有考虑货币时间价值。例如，今年获利 100 万元和明年获利 100 万元，哪一个更符合公司的目标？若不考虑货币时间价值，就难以做出正确判断。

（2）忽视了利润赚取与投入资金的关系。公司增加某一时期利润额的方法很多，如增发股票以扩大资金规模，可以增加利润总量。但根据利润总量直接去判断决策的正确与否，可能会导致错误的决策。例如，某公司当前有流通在外普通股 100 万股，利润额为 200 万元，则每股收益 2 元。若公司增发 100 万股普通股，并将所筹集的资金进行投资，可增加利润 100 万元。这样，全部利润总额为 300 万元，但是每股收益却降到 1.5 元。

（3）忽视了风险。一般而言，利润的变化代表着风险的变化。公司追求高利润，意味着将承担更大的风险。因此，在利润最大化目标下，仅通过比较不同项目利润的大小作为决策的依据，显然是不可取的。

(4) 可能导致公司追求短期利润而忽视长远发展。利润是对过去一段时期经营成果的反映，不能体现公司未来的盈利情况。为追求利润最大化，公司可能会采取一些短视行为，例如减少产品研发和人员培训方面的投入、对设备过度使用而忽视维护保养等。这些行为因减少了当前的费用而使短期利润增加，但显然不利于公司的长期发展。

### (二) 股东财富最大化

股东财富是指公司通过有效的经营，最终给股东创造的价值。对于上市公司来说，股东财富可以用股东权益市场价值来衡量，股东财富的增加可以用股东权益的市场价值与股东投入资金的差额来衡量，即股东权益的市场增加值是公司为股东创造的价值。即股东财富的变化可随时通过股票市场上该公司的股票价格变化反映出来。

1. 股东财富最大化的优点

(1) 考虑了货币时间价值和投资风险价值。理论上，股东权益的市场价值是由公司未来给股东带来的现金流量决定的，但现金流量取得时间的早晚和风险的高低均会对股东财富产生重要影响。

(2) 可以在一定程度上避免公司短视行为。股东权益的市场价值取决于未来各项的盈利，以牺牲长期发展为代价而增加短期的利润并不会增加股东的财富，反而会使股东的财富受损，公司为实现股东财富最大化，必须考虑公司未来的长期发展。

(3) 对上市公司而言，可以根据股票价格衡量股东的财富，股东财富最大化目标的实现情况具有相对客观的评价标准。

2. 股东财富最大化的缺点

(1) 非上市公司股东权益的市场价值无法在市场得到反映，非上市公司难以应用股东财富最大化目标。

(2) 股东财富最大化只强调了股东的利益，可能会产生股东与其他利益相关者的冲突。

(3) 股票价格的影响因素并不都是公司所能控制的，把公司不可控的因素引入财务管理目标是不合理的。

### (三) 企业价值最大化

企业价值是企业所能创造的预计未来现金流量的现值。企业价值反映了企业潜在的或预期的获利能力。企业价值最大化是通过财务上的合理经营，采取最优的财务决策，充分利用货币时间价值和风险与收益的关系，注重企业的长期稳定发展，强调在企业价值增值中应满足各方利益，使企业总价值达到最大化。

1. 企业价值最大化的优点

(1) 考虑了不确定性和货币时间价值，强调风险与收益的权衡，并将风险限制在企业可以接受的范围之内，有利于企业统筹安排长短期规划，合理选择投资方案。

(2) 将企业长期、稳定的发展和持续的获利能力放在首位，能够避免企业追求利润的短期行为。

（3）反映了对企业资本的保值增值要求。在投入资金一定的条件下，如果企业价值大于投资资金，则可实现保值增值的目标，并且企业价值越大，增值越多。

（4）有利于资源的优化配置。社会资金通常流向企业价值最大化的企业或行业，有利于实现社会效益最大化。

2. 企业价值最大化的缺点

以企业价值最大化作为财务管理目标过于理论化，不易操作。理论上，企业价值应该等于企业债务的市场价值加上股东权益的市场价值。尽管上市公司股东权益的市场价值可以通过股票价格来判断，但非上市公司因缺乏市场价格很难判断其股东权益的市场价值，而且大多数情况下，公司债务的市场价值也无法通过市场价格来获取。一般情况下，只有对公司进行专门评估才能确定其价值。而在评估这些公司价值时，由于受到评估标准和评估方式的影响，很难做到客观和准确。

除了股东和债权人以外，企业的经营必然还会涉及与其他利益相关者之间的经济交往。现代企业是多边契约关系的总和，股东、债权人、员工、企业经营者、客户、供应商、政府和社会公众都为企业承担着风险。在确定企业财务管理目标时，不能忽视这些相关利益群体的利益。由此，有人提出了企业财务管理的目标应该是利益相关者价值最大化。该目标实际上是企业价值最大化的扩展，将企业价值的评价范围从股东和债权人扩大到整体利益相关者群体，强调企业应该为整体利益相关者群体创造最大的财富。

人们对于财务管理的目标有着多种观点，企业在进行财务管理活动时究竟应该采纳何种目标取决于其主要关注哪些人的利益。由于企业的创立和发展都必须以股东的投入为基础，离开了股东的投入，企业就不复存在；并且，在企业的日常经营过程中，股东在企业中承担着最大的义务和风险，相应也需享有最高的收益，企业的各项活动应该将股东的利益放在首位，即应该追求股东财富的最大化。当然，在企业追求股东财富最大化的过程中，也应该保护其他利益相关者的利益。各国法律都规定，企业必须缴税、给职工发工资、给顾客提供他们满意的产品和服务，然后其股东才能获得税后收益。也就是说，企业只有满足了其他各方的利益之后才会有股东的利益，其他利益相关者的利益通过契约约定或者由法律法规规定，相当于是“固定”收益，企业股东得到的是“剩余”权益。如果其他利益相关者的利益能够得到完美的保护，企业追求股东财富最大化的同时，自然也会实现利益相关者价值最大化。因此，现代财务管理理论关于财务管理目标的观点为：财务管理应该以股东财富最大化为最佳目标，但在追求股东财富最大化的同时应该保护国家、债权人、员工、供应商、社会公众等其他利益相关者的利益。

## 三、财务管理目标的协调

股东和债权人为公司提供了财务资源，但是他们处在公司之外，只有经营者在公司里直接从事财务管理工作。股东、经营者和债权人之间构成了公司最重要的财务关系。公司是所有者即股东的公司，财务管理的目标是指股东的目标。股东委托经营者代表他们管理公司，为实现他们的目标而努力，但经营者和股东的目标并不完全一致。债权人把资金借给公司，并不是为了“股东财富最大化”，与股东的目标也不一致。除了股东与经营者、股东与债权人存在目标不一致外，公司作为社会的一个经济组织，还承担着一定的社会责任，社会责任与追求股东财富最大化目标也不完全一致。上述目标的冲突会影响公司财务管理目标的实现程度，公司必须协调这三方面的冲突，才能实现“股东财富最大化”的目标。

## （一）股东和经营者

### 1. 股东目标与经营者目标的冲突

在股东和经营者分离以后，股东的目标是股东财富最大化，要求经营者以最大的努力去完成这个目标。经营者也是最大合理效用的追求者，其具体行为目标与委托人不一致。经营者的目标包括：

（1）增加报酬，包括物质和非物质的报酬，如工资、奖金以及提高荣誉和社会地位等。

（2）增加闲暇时间，包括较少的工作时间、工作时间里较多的空闲和有效工作时间中较小的劳动强度等。

（3）避免风险。经营者努力工作可能得不到应有的报酬，他们的行为和结果之间有不确定性，经营者总是力图避免这种风险，希望付出一份劳动便得到一份报酬。

经营者会追求自己的目标，可能会做出不利于股东财富最大化的行为。例如利用公司的资产满足自己的私人目的、偷懒，以及为避免风险而放弃一些高风险、高收益的有利投资机会等。

### 2. 防止经营者背离股东目标的方法

（1）监督。

经营者背离股东目标，其条件是双方的信息不一致，主要是经营者了解的信息比股东多。避免经营者背离股东目标的有效手段是股东获取更多的信息，对经营者进行监督，在经营者背离股东目标时，减少其各种形式的报酬，甚至解雇他们。但是，全面监督在实践中是行不通的。股东是分散的或者远离经营者，得不到充分的信息；经营者比股东有更大的信息优势，比股东更清楚什么是对公司更有利的行动方案；全面监督管理者行为的代价是很高的，很可能超过它所带来的收益。因此，股东支付审计费聘请注册会计师，往往仅审计财务报表，而不要求全面审查所有管理人行为。股东对于情况的了解和对经营者的监督是必要的，但受到合理成本的限制，不可能事事都监督。监督可以减少经营者违背股东意愿的行为，但不能解决全部问题。

（2）激励。

防止经营者背离股东目标的另一个方法是采用激励报酬计划，使经营者分享公司增加的财富，鼓励他们采取符合公司最大利益的行动。例如，公司每股收益或股票价格提高后，给经营者以现金、股票奖励。如果给予的报酬过低，则不足以激励经营者，股东不能获得最大收益；如果给予的报酬过高，股东付出的激励成本过大，也不能实现股东的最大利益。因此，激励可以减少经营者违背股东意愿的行为，但同样不能解决全部问题。

通常，股东同时采取监督和激励两种方法来协调自己和经营者的目标。但这样也不可能使经营者完全按股东的意愿行动，他们可能仍然采取一些对自己有利而不符合股东利益最大化目标的决策，并由此给股东带来一定的损失。监督成本、激励成本和偏离股东利益而形成的损失之间此消彼长，相互制约。股东要权衡轻重，力求找出能使三项之和最小的解决办法，这就是最佳的解决办法。

### （二）股东和债权人

当公司向债权人借入资金后，两者形成一种委托代理关系。债权人把资金交给公司，其目标是到期时收回本金，并获得约定的利息收入；公司借款的目的是用它扩大经营，将资金投入有风险的生产经营项目，并获取较高的预期收益。可见，股东和债权人两者的目标并不一致。

债权人事先知道借款是有风险的，并把这种风险的应计报酬纳入利息。通常要考虑的因素包括：公司现有资产的风险、预计公司新添资产的风险、公司现有的负债比率、公司未来的资本结构等。但是，借款合同一旦签订，资金划到了公司账上，债权人就失去了控制权，股东可以通过经营者为了自身利益而伤害债权人的利益，其常用手段有：

（1）股东不经债权人的同意，投资于比债权人预期风险要高的新项目。如果高风险的项目侥幸成功，超额的利润归股东独享；如果项目不幸失败，公司无力偿债，债权人与股东将共同承担由此造成的损失。尽管《中华人民共和国公司破产法》（以下简称《破产法》）规定，债权人先于股东分配破产财产，但多数情况下，破产财产不足以偿债。所以，对债权人来说，超额利润拿不到，发生损失却有可能要分担。

（2）股东为了提高公司的利润，不征得债权人的同意而迫使经营者发行新债，致使原债券的价值下降，使原债权人蒙受损失。原债券价值下降的原因是：发行新债券后公司的负债比例加大，公司破产的可能性增加。如果公司破产，原债权人和新债权人要共同分配破产后的财产，使原债券的风险增加，其价值下降。

债权人为了防止其利益被侵害，除了寻求立法保护，如破产时优先接管，通常采取以下措施：

（1）在借款合同中加入限制性条款，如规定贷款的用途，规定不得增加新债务或限制增加新债务的数额等。

（2）债权人发现公司有侵害债权人利益的行为时，拒绝进一步合作，不再提供新的借款或提前收回借款。

### （三）公司目标与社会责任

公司的目标和社会责任在许多方面是一致的。公司在追求自己的目标时，自然会使社会受益。例如，公司为了生存，必须生产出符合顾客需要的产品，满足社会的需求；公司为了发展，要扩大规模，自然会增加职工人数，解决社会的就业问题；公司为了获利，必须提高劳动生产率，改进产品质量，改善服务，从而提高社会生产效率和公众的生活质量。

公司的目标和社会责任也有不一致的地方。例如，公司为了获利，可能生产伪劣产品，可能不顾工人的健康和利益，可能造成环境污染，可能损害其他公司的利益等。

政府要保证所有公民的正当权益。为此，政府颁布了一系列保护公众利益的法律，如公司法、反暴利法、防止不正当竞争法、环境保护法、消费者权益保护法和有关产品质量的法规等。通过这些法律法规调节股东和社会公众的利益。

一般说来，只要遵守这些法律法规，公司在谋求自己利益的同时就会使公众受益。但是，这些法律法规不可能解决所有问题，公司有可能在合法的情况下从事不利于社会的活动。因此，公司还要受到商业道德的约束，要接受政府有关部门的行政监督以及社会公众的舆论监督，进一步协调公司和社会的矛盾。

**相关链接**

**阿里巴巴绿色行动**

阿里巴巴发布的《2019 财年社会责任报告》显示，阿里巴巴在绿色供应链、绿色物流、绿色计算、绿色回收等方面率先形成了可持续的绿色发展模式，并持续带动生态伙伴及公众参与绿色行动，力图形成一个“阿里巴巴绿色星球”。其中在绿色计算与办公方面，据统计，阿里巴巴数据中心每天要处理上万亿笔订单，阿里巴巴的年轻人算过一笔账，10 年前 10 笔电商交易要消耗的能源可以煮熟 4 个鸡蛋，现在这个能耗已经下降到只能煮熟一个鹌鹑蛋了。钉钉推广无纸化绿色办公，电子审批、电话会议、视频会议等在线办公方式逐渐成为潮流。截至 2019 年 3 月底，钉钉的无纸化办公节省了 2.27 亿千克碳排放，相当于种植了 1 270 万棵树。人人参与才是可持续的环保，阿里巴巴坚信“唯有唤醒人的意识，才能真正留住中国的碧水蓝天”。

资料来源：朱叶．公司金融．上海：复旦大学出版社，2021.

## 第三节　财务管理环境

财务管理环境是指对公司财务活动产生影响作用的各种内外部因素的总称。研究财务管理环境有助于提高公司财务管理对环境的适应能力，实现财务管理的目标，提高财务管理的效率。财务管理环境涉及的范围很广，主要包括技术环境、经济环境、法律环境、金融环境等。

### 一、技术环境

技术环境是指财务管理得以实现的技术手段和技术条件，它决定着财务管理的效率和效果。财务管理工作需要有相关的信息支持，而会计信息系统是公司做出各项财务管理决策时的重要信息来源，会计信息系统是技术环境中的一项重要内容。会计分为管理会计和财务会计，管理会计主要是服务于公司内部，为各种管理决策提供相关的信息；财务会计主要服务于公司的外部，主要是为公司的投资者、债权人等决策提供有用的信息。随着数据科学、机器人流程自动化等智能技术不断应用到财务管理领域，财务管理的技术环境正在发生深刻的变化。比如大数据、人工智能等现代信息技术，推动着财务管理体系的不断变化。财务共享模式下的公司财务管理融入了大数据、智能化的理念，创建并优化了业务流程，使公司的各项管理活动和经济业务更加灵活、有效，并为加强风险管控、提高决策效率等方面提供了重要支撑。

## 二、经济环境

经济环境是指对公司财务管理有重要影响的一系列经济因素。经济环境的好坏对公司的筹资、投资、营运资金的管理和股利分配等所有重要财务活动都会产生重大影响。经济环境主要包括经济发展水平、经济周期、经济政策、通货膨胀等方面。

### （一）经济发展水平

世界各国的经济发展水平有着很大的差别，按照通常的标准可以将不同的国家划分为发达国家、发展中国家和不发达国家。财务管理的发展水平与国家的经济发展水平密切相关，经济发展水平决定着财务管理水平。发达国家经济发展水平高，在经济的长期发展中必然会创造出先进的财务管理方法，管理的手段也会更加先进。同时，经济越发达，其经济关系越复杂、生产方式越完善，财务管理的内容也越丰富。发展中国家经济基础较薄弱，但发展速度快，经济政策变更频繁，决定了这些国家的财务管理水平有限，但发展速度较快，而且相关政策法规的频繁变化也会给公司的财务管理带来困难，这些国家的公司财务管理必须有较强的环境适应性。不发达国家比较低的经济发展水平则决定了它们的财务管理呈现出水平低、发展慢的特征。

### （二）经济周期

市场经济条件下，经济发展与运行具有一定的波动性，而这种波动往往会表现出周期性循环，这种循环称为经济周期。一个经济周期一般会表现为复苏、繁荣、衰退和萧条四个阶段。

在经济周期的不同阶段，社会的需求与供给、物价水平、资金供求、金融市场的运行等均会表现出不同的特征。公司应该针对经济周期不同阶段的特征采用不同的财务管理战略。我国的经济发展和运行也呈现出特有的周期特征，公司的财务管理应该根据经济周期的变化不断地做出调整。

### （三）经济政策

国家为实施对宏观经济的管理和调控，会采取一系列的宏观经济政策，这些政策包括产业政策、财税政策、货币政策、外汇政策、外贸政策等。国家的经济政策会对公司的财务管理产生重大影响。顺应政策的导向会给公司带来一定的经济利益，公司开展财务管理活动应该按照政策导向行事，经济政策是进行财务决策时需要考虑的重要内容。

### （四）通货膨胀

通货膨胀会导致货币购买力下降，引起物价上涨，也会对金融市场产生较大的影响，从而对公司的财务管理带来很多不利的影响。主要表现为：（1）引起资金占用的大量增加，从而增加公司的资金需求；（2）引起公司利润虚增；（3）引起利率上升，加大公司资本成本；（4）引起证券价格下降；（5）引起资金供应紧张，增加公司的筹资难度。

公司无法改变通货膨胀，在通货膨胀时期，公司必须采取措施应对通货膨胀产生的不利影响。比如：与客户签订长期购货合同，以减少物价上涨造成的损失；减少利润的分配，以保全公司的生产能力；采用比较严格的信用条件；减少对金融资产的投资等。

## 三、法律环境

公司的筹资、投资、利润分配等财务管理活动都要受到相关的法律规范的约束，影响公司财务活动的各种法律、法规和规章就构成了财务管理的法律环境。影响公司财务管理的法律规范有很多，主要包括企业组织法规、财务会计法规、税收法规以及证券法规。

### （一）企业组织法规

企业组织必须依法成立。组建不同的企业，要依照不同的法律规范。在我国，这些法规包括《公司法》《合伙企业法》《个人独资企业法》《外商投资法》《中外合作经营企业法》等。这些法律详细规定了不同类型的企业组织设立的条件、设立的程序、组织机构、组织变更及终止的条件和程序等，这些内容对公司的投资、筹资、利润分配均会产生重要影响。

### （二）财务会计法规

我国的财务会计法规主要包括《会计法》《企业会计准则》《企业财务通则》等。《会计法》和《企业会计准则》对我国企业会计工作做出了具体的规定，通过影响财务报告的内容和质量对公司的财务决策产生影响。《企业财务通则》围绕公司财务管理的环节对财务管理的方法和政策要求做出了规定，是公司开展财务活动、实施财务管理的基本规范。

### （三）税务法规

任何公司都有依法纳税的义务，税负是公司的一种支出，是公司的现金流出。公司希望尽可能地减少税务负担。而公司财务方案的选择会影响公司的纳税，公司可以通过财务决策时的精心安排和筹划减少税负，但不允许在纳税义务已经发生时去偷税漏税。因此，公司开展财务活动必须考虑税务法规的相关规定。

### （四）证券法规

证券法规是确认和调整在证券管理、发行与交易过程中各主体的地位及权利与义务关系的法律规范。公司可能会通过发行证券的方式筹集资金，也可能会通过购买证券进行间接投资，开展这些财务活动必须遵守相关的证券法规。我国的证券法规主要包括《证券法》、国务院及证券监管部门发布的一系列证券行政法规、证券交易所的自律性规则等，另外，《公司法》对股票及公司债券的发行、转让及上市也做了相应的规定。

## 四、金融环境

公司需要通过金融市场获得所需要的资金，并可将其闲置的资金投资在各种金融资产上。金融环境的变化对公司理财有着十分重要的影响，金融市场是公司财务管理的最重要的环境。

### （一）金融市场的概念和分类

金融市场是指资金供应者和需求者通过信用工具进行交易而融通资金的市场。概括来讲，就是实现资金融通、办理各种票据和进行有价证券交易的市场。金融市场可以是有形市场，也可以是无形市场。

1. 金融市场构成要素

（1）市场主体。市场主体是指金融交易活动的参与者。包括公司、个人、政府机构、商业银行、中央银行、证券公司、保险公司等。按照进入市场的身份，金融市场主体可以分为资金供应者、资金需求者、中介机构和管理者。在金融市场上，参加交易活动的经济主体都是能够独立做出决策，并承担利益和风险的组织或个人。

（2）交易对象。金融交易活动的交易对象是各种金融资产。货币是最典型的金融资产。除此之外，金融资产还包括债券、股票和信用凭证。债券包括政府债券、公司债券等。股票包括普通股股票和优先股股票。信用凭证包括储蓄者将货币存入金融机构取得的存款凭证及公司开具的应收与应付票据等。

（3）组织形式和交易方式。金融市场的组织形式主要有交易所交易和柜台交易两种，交易方式主要有现货交易、期货交易、期权交易和信用交易等。

2. 金融市场的种类

从不同的角度和层次，可以把金融市场划分成不同的类型。金融市场通常按以下几种方式进行分类：

（1）以交易对象为标准进行分类。以交易对象为标准，金融市场可以分为资金市场、外汇市场和黄金市场。资金市场以货币和证券为交易对象；外汇市场以各种外汇信用工具为交易对象；黄金市场则是集中进行黄金买卖和金币兑换的交易场所。在这三类市场中，一般来讲，对公司财务管理影响较大的是资金市场。

（2）以资金期限为标准进行分类。以资金期限为标准，金融市场分为短期资金市场和长期资金市场。短期资金市场是指资金期限在一年以内的市场，包括同业拆借市场、票据市场、大额定期存单市场和短期债券市场；长期资金市场是指资金期限在一年以上的市场，包括股票市场和长期债券市场。

（3）以市场功能为标准进行分类。以市场功能为标准，金融市场分为发行市场和流通市场。发行市场又称一级市场，流通市场又称二级市场。

### （二）金融市场与财务管理

1. 金融市场是公司投资和筹资的场所

在现代市场经济条件下，金融市场具有举足轻重的地位，对公司财务活动起着直接的制约和调节作用。公司需要资金时，可以到金融市场上选择适合自己的筹资方式进行筹资。公司有了剩余资金，也可以在金融市场中灵活地选择投资方式，为其资金寻找出路。

2. 金融市场为公司财务管理提供有意义的信息

金融市场上利率的变化反映了资金的供求状况，有价证券市场行情反映了投资者对公司的经营状况和盈利水平及前景的评价，这些是公司进行生产经营和财务决策的重要依据。

3. 金融市场促进了公司资金的灵活转换

金融市场中各种形式的金融交易，形成了复杂多变的筹资活动。通过这样的筹资活动，可以实现资金形式的互相转换，包括时间上长短期资金的相互转换，空间上不同区域间资金的相互转换，以及数量上大额资金和小额资金的相互转换等。如公司持有的股票和债券是长期投资，在金融市场转让出售后变成短期资金等。

### （三）利息率

利息率简称利率，是衡量资金增值量的基本单位，也就是资金的增值与投入资金的价值之比。从资金流通角度看，利率为资金的交易价格。资金作为一种特殊的商品，是以利率作为价格标准的，资金的融通实质上通过利率这一价格体系在市场机制作用下实行再分配。这种分配的结果，通常是获利较高的投资机会更容易得到资金。因此，可以说，利率是资金市场上资金流向的调节器。

利息率

按照经济学原理，任何一种商品的市场价格应该由该商品的市场供求情况确定，这种商品的供求规律及供求均衡情况决定了该商品的一般价格水平。资金这种特殊商品的价格（即利率）也主要由供求情况决定。但除了这种因素外，经济周期、货币政策、财政政策、通货膨胀和国际收支状况等，对利率的变动均有不同程度的影响。由于影响利率变化的因素很多，且影响因素和利率变化之间的关系非常复杂，因而，在财务管理实践中，可以根据利率的构成来对具体的利率变动进行估算。

一般来说，市场利率可用下式表示：

$$R = PR + INFLR + DR + LR + MR$$

式中：$PR$ 是纯利率；$INFLR$ 是通货膨胀补偿率；$DR$ 是违约风险收益率；$LR$ 是流动性风险收益率；$MR$ 是期限性风险收益率。

（1）纯利率。

纯利率是指在无通货膨胀和无风险情况下的社会平均利润率。纯利率的高低，受平均利润率、资金供求关系和国家宏观调控的影响，很难被精确地测定。因此，在实际工作中，通常用无通货膨胀情况下的短期国库券利率来表示。

（2）通货膨胀补偿率。

通货膨胀会降低货币的实际购买力，使投资者的真实收益率下降。因此，投资者必然要求提高利率水平以补偿其购买力损失。一般认为，政府发行的短期国库券利率就是由纯利率和通货膨胀补偿率两部分组成。

（3）违约风险收益率。

违约风险是指债务人无法按期偿还本金和利息风险。如果债务人经常不能按期支付本息，则说明该公司违约风险较高。投资者为了减少损失，必然要求提高收益率以弥补违约风险。当然，违约风险收益率不可以无限制地增长，如果某公司具有太高的风险性，则它以任何利率都不可能筹集到借款。公司违约风险由其信用状况决定，信用等级越高，信用越好，违约风险越低，利率水平越低；信誉不好，违约风险高，利率水平自然提高。

（4）流动性风险收益率。

流动性风险是指某项资产迅速转化为现金的可能性。如果一项资产能够迅速转化为现金，说明其变现力强，流动性好，流动性风险低；反之，则说明流动性风险高。政府债券和大公司债券的信用好，变现能力强，容易被社会广大投资者所接受，具有较强的流动性，投资者在需要资金时，可以随时出售证券，流动性风险小，利率低。而一些不知名的中小公司发行的债券，流动性差，流动性风险高，利率高。

（5）期限性风险收益率。

期限性风险是指因债务到期日长短不同而带来的风险。一项负债，到期日越长，债权人承受的不确定因素就会越多，承担的风险就越高。为了弥补这种风险而提高的利率水平，就是期限性风险收益率。例如，同时发行的国库券，5 年期利率比 3 年期利率高，银行贷款利率也是一样。因此，长期利率一般要高于短期利率，这就是期限性风险收益率。

## 本章小结

公司财务活动是指公司从事的与资金运动有关的业务活动，包括筹资活动、投资活动、经营活动及股利分配活动。公司财务关系是指公司在组织财务活动过程中与各方面发生的经济利益关系。财务管理是指组织公司财务活动、协调公司财务关系的一项综合性管理工作，主要内容包括投资管理、筹资管理、营运资金管理和股利分配管理，其主要特点是侧重于公司价值管理。财务管理目标就是公司财务活动期望实现的结果，是评价公司财务活动是否合理的基本标准，代表性的观点有利润最大化、股东财富最大化、企业价值最大化。追求股东财富最大化目标，不妨碍社会责任的履行，同时应注意协调股东与经营者、股东与债权人之间的利益冲突。财务管理环境有技术环境、经济环境、法律环境和金融环境，其中金融环境与公司财务管理关系最为密切。

## 思考题

1. 如何理解财务管理的内容和特点？
2. 将利润最大化作为财务管理的目标有何优缺点？
3. 如何理解财务管理目标的冲突与协调？
4. 什么是金融市场？如何理解金融市场与财务管理的关系？
5. 利率的构成要素有哪些？

## 在线自测

扫一扫　练一练

# 第二章 价值评估基础

## 第一节 货币时间价值

### 一、货币时间价值的概念

货币时间价值是指一定量的资金在不同时点上的价值量的差额。货币时间价值来源于资金进入再生产过程后的价值增值，是资金所有者让渡资金使用权而参与社会财富分配的一种形式。

货币时间价值有相对数和绝对数两种表示方式。相对数在理论上等于没有风险、没有通货膨胀条件下的社会平均资金利润率。实际工作中，可以用通货膨胀率很低时的政府债券利率来表示货币时间价值。绝对数是指资金在使用过程中带来的增值额。一般情况下，货币时间价值用相对数来表示。

货币时间价值是财务管理的一个重要概念，也是评价公司投资方案的基本标准。货币时间价值的大小由两个因素决定：一是资金让渡的时间期限；二是利率水平。一笔资金投入使用的时间越早，货币时间价值就越大。因此，资金要及时、尽早使用，不要闲置。

由于一定量的资金在不同时点的价值不同，所以不能直接进行比较，必须把不同时点的资金换算到相同的时间基础上。因此，货币时间价值有现值和终值两种表现形式。现值包括两方面含义：一是指未来某一时点的一定量资金折合到现在的价值；二是指现在的本金。通常记作“$P$”。终值又称将来值，是现在一定量的资金在未来某一时点的价值，即未来的“本利和”，通常记作“$F$”。

### 二、货币时间价值的计算

货币时间价值一般用利息率来表示。利息的计算通常包括单利和复利两种方法。

货币时间价值的计算

#### （一）单利及其计算

单利是只对本金计算利息。即资金无论期限长短，各期的利息是相同的，本金所派生的利息不再加入本金计算利息。

1. 单利终值

单利终值是指一定量的资金在若干期以后包括本金和单利利息在内的未来价值。单利终值的计算公式为：

$$F = P + P \cdot n \cdot r = P \times (1 + n \cdot r)$$

单利利息的计算公式为：

$$I = P \cdot n \cdot r$$

式中：$P$ 是现值（本金）；$F$ 是终值（本利和）；$I$ 是利息；$r$ 是利率；$n$ 是计算利息的期数。

**【例 2-1】** 某人 2023 年 1 月 1 日存入中国建设银行 10 000 元人民币，存期 5 年，存款年利率为 5%，到期本息一次性支付。到期单利终值与利息分别为多少？

**【解析】** 此题是根据单利的含义及计算公式，计算年利率为 5%，本金 10 000 元，5 年后的存款本利和（即终值）和利息分别是多少。

**【答案】** 到期单利终值为：$F=10\ 000\times(1+5\times5\%)=12\ 500$（元）；

利息为：$I=10\ 000\times5\%\times5=2\ 500$（元）。

2. 单利现值

单利现值是指未来在某一时点取得或付出的一笔款项，按一定折现率计算的现在的价值。单利现值的计算公式为：

$$P = \frac{F}{1+n \cdot r}$$

**【例 2-2】** 某人 3 年后将为其子女支付留学费用 30 万元人民币，2023 年 3 月 5 日他将款项一次性存入中国银行，存款年利率为 4.5%。此人至少应存款的数额是多少？

**【解析】** 此题是根据单利的计算公式，计算如果年利率为 4.5%，3 年后的本利和（即终值）达到 30 万元，现在应存入银行多少本金（即现值）。

**【答案】** $P = \dfrac{300\ 000}{1+3\times4.5\%} = 264\ 317.18$（元）。

现值的计算与终值的计算是互逆的，由终值计算现值的过程称为折现，这时的利率称为折现率，相应的计息期数称为折现期数。

### （二）复利终值与现值

复利是指资金每经过一个计息期，要将该期所派生的利息再加入本金，一起计算利息，俗称“利滚利”。计息期是指相邻两次计息的间隔，如年、季或月等。

1. 复利终值

复利终值是指一定量的资金按复利计算在若干期以后的本利和。复利终值的计算公式为：

$$F = P\times(1+r)^n$$

式中：$P$ 是现值（本金）；$F$ 是终值（本利和）；$r$ 是利率；$n$ 是计算利息的期数。$(1+r)^n$ 称为复利终值系数或一元的复利终值，用符号 $(F/P, r, n)$ 表示。复利终值的计算公式也可以表示为：

$$F=P\times(F/P, r, n)$$

为简化计算手续，可以直接查阅复利终值系数表，见附表 1。

**【例 2-3】** 某人拟购房一套，开发商提出两个付款方案：

方案一：现在一次性付款 80 万元；方案二：5 年后一次性付款 100 万元。

假如购房所需资金可以从银行贷款取得，若银行贷款利率为 7%，则哪个付款方案对购房者更为有利?

**【解析】**根据复利终值的计算公式，计算现在的 80 万元，年利率为 7%，5 年后的终值；然后与方案二 5 年后付款 100 万元相比较，选择数额较小的方案。

**【答案】**方案一 5 年后的终值为：

$$F=80\times(F/P,\ 7\%,\ 5)=80\times1.402\,6=112.21\ (\text{万元})$$

由于方案一 5 年后的付款额（112.21 万元）大于方案二的付款额（100 万元），所以选择方案二对购房者更为有利。

2. 复利现值

复利现值是指未来在某一时点取得或付出的一笔款项按复利计算的现在的价值。复利现值的计算正好与复利终值的计算相反，也可以说是复利终值的逆运算。根据复利终值的计算公式可以得到复利现值的计算公式为：

$$P=F\times\frac{1}{(1+r)^n}$$

式中：$(1+r)^{-n}$ 称为复利现值系数或一元的复利现值，用符号（$P/F$，$r$，$n$）表示。复利现值的计算公式也可以表示为：

$$P=F\times(P/F,\ r,\ n)$$

为简化计算手续，可以直接查阅复利现值系数表，见附表 2。

**【例 2-4】**承例 2-3，比较两个付款方案的现值。

**【解析】**根据复利现值的计算公式，计算方案二 5 年后付款 100 万元折合到现在的价值；然后与方案一现在付款 80 万元比较，选择数额较小的方案。

**【答案】**方案二 5 年后付款 100 万元的现值为：

$$P=100\times(P/F,\ 7\%,\ 5)=100\times0.713\,0=71.3\ (\text{万元})$$

由于方案二付款的现值（71.3 万元）小于方案一的现值（80 万元），所以选择方案二对购房者更有利。

## （三）年金终值与现值

年金是指一定时期内每期相等金额的系列收付款项。年金具有两个特点：一是每次收付金额相等；二是时间间隔相同。在日常生活中，利用年金的形式有很多，如保险费、养老金、租金、等额分期收款、等额分期付款以及零存整取或整存零取储蓄等。

年金按每次收付款发生的时点不同，可分为普通年金、即付年金、递延年金、永续年金等形式。

1. 普通年金

普通年金是指从第一期起，一定时期内每期期末等额收付的系列款项，又称后付年金。普通年金的收付形式如图 2-1 所示。年金一般用符号 $A$ 表示。

0　1　2　3　4　…　$n$

$A$　$A$　$A$　$A$　$A$

**图 2-1　普通年金的收付形式**

(1) 普通年金终值。普通年金终值是指在一定时期内每期期末收付款项的复利终值之和。例如公司从第一年起，每年年末存入银行相等的金额 A，年利率为 $r$，如果每年计息一次，则 $n$ 年后的本利和就是普通年金终值。

普通年金终值的计算公式为：

$$F=A\times(1+r)^{0}+A\times(1+r)^{1}+A\times(1+r)^{2}+\cdots+A\times(1+r)^{n-1}$$

整理上式，可得到：

$$F=A\cdot\frac{(1+r)^{n}-1}{r}$$

式中：$\frac{(1+r)^{n}-1}{r}$ 称作普通年金终值系数或一元的普通年金终值，记为（$F/A$，$r$，$n$）。普通年金终值的计算公式也可以表示为：

$$F=A\times(F/A,r,n)$$

为简化计算手续，可直接查阅年金终值系数表，见附表 3。

**【例 2－5】** A 公司热心于公益事业，自 2015 年 12 月底开始，每年末向儿童基金会捐款 100 000 元，帮助部分失学儿童从小学一年级完成九年义务教育。假设存款年利率为 5%，该公司这九年捐款至 2023 年底的金额为多少？

**【解析】** 根据年金的含义和普通年金终值的计算公式，此题应计算年金为 100 000 元，利率为 5%，计息期数为 9 年的普通年金终值。

**【答案】** $F=100\,000\times(F/A,5\%,9)=100\,000\times11.026\,6=1\,102\,660$（元）

（2）普通年金现值。普通年金现值是指为在每期期末收付相等金额的款项，现在需要投入的金额，是一定时期内每期期末收付款项的复利现值之和。例如公司从第一年起，在未来 $n$ 年内每年年末从银行取出相等的金额 A，年利率为 $r$，如果每年计息一次，则现在应存入的本金即为普通年金现值。

普通年金现值的计算公式为：

$$P=A\times(1+r)^{-1}+A\times(1+r)^{-2}+\cdots+A\times(1+r)^{-(n-1)}+A\times(1+r)^{-n}$$

整理上式，可得：

$$P=A\cdot\frac{1-(1+r)^{-n}}{r}$$

式中：$\frac{1-(1+r)^{-n}}{r}$ 称作普通年金现值系数或一元的普通年金现值，记为（$P/A$，$r$，$n$）。普通年金现值的计算公式也可以表示为：

$$P=A\times(P/A,r,n)$$

为简化计算手续，可直接查阅年金现值系数表，见附表 4。

**【例 2－6】** B 公司准备购置一套生产线，该套生产线的市场价为 200 万元，需一次性支付。经协商，厂家提供了一种分期付款方案：首期支付 100 万元，然后分 6 年每年年末支付 30 万元。如果银行同期贷款利率为 7%，那么分期付款对 B 公司来说是否合算？

**【解析】** 此题应计算分期付款方案付款的现值，然后与市场价 200 万元比较，如果低于市场价，则分期付款对 B 公司来说合算；否则一次性付款对 B 公司来说更合算。

【答案】分期付款方案付款的现值为：

$$P=100+30\times(P/A,7\%,6)=100+30\times4.7665=243\text{（万元）}$$

一次性付款需要付出200万元，小于分期付款方案付款的现值，可见分期付款对B公司来说不合算。

2. 即付年金

即付年金是指从第一期起，在一定时期内每期期初等额收付的系列款项，又称先付年金。它与普通年金的区别仅在于收付款时间不同。即付年金的收付形式如图2-2所示。

| 0 | 1 | 2 | 3 | 4 | … | $n$ |
|---|---|---|---|---|---|---|
| $A$ | $A$ | $A$ | $A$ | $A$ | | |

**图2-2　即付年金的收付形式**

(1) 即付年金现值。即付年金现值是指每期期初等额收付的系列款项的复利现值之和。它与普通年金现值的区别在于收付款时间不同。用公式表示为：

$$P=A+A\times(1+r)^{-1}+A\times(1+r)^{-2}+\cdots+A\times(1+r)^{-(n-1)}$$

整理上式，可得：

$$P=A\times(1+r)\times\frac{1-(1+r)^{-n}}{r}=A\times(P/A,r,n)\times(1+r)$$

或：

$$P=A\times\left[\frac{1-(1+r)^{-(n-1)}}{r}+1\right]=A\times[(P/A,r,n-1)+1]$$

上述公式表明，即付年金现值的计算可以有两种方法：

第一种，在$n$期普通年金现值的基础上乘以$(1+r)$，即可求出$n$期即付年金现值；

第二种，先计算即付年金现值系数，即在普通年金现值系数的基础上，期数减1，系数加1，用符号表示为$[(P/A,r,n-1)+1]$，最后乘以年金$A$，即可求出$n$期即付年金现值。

**【例2-7】** C公司从租赁公司租入一台设备，期限5年，租赁合同规定每年初支付租金2万元，预计设备租赁期内银行贷款利率为6%，计算该设备租金的现值。

**【解析】** 此题是计算年金为2万元，利率为6%，计息期数为5年的即付年金现值。

**【答案】** 根据即付年金现值的计算公式：

$$P=2\times(P/A,6\%,5)\times(1+6\%)=2\times4.2124\times1.06=8.93\text{（万元）}$$

或：

$$P=2\times[(P/A,6\%,5-1)+1]=2\times(3.4651+1)=8.93\text{（万元）}$$

(2) 即付年金终值。即付年金终值是各期期初等额系列收付款的复利终值之和。用公式表示为：

$$F=A\times(1+r)^{1}+A\times(1+r)^{2}+A\times(1+r)^{3}+\cdots+A\times(1+r)^{n}$$

整理上式，可得：

$$F = A \times (1+r) \times \frac{(1+r)^n - 1}{r} = A \times (F/A,r,n) \times (1+r)$$

或：

$$F = A \times \left[\frac{(1+r)^{(n+1)} - 1}{r} - 1\right] = A \times [(F/A,r,n+1) - 1]$$

上述公式表明，即付年金终值的计算也可以有两种方法：

第一种，在 $n$ 期普通年金终值的基础上乘以（$1+r$），即可求出 $n$ 期即付年金终值；

第二种，先计算即付年金终值系数，即在普通年金终值系数的基础上，期数加 1，系数减 1，用符号表示为 $[(F/A,r,n+1)-1]$，最后乘以年金 $A$，即可求出 $n$ 期即付年金终值。

**【例 2-8】** D 公司在今后 5 年内，每年年初存入银行 100 万元，如果存款年利率为 6%，则第 5 年末的存款余额为多少？

**【解析】** 此题是计算年金为 100 万元，利率为 6%，计息期数为 5 年的即付年金终值。

**【答案】** 根据即付年金终值的计算公式：

$$F = 100 \times (F/A,6\%,5) \times (1+6\%) = 100 \times 5.6371 \times 1.06 = 597.53(\text{万元})$$

或：

$$F = 100 \times [(F/A,6\%,5+1) - 1] = 100 \times (6.9753 - 1) = 597.53(\text{万元})$$

3. 递延年金

递延年金是指距今若干期以后发生的等额收付的系列款项。递延年金收付形式如图 2-3 所示。

| 0 | 1 | 2 | 3 | $m$ | $m+1$ | $m+2$ | … | $m+n$ |
|---|---|---|---|---|---|---|---|---|
| | | | | | $A$ | $A$ | | $A$ |

图 2-3 递延年金的收付形式

递延年金现值有两种计算方法：

第一种，先求出递延期末（图 2-3 中的 $m$ 期末）的现值，然后再将此现值折现到第一期期初。其公式为：

$$P_m = A \cdot (P/A,r,n)$$

$$P = P_m \cdot (P/F,r,m) = A \cdot (P/A,r,n) \cdot (P/F,r,m)$$

第二种，先求出（$m+n$）期的年金现值，再扣除递延期（$m$）的年金现值。其公式为：

$$P = P_{m+n} - P_m = A \cdot (P/A,r,m+n) - A \cdot (P/A,r,m)$$

递延年金终值的计算方法与普通年金终值相同，与递延期长短无关。

**【例 2-9】** E 公司年初存入银行一笔资金作为职工的奖励基金，在存满 5 年后每年末取出 100 万元，到第 10 年末全部取完。假设银行存款年利率为 6%，则该公司最初应一次存入银行的资金为多少？

**【解析】** 此题是计算递延期 $m$ 为 5 期，收付期 $n$ 为 5 期，年金为 100 万元的递延年金现值。

【答案】$P=100\times(P/A,\ 6\%,\ 5)\times(P/F,\ 6\%,\ 5)$

$=100\times4.212\ 4\times0.747\ 3=314.79$（万元）

或：

$$P=100\times[(P/A,\ 6\%,\ 5+5)-(P/A,\ 6\%,\ 5)]$$

$$=100\times(7.360\ 1-4.212\ 4)=314.77\text{（万元）}$$

即该公司最初应一次存入银行的资金为 314.77 万元，第 5 至第 10 年每年末可以取出 100 万元。

4. 永续年金

永续年金是指无限期等额收付的系列款项。例如：优先股具有固定的股息收入，但没有到期日，所以优先股的股息可以看作是永续年金。

永续年金因其没有终止时间，所以不存在终值的计算问题。永续年金现值的计算公式可以通过普通年金现值的计算公式推导出来。普通年金现值的计算公式为：

$$P=A\cdot\frac{1-(1+r)^{-n}}{r}$$

当 $n\rightarrow\infty$时，$(1+r)^{-n}\rightarrow0$，则永续年金现值的计算公式为：

$$P=\frac{A}{r}$$

**【例 2-10】** F 公司拟建立一项永久性的科研奖励基金，计划每年提供 10 万元用于奖励当年在技术研发方面做出突出贡献的技术人员。如果年利率为 10%，则该项奖励基金的金额为多少？

**【解析】** 此题是计算年利率为 10%、年金为 10 万元的永续年金现值。

**【答案】** $P=\frac{10}{10\%}=100$（万元）

## 三、利率或计息期计算

上述终值和现值的计算是假定利息率、计息期已知，并查表可得现值（终值）系数。但在财务管理实践中，常常遇到已知终值或现值，计算利息率或计息期的问题。下面以求解利率为例探讨插值法的运用，关于计息期的求解与此类同，不再赘述。

**【例 2-11】** G 公司年初获得一笔金额为 100 万元的贷款，银行要求在取得贷款的 5 年内，每年年底偿还 26 万元，计算该笔贷款的年利率。

**【解析】** 此题是普通年金的收付形式，现值为 100 万元，年金为 26 万元，计息期为 5 年；可以根据普通年金现值的计算公式，运用插值法计算利率。

**【答案】** $100=26\times(P/A,\ r,\ 5)$

$(P/A,\ r,\ 5)=3.846\ 2$

查年金现值系数表，可得：

$(P/A,\ 9\%,\ 5)=3.889\ 7$

$(P/A,\ 10\%,\ 5)=3.790\ 8$

用插值法计算该笔贷款的利率为：

$$\frac{r-9\%}{10\%-9\%}=\frac{3.8462-3.8897}{3.7908-3.8897}$$

$$r=9.44\%$$

插值法运用原理（相似三角形等比例关系式）如图 2－4 所示。

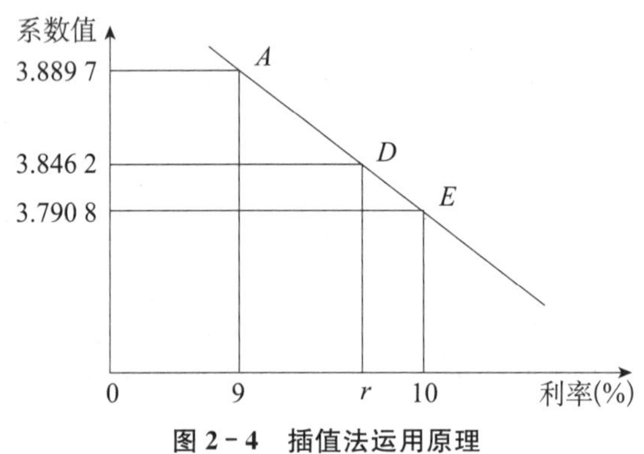


图 2－4　插值法运用原理

### 四、名义利率和实际利率的关系

当每年的复利次数超过一次时，这时的年利率叫作名义利率，而每年只复利一次的利率才是实际利率。实际利率与名义利率关系式为：

名义利率和实际利息的关系

$$EAR=\left(1+\frac{r}{m}\right)^{m}-1$$

式中：$m$ 为一年内复利计息次数；$r$ 为名义利率；$EAR$ 为实际利率。

假设名义利率是 10%，每半年复利一次，则实际利率为：

$$EAR=\left(1+\frac{10\%}{2}\right)^{2}-1=10.25\%$$

名义利率只有在给出计息间隔期的情况下才是有意义的。例如名义利率为 10%，1 元投资在半年复利间隔期的情况下，年末终值为 1.102 5 元，即实际利率是 10.25%。在按季复利计息情况下的年末终值为 1.103 8 元，即实际利率是 10.38%。如果仅给出名义利率为 10%，但是计息间隔期没有给出，就不能计算终值，因为不知道是按年、季还是按月计息。相反，实际利率本身的意义很明确，它不需要给出复利计息的间隔期。例如实际利率为 10.25%，就意味着 1 元投资在一年后就可以变成 1.102 5 元，可以认为是名义利率为 10%，半年复利计息情况下所得到的结果，也可以认为是实际利率为 10.25%，按年复利计息的结果。

## 第二节　风险与收益

在市场经济环境下，公司的经营活动充满着风险。如何防范和化解风险以达到风险与收益的均衡，是现代财务管理的重要内容。

## 一、风险的概念与分类

### （一）风险的概念

风险是指在一定条件下和一定时期内可能发生的各种结果的变动程度。风险是事件本身的不确定性，具有客观性。风险常常和不确定性联系在一起。具体到财务管理活动中，风险是指由于各种难以或无法预料、控制的因素作用，使公司的实际收益和预计收益发生背离的可能性。风险不仅能带来超出预期的损失，表现其不利的一面，还可能带来超出预期的收益，表现其有利的一面。

风险与收益是投资者必须考虑的两个因素。投资者都希望在较低风险的情况下，获得相对较高的收益。那么风险能否被降低或分散呢？以投资于证券市场为例，购买哪一家或哪几家公司的股票能够降低风险？在考虑风险的分散时，需要区分系统风险和非系统风险。

### （二）风险的分类

按照风险可分散特性的不同，风险可分为系统风险和非系统风险。

系统风险是指市场收益率整体变化所引起的市场上所有资产的收益率的变动性，它是由影响整个市场的风险因素引起的，因而又称为市场风险。这些因素包括战争、经济衰退、通货膨胀、税制改革、世界能源状况等。这类风险是影响所有资产的风险，因而不能通过投资组合分散，又称为不可分散风险。尽管大多数公司或项目都不可避免地受到系统风险的影响，但并不意味着对所有公司或项目都有完全相同的影响，有的公司或项目可能受系统风险的影响大一些，而有的公司或项目可能受系统风险的影响比较小。

非系统风险是指由于某一种特定原因对某一特定资产收益率造成影响的可能性。它是特定公司或行业所特有的风险，因而又称为公司特有风险。例如，公司的工人罢工、新产品开发失败、失去重要的销售合同，或者发现新矿藏等。这类事件的发生是非预期的、随机的，它只影响一个或少数几个公司，不会对整个市场产生太大的影响。这种风险可以通过分散化的投资来降低，即发生于一家公司的不利事件可以被其他公司的有利事件所抵消。

由于非系统风险可以通过投资分散化得以消除，因此，一个充分分散化的投资组合几乎没有非系统风险。假设投资人都是理智的，都会选择充分的投资组合，则非系统风险将与资本市场无关。市场不会对非系统风险给予任何价格补偿。

值得注意的是，在风险分散化过程中，不应该过分强调投资分散化和增加投资项目的作用。投资实践中，经常出现以下情况：在投资组合中投资项目增加的初期，风险分散化的效应比较明显，但增加到一定程度，风险分散的效应就会逐渐减弱。经验数据表明，当投资组合中的资产数量随机选择达到三十种左右时，绝大多数的非系统风险均已被消除，此时，如果继续增加投资项目，对分散风险已没有多大实际意义，更不能指望通过风险分散化来达到消除全部风险的目的。这是因为被分散的风险只是非系统风险，而系统风险是不能通过风险分散化来消除的。投资组合中风险的分散情况如图 2-5 所示。

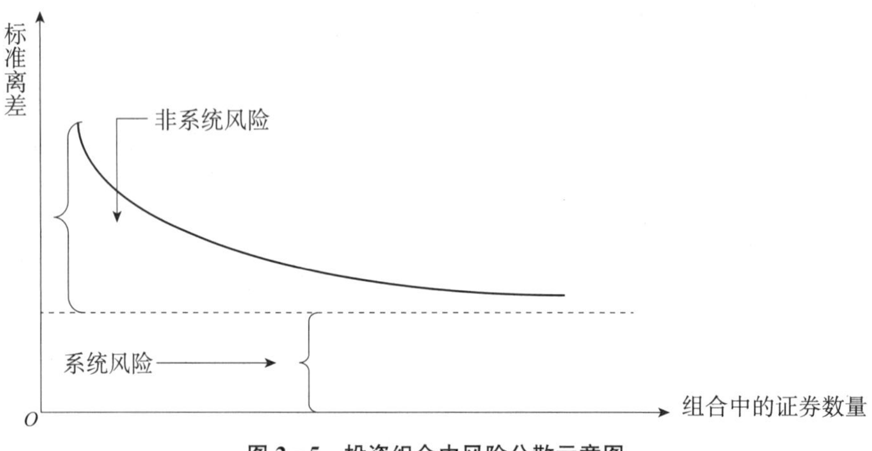


图 2－5　投资组合中风险分散示意图

**相关链接**

**有效防范化解金融风险**

2023 年 10 月召开的第六次中央金融工作会议，强调要依法将所有金融活动全部纳入监管、有效防范化解金融风险。未来一定时期积极应对的风险：一是地方债务风险，在房地产市场下行和土地出让金大幅度下降背景下，地方债务压力凸显。二是中小金融机构风险，中小金融机构资产规模小，抗风险能力弱，面对冲击容易出现流动性风险。三是针对非法金融活动，消除监管空白和盲区，依法将所有金融活动全部纳入监管，全面强化机构监管、行为监管、功能监管、穿透式监管。四是加强外汇市场管理，保持人民币汇率在合理均衡水平上基本稳定，防范跨境资金异常波动风险，维护外汇市场稳健运行。

## 二、单项资产的风险与收益衡量

### （一）概率与概率分布

资产的风险是资产收益率的不确定性，其大小可用资产收益率的离散程度来衡量。离散程度是指资产收益率的各种可能结果与预期收益率的偏差。衡量风险大小的指标主要有方差、标准离差、标准离差率等。

单项资产的风险与收益衡量

一个事件的概率是指这一事件的某种结果发生的可能性大小。如果把某一事件所有可能的结果都列示出来，对每个结果给予一定的概率，就构成概率分布。

### （二）期望值

期望值又称预期值或均值，是指对某一投资方案未来收益的各种可能结果以概率为权数计算的加权平均数。它是衡量风险大小的基础，但它本身不能表明风险的高低，其基本计算公式是：

$$\bar{R}=\sum_{i=1}^{n}P_iR_i$$

式中：$\bar{R}$ 是期望值；$P_i$ 是第 $i$ 种结果出现的概率；$n$ 是所有可能结果的个数；$R_i$ 是第 $i$ 种结果出现后的收益。

在投资额相同的情况下，期望值越大，说明预期收益越好。在期望值相同的情况下，概率分布越集中，实际可能的结果就越接近期望值，实际收益偏离预期收益的可能性就越小，投资的风险也就越小；反之，投资的风险就越大。

### （三）方差、标准离差和标准离差率

方差是将各个变量值与其均值离差平方的平均数。它反映了各个可能结果到其均值的平均离散程度。标准离差是方差的平方根。标准离差通常用符号 $\sigma$ 表示，其计算公式为：

$$\sigma=\sqrt{\sum_{i=1}^{n}(R_i-\bar{R})^2P_i}$$

标准离差以绝对数衡量风险的高低，只适用于期望值相同的决策方案风险程度的比较。在期望值相同的情况下，标准离差越大，说明各种可能情况与期望值的偏差越大，风险越高；反之，标准离差越小，说明各种可能情况越接近于期望值，意味着风险越低。

不同方案有不同的期望值，各方案标准离差计算的基准不一样，因此，不能简单地依据标准离差的大小来衡量方案的风险，这时应依据标准离差率来衡量方案风险的高低。

标准离差率是标准离差与期望值之比，通常用符号 $V$ 表示，其计算公式为：

$$V=\frac{\sigma}{\bar{R}}$$

标准离差率是一个相对指标，它以相对数反映方案的风险程度。在期望值不同的情况下，标准离差率越大，风险越高；反之，标准离差率越小，风险越低。

**【例 2-12】** H 公司有甲、乙两个投资项目，计划投资额均为 1 000 万元，可能的收益率及概率分布如表 2-1 所示，比较两个项目风险的大小。

**表 2-1　项目概率分布表**

| 市场状况 | 概率 | 甲项目收益率 | 乙项目收益率 |
|---|---|---|---|
| 好 | 0.3 | 20% | 30% |
| 一般 | 0.5 | 10% | 10% |
| 差 | 0.2 | 5% | −10% |

**【解析】** 此题可通过计算标准离差或标准离差率比较两个项目风险的大小。首先计算收益率的期望值，如果两个项目收益率的期望值相同，则可以通过计算两个项目的标准离差比较风险；如果两个项目收益率的期望值不同，则需要计算两个项目的标准离差率比较风险。

**【答案】**

甲项目收益率的期望值＝20%×0.3＋10%×0.5＋5%×0.2＝12%

乙项目收益率的期望值=30%×0.3+10%×0.5+(−10%)×0.2 =12%

甲项目收益率的标准离差：

$$\sigma=\sqrt{(20\%-12\%)^2\times0.3+(10\%-12\%)^2\times0.5+(5\%-12\%)^2\times0.2}$$
$$=5.57\%$$

乙项目收益率的标准离差：

$$\sigma=\sqrt{(30\%-12\%)^2\times0.3+(10\%-12\%)^2\times0.5+(-10\%-12\%)^2\times0.2}$$
$$=14\%$$

由于甲、乙两个项目投资额相同，收益率的期望值亦相同，而甲项目收益率的标准离差小于乙项目，故可以判断甲项目风险相对较低。

通过上述方法将决策方案的风险加以量化后，决策者便可据此做出决策。对于单个方案，决策者可根据其标准离差（率）的大小，并将其同可接受的此项指标的最高限值对比，做出取舍。对于多方案择优的情况，其决策准则应是选择低风险高收益的方案，即选择标准离差最低、期望收益最高的方案。然而高收益往往伴有高风险，低收益方案的风险程度往往也较低，究竟选择何种方案，就要权衡期望收益与风险，而且还要视决策者对风险的态度而定。厌恶风险的决策者可能会选择期望收益较低同时风险也较低的方案，偏好风险的决策者则可能选择风险虽高但同时预期收益也高的方案。

## 三、风险与收益的关系

投资组合的风险通常要低于单项投资的风险，这是因为通过适当的组合投资后，非系统风险可以被分散。资本资产定价模型阐述了在充分的投资组合中证券的风险与收益之间的均衡关系。

### （一）单个证券的风险与收益关系

资本资产定价模型

单个证券的风险与收益关系可以用资本资产定价模型表示。资本资产定价模型用公式表示为：

$$R_J=R_F+\beta_J(R_M-R_F)$$

式中：$R_J$ 为在证券 J 上投资者要求的收益率；$R_F$ 为无风险利率；$\beta_J$ 为证券 J 的系统风险程度；$R_M$ 为市场组合的收益率（即证券市场的平均收益率）；$(R_M-R_F)$ 为市场风险溢价；$\beta_J(R_M-R_F)$ 为证券 J 的风险收益率。

在资本资产定价模型中，证券的风险与收益之间的关系可以表示为证券市场线，如图 2-6 所示。而个别证券的系统风险可用该证券的 $\beta$ 系数度量。

个别证券的 $\beta$ 系数是反映个别证券收益率与市场平均收益率之间变动关系的一个量化指标，它表示个别证券收益率的变动受市场平均收益率变动的影响程度。也就是相对于市场组合的平均风险而言，个别证券系统风险的大小。市场组合的 $\beta$ 系数为 1。

当个别证券的 $\beta=1$ 时，说明该证券的收益率与市场平均收益率呈同方向、同比例的变化，即如果市场平均收益率增加（或减少）1%，那么该证券的收益率也相应地增加（或减少）1%，也就是说，该证券所含的系统风险与市场组合的风险一致。

当个别证券的 $\beta<1$ 时，说明该证券收益率的变动幅度小于市场组合收益率的变动幅

度，因此，其所含的系统风险小于市场组合的风险。

当个别证券的 $\beta>1$ 时，说明该证券收益率的变动幅度大于市场组合收益率的变动幅度，因此，其所含的系统风险大于市场组合的风险。

绝大多数证券的 $\beta$ 系数是大于零的。如果 $\beta$ 系数是负数，表明这类证券与市场平均收益率的变化方向相反。

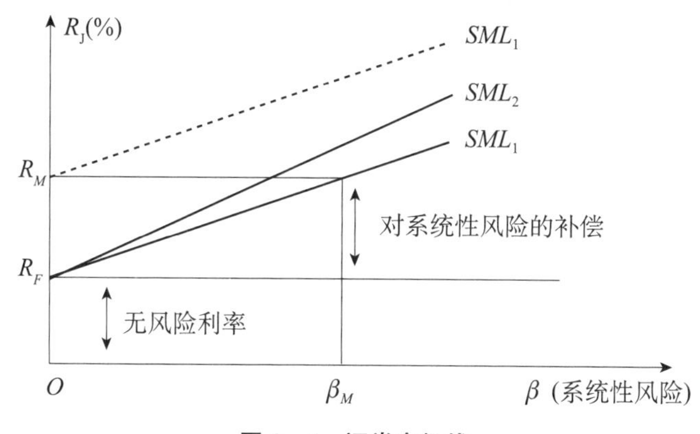


**图 2-6　证券市场线**

理解图 2-6，应该注意以下几点：

(1) 纵轴表示投资者要求的收益率，横轴用 $\beta$ 系数表示系统风险的度量。

(2) 无风险证券的 $\beta=0$，所以 $R_F$ 为证券市场线在纵轴的截距。

(3) 证券市场线的斜率反映了证券市场总体风险的厌恶程度。一般地说，投资者对风险的厌恶程度越强，证券市场线的斜率越大，对证券所要求的风险补偿越大，要求的收益率越高。

从证券市场线可以看出，投资者要求的收益率不仅取决于市场风险，而且还取决于无风险利率（证券市场线的截距）和市场风险补偿程度（证券市场线的斜率）。由于这些因素始终处于变动之中，所以证券市场线也不会一成不变。预计通货膨胀提高时，无风险利率随之提高，进而导致证券市场线向上平移（如图中的虚线所示）。风险厌恶程度的加强，会提高证券市场线的斜率（如 $SML_2$）。

**【例 2-13】**已知市场上所有股票的平均收益率为 10%，无风险利率为 5%。如果 A、B、C 三家公司股票的 $\beta$ 系数分别为 2.0、1.0 和 0.5。根据资本资产定价模型，计算各公司股票的收益率最低达到多少时投资者才会购买。

**【解析】**此题应根据资本资产定价模型，考虑各公司股票的风险大小（即 $\beta$ 系数大小），分别计算各公司股票投资者要求的收益率（即投资者购买该股票要求的最低收益率）。

**【答案】**A 公司股票投资者要求的收益率为：

$$R_A=5\%+2.0\times(10\%-5\%)=15\%$$

即当 A 公司股票的 $\beta$ 系数为 2.0 时，该公司股票的收益率应达到 15%，投资者才会购买。

B 公司股票投资者要求的收益率为：

$$R_B=5\%+1.0\times(10\%-5\%)=10\%$$

即当 B 公司股票的 $\beta$ 系数为 1.0 时，投资者所要求的收益率与市场平均收益率相同，都是 10%。

C 公司股票投资者要求的收益率为：

$$R_C = 5\% + 0.5 \times (10\% - 5\%) = 7.5\%$$

当 C 公司股票的 $\beta$ 系数为 0.5 时，投资者所要求的收益率低于市场平均收益率 10%，即该公司股票的收益率达到 7.5%时，投资者才会购买。

由以上计算过程可知，单个证券的市场风险可用 $\beta$ 系数来表示，$\beta$ 系数不同，就有不同的风险收益率。$\beta$ 系数越高，要求的风险收益率就越高，在无风险利率不变的情况下，投资者要求的收益率也就越高。

### （二）证券投资组合的风险与收益关系

证券投资组合的风险与收益关系也可以用资本资产定价模型表示，其中 $\beta$ 系数是证券投资组合的 $\beta$ 系数。证券投资组合的 $\beta$ 系数是个别证券 $\beta$ 系数的加权平均数，权重为各种证券在证券投资组合中所占的比例。其计算公式为：

**证券投资组合的风险和收益关系**

$$\beta_P = \sum_{j=1}^{n} x_j \beta_j$$

式中：$\beta_P$ 为证券投资组合的 $\beta$ 系数；$x_j$ 为第 $j$ 种证券在投资组合中所占的比例；$\beta_j$ 为第 $j$ 证券的 $\beta$ 系数；$n$ 为证券投资组合中证券的数量。

**【例 2-14】**某投资者持有由甲、乙、丙三种股票构成的投资组合，它们的 $\beta$ 系数分别为 2.0、1.0 和 0.5，它们在证券投资组合中所占的比例分别为 50%、30%和 20%，市场上所有股票的平均收益率为 14%，无风险利率为 8%。

要求：(1) 确定该证券投资组合的风险收益率；(2) 如果该投资者为了降低风险，出售部分甲股票，买进部分丙股票，使三种股票在证券投资组合中所占的比例变为 20%、30%和 50%，计算此时的风险收益率。

**【解析】**根据资本资产定价模型，投资组合的风险收益率为 $\beta_P(R_M - R_F)$，此题应根据甲、乙、丙三种股票的 $\beta$ 系数和投资所占的比例，计算证券投资组合的 $\beta$ 系数，然后计算风险收益率。

**【答案】**(1) 证券投资组合的 $\beta$ 系数为：

$$\beta_P = 50\% \times 2.0 + 30\% \times 1.0 + 20\% \times 0.5 = 1.4$$

该证券投资组合的风险收益率为（用 $R_P$ 表示）：

$$R_P = 1.4 \times (14\% - 8\%) = 8.4\%$$

(2) 改变投资比例之后证券投资组合的 $\beta$ 系数为：

$$\beta_P = 20\% \times 2.0 + 30\% \times 1.0 + 50\% \times 0.5 = 0.95$$

该证券投资组合的风险收益率为（用 $R_P$ 表示）：

$$R_P = 0.95 \times (14\% - 8\%) = 5.7\%$$

由此可见，组合投资的 $\beta$ 系数受到不同证券投资的比重和个别证券 $\beta$ 系数的影响。若在证券组合中加入 $\beta$ 系数值较高的股票，则由此得到的组合投资的 $\beta$ 系数值也较高，从而其风险将增大。与此相反，如果新加入的股票的 $\beta$ 系数较低，则投资组合的风险也将降低。

值得注意的是，投资组合中某项投资 $\beta$ 系数的变化与投资收益率的变化并不完全成正比，所以，可以通过不同的投资组合来寻找既满足投资者预期收益率要求，又能使其平均

$\beta$系数在投资者愿意承担的风险程度内的投资组合形式。

## 本章小结

货币时间价值是指一定量的资金在不同时点上的价值量的差额，有相对数和绝对数两种表示方式，通常用相对数表示。货币时间价值的计算包括复利终值与现值、普通年金终值与现值、即付年金终值与现值、递延年金终值与现值、永续年金现值。已知终值或现值，计算利率或计息期可以采用插值法。名义利率只有在给出计息间隔期的情况下才是有意义的。相反，实际利率不需要给出复利计息的间隔期。

风险是指由于各种难以或无法预料、控制的因素作用，使公司的实际收益和预计收益发生背离的可能性。在考虑风险的分散时，需要区分系统风险和非系统风险。衡量风险大小的指标主要有标准离差、标准离差率等。期望值又称预期值或均值，是指对于某一投资方案未来收益的各种可能结果以概率为权数计算的加权平均数。资本资产定价模型阐述了在充分的投资组合中证券的风险与收益之间的均衡关系。证券的风险与收益之间的关系可以表示为证券市场线。

## 思考题

1. 什么是货币时间价值？
2. 什么是终值？什么是现值？有哪些基本计算公式？
3. 什么是年金？有哪几种形式？
4. 单项资产的风险如何衡量？
5. 资产组合的预期收益率和资产组合风险如何度量？
6. 如何理解资本资产定价模型？
7. 什么是非系统风险和系统风险？
8. 指出下列事件是否会引起一般股票价格的变动，以及是否会引起甲公司股票价格的变动，并确定其属于系统风险还是非系统风险：

（1）政府宣告上个月的通货膨胀率非预期增长了2%；

（2）甲公司刚刚公布的季度报告和预期的一样下降了；

（3）政府公布的经济增长率是3%，与经济学家先前的预测一样；

（4）甲公司的董事长发生人员变动。

## 在线自测

扫一扫　练一练

# 第三章　财务分析

## 第一节　财务分析概述

### 一、财务分析的意义

财务分析是以公司财务报表和其他有关资料为依据和起点，采用一系列专门方法，对公司一定时期的财务状况、经营成果及现金流量情况进行分析，借以评价公司财务活动业绩、控制财务活动运行、预测财务发展趋势、提高财务管理水平和经济效益的财务管理活动。财务分析是对公司一定时期财务活动的总结与评价，为公司进行下一步的财务预测和财务决策提供依据。因此，财务分析在公司财务管理工作中具有重要的意义。

（1）财务分析是正确评价公司财务状况、考核其经营业绩的依据。通过财务分析，可以了解公司资产、负债和所有者权益的情况，了解公司的偿债能力、营运能力及盈利能力等，可以考核财务计划的完成程度及经营目标的实现程度。通过分析，找出可借鉴的经验或教训，明确经济责任，合理评价各部门的经营业绩，并据此进行奖优罚劣。

（2）财务分析是进行财务预测与决策的基础。财务预测与决策是公司财务管理的重要环节。财务预测是财务决策的前提，财务决策是财务管理的关键。要做好财务预测与决策工作，必须首先进行财务分析，通过分析了解过去，掌握现在，预测未来发展趋势，进而进行正确的决策。

（3）财务分析是挖掘内部潜力，实现公司财务管理目标的手段。公司财务管理目标是实现股东财富的最大化。在市场经济条件下，每个公司都面临着激烈的市场竞争，为了谋生存、求发展，实现股东财富的最大化，公司必须通过财务分析了解自己，对现有的财务状况和经营成果进行评价，研究财务管理中存在的薄弱环节，分析其产生的原因，不断挖掘公司改善财务状况、扩大经营成果的潜力，采取有力措施，促使公司生产经营活动按照财务管理的目标实现良性运行。

### 二、财务分析的内容

#### （一）财务分析的主体

财务分析的内容

（1）股东。通过财务分析，股东需要了解公司的盈利水平、发展前景和竞争能力等，以便做出扩大投资或减少投资的决策。对于潜在的股东，通过对公司的财务分析，可以评估投资收益与风险程度，做出是否投资的决策。

（2）债权人。通过财务分析，债权人需要了解公司的资本结构、现金流动情况、资产的质量等，对公司的短期和长期偿债能力做出判断，以便决定是否给公司提供贷款以及检查现有债权的安全性。

（3）经营者。通过财务分析，经营者可以发现经营与理财方面的问题，及时采取措施，调整经营方针和策略，不断提高经营管理水平。

（4）政府相关的管理部门。通过财务分析，政府需要了解公司的纳税情况，相关法律、法规的执行情况等。

（5）中介机构。通过财务分析，会计师事务所及其他咨询机构可以客观、公正地提供审计报告以及其他信息使用者所需的财务信息。

### （二）财务分析的内容

尽管不同利益主体进行财务分析有不同的侧重点，但从总体来看，公司财务分析的内容主要有以下方面：

（1）营运能力分析。营运能力是指公司资产周转运行的能力。营运能力分析主要是分析公司资产的周转情况。通过存货周转率、应收账款周转率、总资产周转率和流动资产周转率等指标来反映公司销售质量、购货质量、生产水平等，揭示公司资源配置的情况，促进公司提高资产使用效率。

（2）偿债能力分析。偿债能力是指公司偿还债务的能力。偿债能力直接关系到公司持续经营能力的高低。公司偿债能力分析，主要是通过资产负债率、流动比率、速动比率等指标，揭示公司举债的合理程度及清偿债务的实际能力等。同时，偿债能力分析也关注公司资产的质量、资产的变现能力及公司的盈利能力。

（3）盈利能力分析。盈利能力是指公司获取利润的能力。公司盈利能力分析主要是分析公司利润的实现情况。因此，对公司盈利能力的分析是现代公司财务分析的核心内容。公司盈利能力分析，主要是通过销售毛利率、销售净利率、净资产收益率、总资产收益率等指标，揭示公司的盈利情况。

（4）发展能力分析。发展能力是指公司在从事经营活动过程中所表现出的增长能力，包括规模的扩大、盈利的持续增长、市场竞争力的增强等。公司发展能力主要通过销售增长率、资产增长率、股权资本增长率、利润增长率等指标来反映。

（5）综合财务分析。综合财务分析是将营运能力、偿债能力和盈利能力分析等诸多方面纳入一个有机的整体之中，通过相互关联的分析，采用适当的标准，对公司财务状况和经营成果做出全面的评价。

## 三、财务分析的基础

若要评估一个公司的财务健康状况，最重要的信息来源是公司财务报告。财务报告是公司对外提供的反映公司某一特定日期财务状况和某一会计期间经营成果、现金流量等会计信息的文件。财务报告包括财务报表和其他应当在财务报告中披露的相关信息和资料。其中，财务报表由报表本身及其附注两部分构成，附注是财务报表的有机组成部分，而报表至少应

财务分析的基础

当包括资产负债表、利润表和现金流量表等。全面执行企业会计准则体系的公司所编制的报表，应当包括所有者（股东）权益变动表。

## （一）资产负债表

资产负债表是反映公司在某一特定日期的财务状况的报表。资产负债表是根据“资产＝负债＋所有者（股东）权益”这一会计恒等式来编制的，主要从两个方面反映公司财务状况的时点（静态）指标：一方面反映公司某一日期所拥有的资产规模及其分布，另一方面反映公司这一日期的资本来源及其结构。公司编制资产负债表的目的是通过如实反映公司的资产、负债和所有者（股东）权益金额及其结构情况，有助于使用者评价公司资产质量以及短期偿债能力和长期偿债能力等。据此，可以评价公司财务状况的优劣，预测公司未来财务状况的变动趋势，从而做出相应的决策。

### 1. 资产负债表的格式

资产负债表按照资产、负债和所有者（股东）权益分项列示。在我国，资产负债表采用账户式结构，报表分为左右两方，左方列示资产各项目，反映全部资产的分布及存在形态，右方列示负债和所有者（股东）权益各项目，反映全部负债和所有者（股东）权益的内容及构成情况。此外，为了方便使用者通过比较不同时点资产负债表的数据，掌握公司财务状况的变动情况及发展趋势，资产负债表还就各项目再分为“年初余额”和“期末余额”两栏分别填列。资产负债表的具体格式如表 3-1 所示。

**表 3-1 资产负债表（简表）**

编制单位：A 公司　　2023 年 12 月 31 日　　单位：万元

| 资产 | 年初余额 | 期末余额 | 负债与股东权益 | 年初余额 | 期末余额 |
|---|---|---|---|---|---|
| 流动资产： | | | 流动负债： | | |
| 货币资金 | 740 | 860 | 短期借款 | 320 | 400 |
| 交易性金融资产 | | | 应付票据 | 20 | 150 |
| 应收票据 | 30 | 140 | 应付账款 | 480 | 620 |
| 应收账款 | 360 | 380 | 应付职工薪酬 | 141 | 215 |
| 其他应收款 | | | 应交税费 | 33 | 40 |
| 预付账款 | 70 | 40 | 其他应付款 | 106 | 275 |
| 存货 | 1 600 | 2 080 | 流动负债合计 | 1 100 | 1 700 |
| 流动资产合计 | 2 800 | 3 500 | 非流动负债： | | |
| 非流动资产： | | | 长期借款 | 1 040 | 1 100 |
| 长期股权投资 | 80 | 100 | 非流动负债合计 | 1 040 | 1 100 |
| 固定资产 | 1 800 | 2 000 | 负债合计 | 2 140 | 2 800 |
| 在建工程 | 400 | 600 | 股东权益： | | |
| 无形资产 | 220 | 300 | 股本 | 1 100 | 1 600 |
| 非流动资产合计 | 2 500 | 3 000 | 资本公积 | 1 500 | 1 400 |
| | | | 盈余公积 | 130 | 200 |
| | | | 未分配利润 | 430 | 500 |
| | | | 股东权益合计 | 3 160 | 3 700 |
| 资产总计 | 5 300 | 6 500 | 负债与股东权益总计 | 5 300 | 6 500 |

2. 利用资产负债表进行财务分析应注意的问题

为准确评价公司财务状况，财务分析人员必须清楚资产负债表所存在的局限性。它的局限性主要表现在以下几个方面：第一，资产和负债的确认和计量都涉及人为的估计与判断，很难做到绝对的客观真实；第二，公司使用的会计政策与方法具有很大的差异，导致报表信息在不同公司之间可比性差；第三，对不同的资产项目采用不同的计价方法，使得报表上得出的合计数失去了可比的基础，从而影响财务信息的相关性；第四，有些无法或难以用货币计量的资产或负债完全被遗漏、忽略，而此类信息均具有决策价值，比如公司自创的商誉、人力资源、管理人员的报酬合约和信用担保等；第五，物价变动使以历史成本为计量属性的资产与负债严重偏离现实，可能出现历史成本大大低于现行的重置成本的情况，使资产的真实价值得不到反映，形成虚盈实亏状况；第六，资产负债表不能直接披露公司的偿债能力，比如存货只反映了其数额，而不能披露其质量等。

## （二）利润表

利润表是反映公司在一定会计期间经营成果的报表。利润表是按照“利润＝收入－费用”这一公式编制的动态报表。利润表的列报必须充分反映公司经营业绩的主要来源和构成情况，有助于使用者判断净利润的质量及风险，有助于使用者预测净利润的持续性，从而做出正确的决策。利润表可以反映公司一定会计期间的收入实现情况，如实现的营业收入有多少，实现的投资收益有多少，实现的营业外收入有多少；可以反映一定会计期间的费用耗费情况，如耗费的营业成本是多少，耗费的销售费用、管理费用、财务费用各是多少，耗费的营业外支出是多少；可以反映生产经营活动的成果，即净利润的实现情况，并据以判断资本的保值和增值情况等。将利润表中的信息与资产负债表中的信息相结合，还可以提供进行财务分析的基本资料，如将销货成本与存货平均余额进行比较，计算存货周转率；将净利润与资产总额进行比较，计算总资产净利率等，可以表现公司资本周转情况以及公司的盈利能力和水平，便于报表使用者判断公司未来的发展趋势，从而做出经济决策。

1. 利润表的格式

为了提供清晰明了的信息，利润表应当按照各项收入、费用、支出以及构成利润的各个项目分类分项列示。利润表的格式主要有两种：单步式和多步式。我国现行财务会计制度规定利润表格式采用多步式，其基本格式如表 3－2 所示。

**表 3－2 利润表（简表）**

编制单位：A 公司　　2023 年度　　单位：万元

| 项目 | 上期金额（略） | 本期金额 |
|---|---|---|
| 一、营业收入 | | 4 100 |
| 减：营业成本 | | 3 200 |
| 税金及附加 | | 210 |
| 销售费用 | | 40 |
| 管理费用 | | 150 |
| 财务费用 | | －50 |
| 资产减值损失 | | 0 |

续表

| 项目 | 上期金额（略） | 本期金额 |
|---|---|---|
| 加：公允价值变动收益（损失以"—"列示） | | 0 |
| 投资收益（损失以"—"列示） | | 20 |
| 二、营业利润（亏损以"—"号填列） | | 570 |
| 加：营业外收入 | | 105 |
| 减：营业外支出 | | 15 |
| 三、利润总额（亏损以"—"列示） | | 660 |
| 减：所得税费用 | | 165 |
| 四、净利润（净亏损以"—"号填列） | | 495 |

2. 利用利润表进行财务分析应注意的问题

利润表是以权责发生制为基础编制的。一般来说，利润计量带有一定的不确定性，因而利用利润表进行财务分析时，财务分析人员要了解利润表的以下主要缺陷：第一，利润表只反映已实现的利润，不包括未实现的收益，而后者往往是报表使用者进行决策的更有用信息；第二，利润表是以权责发生制为基础编制的，因而无法得到以收付实现制为基础的现金流动信息，利润多的公司，其现金流动状况不一定良好。

### （三）现金流量表

现金流量表是反映公司一定会计期间现金和现金等价物流入与流出的报表。从编制原则上看，现金流量表遵循收付实现制原则编制，将权责发生制下的盈利信息调整为收付实现制下的现金流量信息，便于报表使用者了解公司净利润的质量。从内容上看，现金流量表被划分为经营活动、投资活动和筹资活动三个部分，每类活动又分为各具体项目，这些项目从不同角度反映公司业务活动的现金流入与流出，弥补了资产负债表和利润表提供信息的不足。通过现金流量表，报表使用者能够了解现金流量的影响因素，评价公司的支付能力、偿债能力和周转能力，预测公司未来现金流量，为决策提供有力依据。

在现金流量表中，现金及现金等价物被视为一个整体，公司现金形式的转换不会产生现金流入和流出。例如，公司从银行提取现金，是公司现金存放形式的转换，现金并未流出公司，不构成现金流量。同样，现金与现金等价物之间的转换也不会产生现金流量，例如公司用现金购买三个月到期的国库券。根据公司业务活动的性质和现金流量的来源，现金流量表在结构上将公司一定期间产生的现金流量分为三类：经营活动产生的现金流量、投资活动产生的现金流量和筹资活动产生的现金流量。现金流量表的具体格式见表 3-3。

**表 3-3 现金流量表**

编制单位：A 公司　　　　2023 年度　　　　单位：万元

| 项目 | 本年金额（略） |
|---|---|
| 一、经营活动产生的现金流量 | |
| 销售商品、提供劳务收到的现金 | |

续表

| 项目 | 本年金额（略） |
|---|---|
| 收到的税费返还 | |
| 收到的其他与经营活动有关的现金 | |
| 经营活动现金流入小计 | |
| 购买商品、接受劳务支付的现金 | |
| 经营租赁所支付的现金 | |
| 支付给职工及为职工支付的现金 | |
| 支付的各项税费 | |
| 支付的其他与经营活动有关的现金 | |
| 经营活动现金流出小计 | |
| 经营活动产生的现金流量净额 | |
| 二、投资活动产生的现金流量 | |
| 收回投资所收到的现金 | |
| 取得投资收益收到的现金 | |
| 处置固定资产、无形资产和其他长期资产收回的现金净额 | |
| 处置子公司及其他营业单位收到的现金净额 | |
| 收到其他与投资活动有关的现金 | |
| 投资活动现金流入小计 | |
| 购建固定资产、无形资产和其他长期资产所支付的现金 | |
| 投资支付的现金 | |
| 取得子公司及其他营业单位支付的现金净额 | |
| 支付其他与投资活动有关的现金 | |
| 投资活动现金流出小计 | |
| 投资活动产生的现金流量净额 | |
| 三、筹资活动产生的现金流量 | |
| 吸收投资收到的现金 | |
| 取得借款收到的现金 | |
| 收到的其他与筹资活动有关的现金 | |
| 筹资活动现金流入小计 | |
| 偿还债务支付的现金 | |
| 分配股利、利润或偿付利息支付的现金 | |
| 支付其他与筹资活动有关的现金 | |

续表

| 项目 | 本年金额（略） |
| --- | --- |
| 筹资活动现金流出小计 | |
| 筹资活动产生的现金流量净额 | |
| 四、汇率变动对现金及现金等价物的影响 | |
| 五、现金及现金等价物净增加额 | |
| 加：期初现金及现金等价物余额 | |
| 六、期末现金及现金等价物余额 | |

**相关链接**

**如何培养财务思维**

很多创业成功的经理人或企业家缺乏财务思维，而真正做财务的人又完全是一个记账会计，二者看待会计报表上的数字是不一样的。经理人或企业家们的财务思维是森林般的视野，他看到的是整片森林，而不是单独树木。若要有足够的视野宽度，要建立宽泛的数字化关联度分析，其前提是必须学会看会计报表。

## 四、财务分析的方法

财务分析方法是进行财务分析的方式和手段，要实现财务分析的目的，就必须掌握各种财务分析方法，并能在财务分析工作中正确地选择和有效地运用。财务分析方法主要有比率分析法和比较分析法。

### （一）比率分析法

比率分析法是将公司同一时期的财务报表中相关的项目进行对比，通过计算相关项目的比值得出一系列财务比率，以此来揭示公司财务状况或者财务能力的方法。财务比率主要有构成比率、效率比率和相关比率三类。

1. 构成比率

构成比率又称结构比率，是反映某项财务指标的各构成部分（个体）与总体之间关系的财务比率，用以分析其构成内容的变化以及对财务指标的影响程度。在财务分析中，资产负债表的“总体”是资产总额或负债与所有者（股东）权益总额，“个体”是表中的各构成项目；利润表的“总体”是营业收入，“个体”是表中的各构成项目。利用构成比率，可以考察总体中某部分所占比重是否合理，从而达到充分揭示公司财务状况和经营业绩的构成及发展变化情况的目的。

2. 效率比率

效率比率是反映某项投入与产出之间关系的比率。利用效率比率可以评价公司的经营效率，揭示公司的盈利能力。比如，将利润项目与营业收入加以对比可以计算出销售利润率；将利润项目与资产加以对比可以计算出资产利润率，利用这些比率可以从不同角度评价公司盈利能力的高低及增减变化情况。

3. 相关比率

相关比率是某两个相互联系的财务指标的数额相除后得出的比率，反映有关经济活动的相互关系。利用相关比率，可以考察公司相互关联的业务安排是否合理，从而揭示公司的财务状况和经营能力。比如将流动资产与流动负债进行对比，计算出流动比率，可以反映公司的短期偿债能力；将负债总额与资产总额进行对比，计算出资产负债率，可以判断公司长期偿债能力；将销售成本与存货进行对比，计算出存货周转率，可以反映存货周转的快慢，评价公司的营运能力。

## （二）比较分析法

比较分析法是通过同类财务指标在不同时期或不同情况下的数量上的比较，来揭示指标间差异或趋势的一种方法。有比较，才有鉴别。因此，比较分析法是财务分析中最基本、最常用的方法。

1. 按比较对象分类

（1）实际指标与计划（预算、标准或定额）指标比较。这种分析主要揭示实际与计划（预算、标准或定额）之间的差异，了解该项指标的完成情况。

（2）实际指标与本公司多期历史指标相比较。通过这种分析可以了解公司不同历史时期有关指标的变动情况，揭示公司经营活动的发展趋势和管理水平。在实际工作中，最常用的形式是将本期实际指标与上期实际或历史最好水平指标进行比较。

（3）本公司指标与国内外同行业先进公司指标或同行业平均水平相比较。通过这种分析能够找出本公司与国内外先进公司、行业平均水平的差距，推动本公司改善经营管理，努力赶超先进水平。

2. 按比较内容分类

（1）比较会计要素的总量。总量是指报表项目的总金额，如净利润、总资产等。总量比较主要用于时间序列分析，如研究利润的逐年变化趋势，揭示其增长潜力。有时也用于同行业之间的比较，揭示公司的相对规模和竞争地位。举例说明，A公司2022年与2023年比较利润表如表3-4所示。

**表3-4 A公司2022年与2023年比较利润表** 单位：万元

| 项目 | 2022年 | 2023年 | 差异额 | 差异率 |
|---|---|---|---|---|
| 一、营业收入 | 3 800 | 4 100 | 300 | 7.89% |
| 减：营业成本 | 2 710 | 3 200 | 490 | 18.08% |
| 税金及附加 | 195 | 210 | 15 | 7.69% |
| 销售费用 | 39 | 40 | 1 | 2.56% |
| 管理费用 | 145 | 150 | 5 | 3.45% |
| 财务费用 | −50 | −50 | 0 | |
| 资产减值损失 | 0 | 0 | 0 | |

续表

| 项目 | 2022 年 | 2023 年 | 差异额 | 差异率 |
|---|---|---|---|---|
| 加：公允价值变动收益（损失以“—”列示） | 0 | 0 | 0 | |
| 投资收益（损失以“—”列示） | 20 | 20 | 0 | |
| 二、营业利润（亏损以“—”号填列） | 781 | 570 | −211 | −27.02% |
| 加：营业外收入 | 105 | 105 | 0 | |
| 减：营业外支出 | 14 | 15 | 1 | 7.14% |
| 三、利润总额（亏损以“—”列示） | 872 | 660 | −212 | −24.31% |
| 减：所得税费用 | 218 | 165 | −53 | −24.31% |
| 四、净利润（净亏损以“—”号填列） | 654 | 495 | −159 | −24.31% |

从表 3-4 中我们可看出，A 公司 2023 年与 2022 年相比净利润减少了 159 万元，下降了 24.31%。通过分项目比较分析得知，2023 年营业收入虽有一定程度的增加（增长了 7.89%），但营业成本增加更多（增加了 18.08%）。另外，还有税金及附加、销售费用、管理费用和营业外支出均有增加，最终导致净利润减少。

（2）比较结构百分比。即把利润表和资产负债表转换成百分比报表。例如，编制结构百分比利润表时，以营业收入为 100%，显示利润表各项目的比重。而编制结构百分比资产负债表时，以资产总计或负债与所有者（股东）权益总计为 100%，显示资产负债表各项目的比重。通过编制结构百分比报表，可以发现有显著问题的项目，揭示进一步分析的方向。举例说明，A 公司的结构百分比利润表如表 3-5 所示。

**表 3-5　A 公司 2022 年与 2023 年结构百分比利润表**

| 项目 | 2022 年 | 2023 年 |
|---|---|---|
| 一、营业收入 | 100 | 100 |
| 减：营业成本 | 71.32 | 78.05 |
| 税金及附加 | 5.13 | 5.12 |
| 销售费用 | 1.03 | 0.98 |
| 管理费用 | 3.82 | 3.66 |
| 财务费用 | −1.32 | −1.22 |
| 资产减值损失 | 0 | 0 |
| 加：公允价值变动收益（损失以“—”列示） | 0 | 0 |
| 投资收益（损失以“—”列示） | 0.53 | 0.49 |
| 二、营业利润（亏损以“—”号填列） | 20.55 | 13.90 |
| 加：营业外收入 | 2.76 | 2.56 |
| 减：营业外支出 | 0.37 | 0.37 |
| 三、利润总额（亏损以“—”列示） | 22.95 | 16.10 |
| 减：所得税费用 | 5.74 | 4.02 |
| 四、净利润（净亏损以“—”号填列） | 17.20 | 12.07 |

由表 3-5 的计算结果可以看出，A 公司 2023 年每 100 元营业收入所提供的净利润比 2022 年减少了 5.13（17.20－12.07）元。分析其原因，主要是营业成本比 2022 年有较大幅度的上升，即每 100 元营业收入中营业成本增加了 6.73（78.05－71.32）元。如将 2021 年、2020 年及 2019 年的数据列入表中，则可基本分析出各项目的变动趋势。

（3）比较动态比率。比较动态比率是指将不同时期或不同时日的同类财务指标进行动态分析，以揭示公司财务状况或经营成果的变动趋势。动态比率最为常见的指标是定基比率和定基增长率、环比比率和环比增长率。

1）定基比率和定基增长率。定基比率是以某一时期的数额为固定的基期数额与分析期数额比较而计算出来的动态比率，定基增长率则是反映了某一时期的数额相对固定的基期数额增长幅度的比率。计算公式分别为：

$$定基比率=\frac{分析期数额}{固定基期数额}\times 100\%$$

$$定基增长率=\frac{分析期数额-固定基期数额}{固定基期数额}\times 100\%$$

或者：

$$定基增长率=定基比率-1$$

2）环比比率和环比增长率。环比比率是以每一分析期的数据与上期数据相比较计算出来的动态比率，环比增长率则是反映分析期的数据相对上期数据增长幅度的比率。计算公式分别为：

$$环比比率=\frac{分析期数额}{上期数额}\times 100\%$$

$$环比增长率=\frac{分析期数额-上期数额}{上期数额}\times 100\%$$

或者：

$$环比增长率=环比比率-1$$

举例说明，A 公司营业收入动态比率分析如表 3-6 所示。

**表 3-6　A 公司营业收入动态比率分析表**

| 项目 | 2019 | 2020 | 2021 | 2022 | 2023 |
|---|---|---|---|---|---|
| 营业收入（万元） | 3 350 | 3 450 | 3 600 | 3 800 | 4 100 |
| 逐年递增额（万元） | | 100 | 150 | 200 | 300 |
| 累计增加额（万元） | | 100 | 250 | 450 | 750 |
| 定基比率（%） | | 102.99 | 107.46 | 113.43 | 122.39 |
| 环比比率（%） | | 102.99 | 104.35 | 105.56 | 107.89 |
| 定基增长率（%） | | 2.99 | 7.46 | 13.43 | 22.39 |
| 环比增长率（%） | | 2.99 | 4.35 | 5.56 | 7.89 |

从表 3-6 中的数据可以看出，A 公司 2020 年至 2023 年各年营业收入与 2019 年（基期）比较，不仅绝对额逐年增加、定基增长率逐年提高，更可喜的是环比增长速度也在逐年提高，2023 年增长最快。

需要特别注意的是，在应用比较分析法时要保证指标的可比性。所谓指标的可比性，是指所对比的同类指标之间在指标内容、计算方法、计价标准、时间范围等方面完全一致。必要时，可对所用指标按同一口径进行调整换算。另外，如果是在不同公司之间进行指标对比，还必须注意公司行业归类及财务规模的一致性。因为价格水平的不同会导致数据的差异；公司经营类型不同会影响数据的可比性；会计处理、计价方法不同会导致数据之间不可比。

## 第二节 财务能力分析

财务能力反映了公司的财务状况和经营成果，公司的财务能力可以从营运能力、短期偿债能力、长期偿债能力、发展能力和盈利能力等方面进行评价。

财务能力分析

### 一、营运能力

营运能力是指公司资产周转运行的能力。公司营运能力强弱反映出其资产管理效率的高低。公司经营资金周转的速度越快，说明其资本利用效率越高，效果越好，营运能力越强，从而也会使公司的盈利能力和偿债能力增强。反映公司营运能力的财务指标主要有总资产周转率、流动资产周转率、应收账款周转率和存货周转率等。

#### （一）总资产周转率

总资产周转率是指公司在一定时期内营业收入与平均资产总额的比值。总资产周转率的计算公式如下：

总资产周转率＝营业收入÷平均资产总额

其中：

平均资产总额＝(年初资产总额＋年末资产总额)÷2

根据A公司有关数据（见表3-1、表3-2），A公司总资产周转率计算如下：

平均资产总额＝(5 300＋6 500)÷2＝5 900（万元）

总资产周转率＝4 100÷5 900＝0.695（次）

该指标用来评价公司全部资产运营质量和利用效率。总资产周转率越高，说明公司资产周转速度越快，资产利用效率越高，营运能力越强；反之，总资产周转率越低，说明公司资产周转速度越慢，资产利用效率越低，营运能力越弱。

#### （二）流动资产周转率

流动资产周转率是指公司一定时期的营业收入同平均流动资产的比值。其计算公式为：

流动资产周转率＝营业收入÷平均流动资产

其中：

平均流动资产＝(年初流动资产＋年末流动资产)÷2

根据A公司的有关数据（见表3-1、表3-2），依据上式计算流动资产周转率为：

平均流动资产＝(2 800＋3 500)÷2＝3 150（万元）

流动资产周转率＝4 100÷3 150＝1.30（次）

该指标反映了公司流动资产的周转速度和使用效率，体现每单位流动资产实现价值补偿的多少和补偿速度的快慢。对公司来讲，流动资产周转速度快，会相对节约流动资产，等于变相扩大了资产的投入，增强了公司的盈利能力；相反，需要补充流动资产参加周转，造成资本的浪费，降低了公司的盈利能力。

### （三）应收账款周转率

应收账款周转率是指公司一定时期内的赊销收入净额同应收账款平均余额的比值。由于财务报表外部使用者难以得到赊销收入净额的数据，所以计算应收账款周转率时，常以营业收入代替赊销收入净额。应收账款周转率反映了公司应收账款的流动速度，即公司应收账款转变为现金的能力。其计算公式为：

应收账款周转率＝营业收入÷平均应收账款

应收账款周转天数＝360÷应收账款周转率

公式中的“平均应收账款”是指因销售商品、产品和提供劳务等而应向购货单位或接受劳务单位收取的款项，以及收到的商业汇票。它是资产负债表中“应收账款”和“应收票据”的年初、年末的平均数之和。

根据A公司的有关数据（见表3-1、表3-2），依据上式计算应收账款周转率及应收账款周转天数为：

平均应收账款＝(360＋380)÷2＋(30＋140)÷2＝455（万元）

应收账款周转率＝4 100÷455＝9.01（次）

应收账款周转天数＝360÷9.01＝40（天）

一般说来，应收账款周转率越高，周转天数越短，说明应收账款的收回速度越快；否则，公司的营运资金会过多地停滞在应收账款上，影响资金的正常周转。

### （四）存货周转率

存货周转率是指一定时期内公司营业成本与存货平均余额的比值。存货周转率是衡量公司销售能力和存货管理工作水平的指标。存货是公司流动资产中所占比例较大的资产，它的质量和流动性直接反映了公司的营运能力，同时也影响公司的偿债能力和盈利能力。其计算公式为：

存货周转率＝营业成本÷平均存货

存货周转天数＝360÷存货周转率

其中：

平均存货＝(年初存货＋年末存货)÷2

根据A公司的有关数据（见表3-1、表3-2），依据上式计算存货周转率及存货周转天数为：

平均存货＝(1 600＋2 080)÷2＝1 840（万元）

存货周转率＝3 200÷1 840＝1.74（次）

存货周转天数＝360÷1.74＝206.9（天）

一般来讲，存货周转速度越快，存货的占用水平越低，流动性越强。提高存货周转率可以提高公司的变现能力，而存货周转速度越慢，则其变现能力越差。

## 二、短期偿债能力

短期偿债能力取决于可以在近期转变为现金的流动资产的多少。反映公司短期偿债能力的财务指标主要有流动比率和速动比率等。

### （一）流动比率

流动比率是指公司一定时点流动资产与流动负债的比值。流动比率是衡量公司变现能力最常用的比率。流动比率越大，表明公司可以变现的资产数额越大，短期债务的偿付能力就越强。但是，流动比率过大，说明公司有较多的资金占用在流动资产上，影响资金的周转速度，从而影响公司的营运能力和获利能力。其计算公式为：

流动比率＝流动资产÷流动负债

一般认为，制造业企业合理的流动比率是 2。这是因为流动资产中变现能力最差的存货金额约占流动资产的一半，剩下流动性较强的流动资产至少要等于流动负债，公司的短期偿债能力才会有保证。人们长期以来的这种认识，并未从理论上获得证明，还不能成为一个绝对的统一标准。

根据 A 公司的有关数据（见表 3-1），计算公司的流动比率为：

流动比率＝3 500÷1 700＝2.06

需要注意的是，流动比率指标在运用时有一定的局限性。首先，该指标没有揭示流动资产的构成，如果流动资产中多为变现能力较强的资产，流动比率小于 2，则公司也可能有较强的短期偿债能力；其次，该指标只是根据某个时点数据计算得出，可能会有通过调节时点的流动资产和流动负债而人为控制这一比率的现象；最后，资产流动性的强弱因行业而异，不能机械地套用标准。总之，如果公司财务状况良好，营运能力和获利能力都较强，则不必过于注重该比率的高低。

### （二）速动比率

速动比率是指公司一定时点速动资产与流动负债的比率。速动资产是指流动资产中变现能力较强的那部分资产，如货币资金、交易性金融资产、应收票据、应收账款等。其计算公式为：

速动比率＝速动资产÷流动负债

一般认为，制造业企业的速动比率为 1 比较适宜。在实际工作中，由于各个行业的经营特点不同，判断的标准也不同。从债权人角度看，速动比率越高，公司的偿债能力越强。

根据 A 公司的有关数据（见表 3-1），计算公司的速动比率为：

速动比率＝(860＋140＋380)÷1 700＝0.81

如前所述，流动比率仅表明流动资产的数量与流动负债的对比关系，而并没有说明流动资产的质量，即流动资产的结构和流动性。速动比率正好弥补了流动比率指标的不足，更准确地反映了公司的短期偿债能力。流动资产中的存货很可能由于产品滞销而影响其变现能力，而预付账款是不能转变为现金的。所以将这些项目从流动资产中剔除就能反映流动资产迅速变现偿债的能力。需强调的是，速动比率过高，说明公司可能因拥有过多货币性资产而丧失一些投资获利的机会。

## 三、长期偿债能力

一般情况下，公司长期负债的偿还主要是依靠实现的利润，因而，公司长期偿债能力的提高与其盈利能力的提高关系密切。反映公司长期偿债能力的财务指标主要有资产负债率、产权比率、权益乘数和利息保障倍数等。

### （一）资产负债率

资产负债率是指公司的负债总额与资产总额的比值。该指标表明在公司全部资产中债权人所提供资本的比例，用来衡量公司利用债权人提供的资本进行财务活动的能力，并反映公司对债权人权益的保障程度。其计算公式如下：

资产负债率=(负债总额÷资产总额)×100%

公式中的“负债总额”不仅包括长期负债，还包括短期负债。这是因为短期负债作为一个整体，公司总是长期占用着，可以视同长期性资本来源的一部分。本着稳健性原则，将短期负债包括在用于计算资产负债率的负债总额中是合适的。

根据A公司的有关数据（见表3-1），依据上式计算资产负债率为：

资产负债率=(2 800÷6 500)×100%=43.08%

对资产负债率应从不同的角度进行分析。从债权人的角度看，这一比率越低，表明公司负债总额占全部资产的比例越小，长期偿债能力越强。因此，债权人总是希望公司的资产负债率保持在较低的水平。从公司所有者的立场看，负债是“双刃剑”，既可以提高公司的盈利，也增加了公司的风险。由于公司通过举债筹措的资本与股东提供的资本在经营中发挥同样的作用，当全部资本回报率高于借款利息率时，资产负债率应保持在较高水平，以便获得财务杠杆效益。从公司财务的角度看，资产负债率应保持在适当的水平。因为，公司负债的利息支出按税法规定可以从税前利润中扣除，使公司的所得税减少，资产负债率越高，这种抵税的收益就越大。但是，该比率越高，不能偿还到期债务而导致破产的风险也就越大。为此，公司要视其发展前景及获利能力调整资产负债率的高低。另外，资产负债率的高低往往可以反映出管理者的心态及对公司发展前景的信心。一般而言，资产负债率高，表明公司较有活力，对其前景有信心；反之，则表明公司比较保守，或管理层对公司前景信心不足。

### （二）产权比率

产权比率是指公司负债总额与股东权益总额的比值。该指标反映公司股东权益对债权人权益的保障程度，以及公司基本财务结构是否稳定。产权比率越低，表明公司的长期偿债能力越强，财务风险越小。其计算公式如下：

产权比率=(负债总额÷股东权益总额)×100%

根据A公司的有关数据（见表3-1），依据上式计算产权比率为：

产权比率=(2 800÷3 700)×100%=75.68%

该比率与资产负债率的经济意义是一致的，是从不同角度表示对债权的保障程度，两个指标具有相互补充的作用。

### （三）权益乘数

权益乘数是指公司资产总额与股东权益总额的比值。该指标表明公司股东投入1元钱可拥有或者控制的资产数额，反映了公司利用负债来增加其可控制的资产规模的程度。其计算公式如下：

权益乘数＝资产总额÷股东权益总额

根据A公司的有关数据（见表3-1），依据上式计算权益乘数为：

权益乘数＝(6 500÷3 700)＝1.76

在公司存在负债的情况下，权益乘数大于1。公司负债比例越高，权益乘数越大，表明公司更大比例地使用负债以获取更多的盈利，发挥的财务杠杆作用越大。

### （四）利息保障倍数

利息保障倍数是指公司一定时期息税前利润与利息支出的比值，用以衡量公司偿还债务利息的能力。其计算公式如下：

利息保障倍数＝息税前利润÷利息支出

＝(税后利润＋所得税费用＋利息费用)÷利息支出

公式中分子的“利息费用”是指利润表中财务费用中的利息支出。分母中的“利息支出”既包括利润表中财务费用中的利息支出，也包括资产负债表中的资本化利息支出。

根据A公司的有关数据（见表3-2），假如利润表中财务费用中的利息支出为200万元，没有资本化利息支出，依据上式计算利息保障倍数为：

利息保障倍数＝(495＋165＋200)÷200＝4.3

利息保障倍数越大，说明公司支付利息的能力越强，对债权人越有吸引力；反之，如果利息保障倍数小于1，则说明公司当期的利润不能为支付债务利息提供充分的保证，从而影响公司的再筹资。

## 四、发展能力

发展能力是指公司经营活动表现出来的增长能力，表现为规模的扩张、销售额和盈利数额的增长等方面，反映公司发展能力的主要财务指标有营业收入增长率、资产增长率、股权资本增长率和营业利润增长率等。

### （一）营业收入增长率

营业收入增长率是公司本期营业收入增长额与上期营业收入总额的比值。其计算公式为：

$$营业收入增长率=\frac{本期营业收入增长额}{上期营业收入总额}\times 100\%$$

根据A公司的有关数据（见表3-4），依据上式计算营业收入增长率为：

$$营业收入增长率=\frac{4\ 100-3\ 800}{3\ 800}\times 100\%=7.89\%$$

营业收入增长率反映的是营业收入的变化情况，可以评价公司经营状况和市场占有能力，预测公司经营业务拓展的趋势。营业收入增长率越高，表明公司营业收入的增长速度越快，公司市场前景越好。

### （二）资产增长率

资产增长率是公司本期总资产增长额与期初（上期期末）资产总额的比值。其计算公式为：

$$资产增长率=\frac{本期总资产增长额}{期初资产总额}\times100\%$$

根据A公司的有关数据（见表3-1），依据上式计算资产增长率为：

$$资产增长率=\frac{6\ 500-5\ 300}{5\ 300}\times100\%=22.64\%$$

资产增长率反映资产经营规模扩张的速度。资产增长率越高，反映公司资产规模增长的速度越快，一般来说，公司的竞争力越强，公司的发展能力也越强。

### （三）股权资本增长率

股权资本增长率，也称股东权益增长率，是指公司本期股东权益增长额与期初股东权益总额的比值。其计算公式为：

$$股权资本增长率=\frac{本期股东权益增长额}{期初股东权益总额}\times100\%$$

根据A公司的有关数据（见表3-1），依据上式计算股权资本增长率为：

$$股权资本增长率=\frac{3\ 700-3\ 160}{3\ 160}\times100\%=17.09\%$$

股权资本增长率反映公司当年资本的积累能力。股权资本增长率越高，表明公司的资本积累能力越强，公司应对风险和持续发展的能力越强。

### （四）营业利润增长率

营业利润增长率是指公司本期营业利润增长额与上期营业利润总额的比率。其计算公式为：

$$营业利润增长率=\frac{本期营业利润增长额}{上期营业利润总额}\times100\%$$

根据A公司的有关数据（见表3-4），依据上式计算营业利润增长率为：

$$营业利润增长率=\frac{570-781}{781}\times100\%=-27.02\%$$

营业利润增长率反映公司盈利能力的变化。营业利润增长率越高，表明公司经营活动的盈利能力越强，公司具有更强的发展能力。

## 五、盈利能力

盈利能力是指公司获得利润的能力。由于公司盈利能力的大小直接影响公司的偿债能力及未来发展能力，也反映了公司营运能力的强弱，因此，不论是股东、债权人还是公司管理者，都会重视和关心公司的盈利能力。评价公司盈利能力的指标主要有销售毛利率、销售净利率、净资产收益率、总资产收益率、每股收益等。

### （一）销售毛利率

销售毛利率是销售毛利占营业收入的百分比，其中销售毛利是营业收入减去营业成本的差额。其计算公式为：

$$销售毛利率=\frac{营业收入-营业成本}{营业收入}\times100\%$$

根据 A 公司的有关数据（见表 3-2），依据上式计算销售毛利率为：

$$销售毛利率=\frac{4\ 100-3\ 200}{4\ 100}\times 100\%=21.95\%$$

销售毛利率表示每 1 元营业收入扣除营业成本后，有多少可以用于各项期间费用的补偿和形成盈利，是公司获取利润的最初基础，没有足够大的销售毛利率便不能盈利。

### （二）销售净利率

销售净利率是指净利润占营业收入的百分比，其计算公式为：

销售净利率=(净利润÷营业收入)×100%

根据 A 公司有关数据（见表 3-2），依据上式计算销售净利率为：

销售净利率=(495÷4 100)×100%=12.07%

销售净利率反映每 1 元营业收入带来净利润的多少，表示营业收入的收益水平。净利润与销售净利率成正比关系，而营业收入与销售净利率成反比关系，公司在增加营业收入的同时，必须相应地获得更多的净利润，才能使销售净利率保持不变或有所提高。

### （三）净资产收益率

净资产收益率又称所有者权益报酬率、净资产报酬率或股东权益报酬率。净资产收益率是公司净利润与平均股东权益（平均净资产、平均所有者权益）的比值。其计算公式如下：

净资产收益率=(净利润÷平均股东权益)×100%

其中：

平均股东权益=(年初股东权益+年末股东权益)÷2

根据 A 公司的有关数据（见表 3-1、表 3-2），依据上式计算净资产收益率为：

平均股东权益=(3 160+3 700)÷2=3 430（万元）

净资产收益率=(495÷3 430)×100%=14.43%

净资产收益率用来衡量公司所有者全部投入资本的获利水平。净资产收益率越高，说明由所有者享有的净利润就越多，其投资收益越高。净资产收益率是综合性最强的财务比率，其与公司多项财务指标及数据的变化存在关系，具体分析方法见本章第三节。

### （四）总资产收益率

总资产收益率主要用来衡量公司利用全部资产获取利润的能力。在实践中，根据财务分析的目的不同，总资产收益率可分为总资产息税前利润率和总资产净利率。

1. 总资产息税前利润率

总资产息税前利润率是公司一定时期的息税前利润与平均资产总额的比值。其计算公式如下：

总资产息税前利润率=(息税前利润总额÷平均资产总额)×100%

其中：

平均资产总额=(年初资产总额+年末资产总额)÷2

根据 A 公司有关数据（见表 3-1、表 3-2），假设 A 公司财务费用中的利息支出为 200 万元，依据上式计算总资产息税前利润率为：

平均资产总额=(5 300+6 500)÷2=5 900（万元）

息税前利润=495+200+165=860（万元）

总资产息税前利润率＝(860÷5 900)×100%＝14.58%

总资产息税前利润率不受公司资本结构变化的影响，反映了公司利用全部资产进行经营活动的效率。债权人分析公司总资产收益率时可以采用总资产息税前利润率。

一般来说，只要公司的总资产息税前利润率大于负债利息率，公司就有足够的收益用于支付债务利息。因此，利用该项比率不仅可以评价公司的盈利能力，而且可以评价公司的偿债能力。

2. 总资产净利率

总资产净利率是指公司一定时期的净利润与平均资产总额的比值。其计算公式如下：

总资产净利率＝(净利润÷平均资产总额)×100%

根据A公司有关数据（见表3-1、表3-2)，依据上式计算总资产净利率为：

总资产净利率＝(495÷5 900)×100%＝8.39%

净利润反映了公司所有者获得的剩余收益。公司的营业活动、投资活动、筹资活动以及国家税收政策的变化都会影响净利润。因此，总资产净利率通常用于评价公司对股权投资的回报能力。股东分析公司的总资产收益率时通常采用总资产净利率。

总资产收益率的高低并没有一个绝对的评价标准。在分析公司的总资产收益率时，通常采用比较分析法，与公司以前会计年度的总资产收益率作比较，可以判断公司资产盈利能力的变动趋势，或者与同行业平均资产收益率做比较，可以判断公司在同行业中所处的地位。通过这种比较分析，可以评价公司的经营效率，发现经营管理中存在的问题。如果公司的总资产收益率偏低，说明该公司经营效率较低，经营管理存在问题，应该调整经营方针，加强经营管理，提高资产的利用效率。

### （五）每股收益

每股收益是本年净利润与普通股股数的比值，反映普通股的获利水平。其计算公式为：

每股收益＝净利润÷普通股股数

公式中的“普通股股数”一般用普通股的加权平均股数来表示。

假设A公司2023年度普通股的加权平均股数为1 225万股，根据A公司有关数据(见表3-2)，依据上式计算每股收益为：

每股收益＝495÷1 225＝0.40（元）

每股收益是衡量上市公司盈利能力最常用的财务指标。在分析时，既可以进行公司间的横向比较，以评价该公司的相对盈利能力，也可以进行同一公司不同时期的纵向比较，了解公司盈利能力的变化趋势。

## 第三节　综合财务分析

杜邦分析体系及其应用

上节所介绍的财务能力分析仅仅反映公司财务活动的某一方面情况，而进行财务能力分析有时需要了解公司整体财务状况和效益。因此，必须将孤立的财务比率相互联系起来，进行综合的分析与评价。公司财务综合分析与评价采用的方法主要是杜邦分析法。

## 一、杜邦分析体系

杜邦分析法是指利用各个主要财务比率之间的内在联系来综合分析评价公司财务状况的方法。由于该种方法由美国杜邦公司率先应用，因此被称为杜邦分析法。杜邦分析法从净资产收益率开始，将其层层分解直至公司财务报表中的单个项目，并在分解过程中体现各指标间的关系，形成杜邦分析体系。杜邦分析体系反映的财务比率及其相互关系主要有：

（1）净资产收益率与总资产净利率及权益乘数之间的关系：

净资产收益率＝总资产净利率×权益乘数

（2）总资产净利率与销售净利率及总资产周转率之间的关系：

总资产净利率＝销售净利率×总资产周转率

（3）销售净利率与净利润及营业收入之间的关系：

销售净利率＝净利润÷营业收入

（4）总资产周转率与营业收入及平均资产总额之间的关系：

总资产周转率＝营业收入÷平均资产总额

（5）权益乘数与资产负债率之间的关系：

权益乘数＝1÷(1－资产负债率)

杜邦分析体系在反映以上财务比率及其相互关系的基础上，将净利润、总资产进行层层分解，全面、系统地揭示出公司的财务状况以及各个因素之间的相互关系。该体系通过对主要财务指标之间关系的揭示，清楚地反映出公司营运能力、短期偿债能力、长期偿债能力、盈利能力及其相互之间的关系，有助于对公司财务做出综合分析与评价。

现将前述A公司2023年有关财务指标绘制成杜邦分析图，如图3-1所示。

### （一）杜邦分析体系的核心

从杜邦分析图可以看出，净资产收益率是一个综合性极强、最有代表性的财务比率，它是杜邦分析体系的核心。公司财务管理的重要目标就是实现股东财富最大化，净资产收益率正是反映了股东投入资本的获利能力，这一比率反映了公司筹资、投资、生产经营等财务活动的效率。净资产收益率的大小取决于销售净利率、总资产周转率和权益乘数。权益乘数反映公司的资本结构，主要受资产负债率的影响。当资产负债率较大时，权益乘数就高，说明公司有较高的负债程度，能给公司带来较大的杠杆利益，同时也给公司带来较高的风险。通过提高资产负债率，可以提高权益乘数，从而在总资产净利率不变的情况下，提高净资产收益率。但是，一味提高资产负债率并不一定带来净资产收益率的提高。因为，负债比率过高，公司所负担的债务利息就会加大，致使公司净利润降低，从而总资产净利率不可能保持不变。

### （二）提高销售净利率

从公司销售方面看，销售净利率是公司净利润与营业收入之比，反映公司的盈利能力。一般来说，营业收入增加，公司的净利润也会随之增加。但是，要想提高销售净利率，必须一方面提高营业收入，另一方面降低各种成本费用，这样才能使净利润增长大于营业收入的增长，从而使销售净利润提高。由此可见，提高销售净利率必须在以下两个方

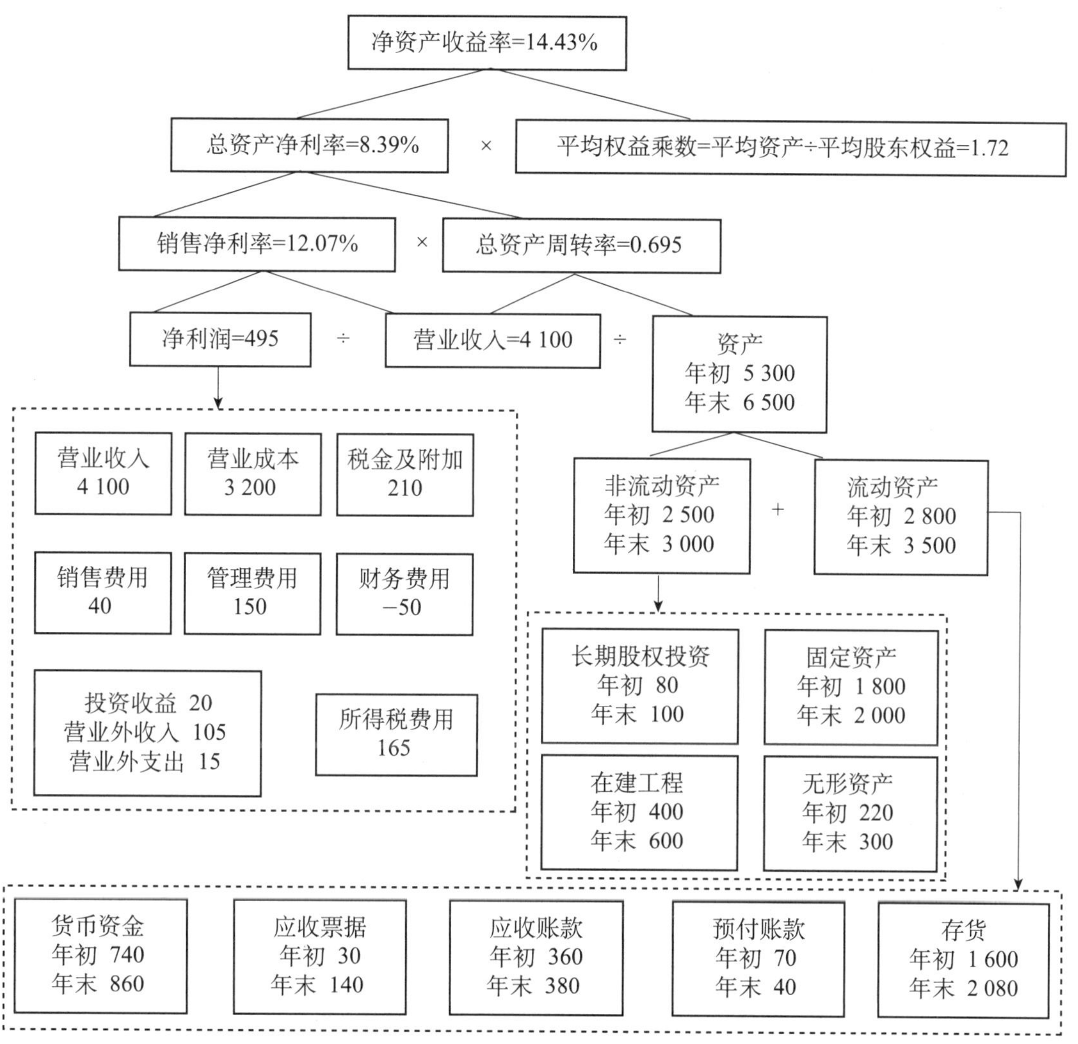


**图 3-1 A 公司杜邦分析图**

面下功夫：

(1) 开拓市场，增加营业收入。在市场经济中，公司必须深入调查研究市场情况，明确产品或劳务服务的对象，了解顾客期望的变化以及趋势，制定公司发展战略，并将其落实到生产经营的各个环节。同时，公司必须更加注重售后服务，加强员工的再教育和培训，提高服务质量，这样才能占领市场，增加营业收入。

(2) 加强成本与费用控制，降低耗费，增加利润。从杜邦分析图中可以分析公司的成本费用结构是否合理，以便发现公司在成本费用管理方面存在的问题，为加强成本与费用管理提供依据。以 A 公司为例，其销售净利率为 12.07%，成本与费用占营业收入的比例为 87.93%。如果能降低成本与费用所占的比例，必然会提高销售净利率。在 A 公司总成本费用中，营业成本所占比例为 78.05%，税金及附加所占比例为 5.12%，销售费用所占比例为 0.98%，管理费用所占比例为 3.66%。可见，A 公司总成本与费用中营业成本占大部分，公司应首先从改进生产工艺与技术方面，寻找降低营业成本的途径，然后分析管理费用开支是否合理，有没有可以节约的项目，以挖掘降低成本的潜力。

### （三）对资产周转率的分析

资产周转率反映公司运用资产获取营业收入的能力。对资产周转率的分析应从以下两方面入手：

(1) 分析资产结构是否合理，即流动资产和非流动资产的比例是否合理。资产结构实际反映公司资产的流动性，它不仅关系到公司的偿债能力，还影响公司的盈利能力。一般说来，如果公司流动资产中货币资金所占比例较大，就要分析公司现金持有量是否合理，有无现金闲置现象，因为过量的现金会影响公司的盈利能力。如果公司存货和应收账款过多，就会占有大量的资金，影响公司的资金周转。

(2) 结合营业收入，分析公司的资产周转状况。资产周转速度直接影响公司的盈利能力，如果公司的资产周转较慢，就会占用大量的资金，增加资本成本，减少公司的利润。分析资产周转率，需对影响资产周转的各个因素进行分析。除了对资产各构成部分从占用量上是否合理进行分析外，还可以通过对流动资产周转率、存货周转率、应收账款周转率等有关各资产组成部分使用效率的分析，查明影响资产周转的主要问题出在哪里。

## 二、杜邦分析体系的应用

杜邦分析体系的作用是解释指标变动的原因和变动趋势，为采取措施指明方向。下面就杜邦分析体系在分析变动趋势方面的应用进行简要的说明。

假设 A 公司 2022 年和 2023 年有关数据如表 3－7 所示。

**表 3－7　A 公司财务比率摘录**

| 项目 | 2022 年 | 2023 年 |
| --- | --- | --- |
| 净资产收益率 | 15.36% | 14.43% |
| 总资产净利率 | 9.66% | 8.39% |
| 权益乘数（平均） | 1.59 | 1.72 |
| 销售净利率 | 11.53% | 12.07% |
| 总资产周转率 | 0.838 | 0.695 |

销售净利率×总资产周转率×权益乘数（平均）＝净资产收益率

11.53%×0.838×1.59＝15.36%

第一次替换：将销售净利率替换为 2023 年的 12.07%，则

12.07%×0.838×1.59＝16.08%

第二次替换：将总资产周转率替换为 2023 年的 0.695，则

12.07%×0.695×1.59＝13.34%

第三次替换：将权益乘数（平均）替换为 2023 年的 1.72，则

12.07%×0.695×1.72＝14.43%

该公司净资产收益率 2023 年比 2022 年下降 0.93%(14.43%－15.36%)。分析其原因，首先，该公司销售净利率增加 0.54%(12.07%－11.53%)，使净资产收益率增加

0.72%(16.08%－15.36%)；其次，由于总资产周转率减少 0.143 次（0.695－0.838），使净资产收益率下降 2.74%(13.34%－16.08%)；最后，由于权益乘数（平均）增加 0.13 (1.72－1.59)，使净资产收益率增加 1.09%(14.43%－13.34%)。同理，我们可以分析总资产净利率下降的原因，总资产净利率等于销售净利率乘以总资产周转率。该公司销售净利率增加了 0.54 个百分点，使总资产净利率增加 0.45%(0.54%×0.838)；而总资产周转率减少了 0.143 次，使总资产净利率下降 1.73%。

应当指出，杜邦分析体系是一种分解财务比率的方法，而不是另外建立新的财务指标，它可以用于各种财务比率的分解。从杜邦分析体系可以看出，公司的盈利能力涉及生产经营活动的方方面面。净资产收益率与公司的筹资结构、销售规模、成本水平、资产管理等因素密切相关，只有协调好这些因素之间的关系，才能使净资产收益率得到提高，从而实现股东财富最大化的目标。

## 本章小结

财务分析是以公司财务报表和其他有关资料为依据和起点，采用一系列专门方法，对公司一定时期的财务状况、经营成果及现金流量情况进行分析，借以评价公司财务活动业绩、控制财务活动运行、预测财务发展趋势、提高财务管理水平和经济效益的财务管理活动。财务分析的主要内容包括营运能力分析、偿债能力分析、发展能力分析、盈利能力分析和综合财务分析。财务分析的主要方法有比率分析法和比较分析法。财务能力分析涉及的财务比率有营运能力比率、短期偿债能力比率、长期偿债能力比率、发展能力比率和盈利能力比率。

## 思考题

1. 如何理解财务分析的概念与意义？
2. 财务分析的主要内容包括哪些？
3. 如何理解财务报告的概念及主要内容？
4. 什么是比较分析法？其主要类型包括哪些？
5. 如何分析公司的营运能力？
6. 如何分析公司的偿债能力？
7. 如何分析公司的发展能力？
8. 如何分析公司的盈利能力？
9. 如何理解杜邦分析法是一种综合财务分析方法？

## 在线自测

扫一扫　练一练

# 第四章　利润规划与短期预算

## 第一节　利润规划

利润规划是公司为实现目标利润而综合调整其经营活动的规模和水平的一种预测与分析活动，本量利分析是其最主要的预测分析方法。

本量利分析主要是对成本、销售量和利润之间的互相依存关系所进行的综合分析，包括成本性态分析、盈亏临界点分析、保利分析、实现目标利润的因素分析以及利润敏感性分析等。

### 一、成本性态分析

成本性态也称成本习性，是指成本与业务量的依存关系。按成本性态可以将公司的成本分为固定成本、变动成本和混合成本。

#### （一）固定成本

成本性态分析

固定成本是指其总额在一定时期或一定产量范围内，不受产量变动的影响而能保持固定不变的成本。例如，按直线法计提的厂房及机器设备的折旧费、管理人员的月工资、财产保险费、广告费、职工培训费等。由于其总额不受产量变动的影响，因而单位产品分摊的固定成本随产量增加而减少。

假设某公司生产一种产品，其所需的加工设备按月计提的折旧费为 10 000 元。该设备的最大生产能力为 5 000 件。如果产量在 5 000 件以内变动，对其成本的影响如表 4-1 所示。

表 4-1　公司固定成本总额与单位产品固定成本

| 产量（件） | 固定成本总额（元） | 单位产品固定成本（元/件） |
| --- | --- | --- |
| 1 000 | 10 000 | 10 |
| 2 000 | 10 000 | 5 |
| 3 000 | 10 000 | 3.33 |
| 4 000 | 10 000 | 2.5 |
| 5 000 | 10 000 | 2 |

将表 4－1 中的数据在坐标图中表示，便可用图 4－1 和图 4－2 反映固定成本的特性。

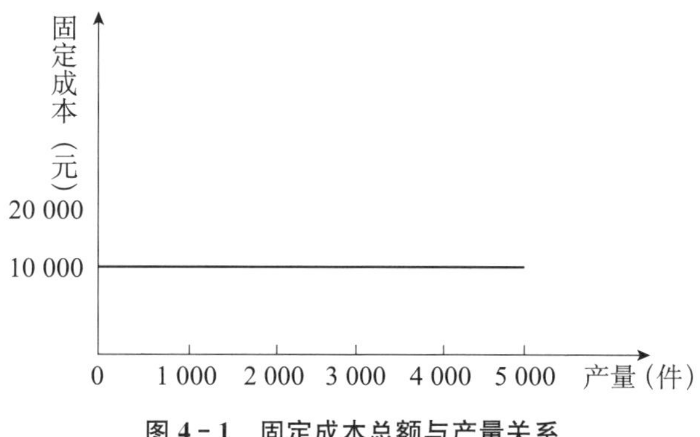


**图 4－1　固定成本总额与产量关系**

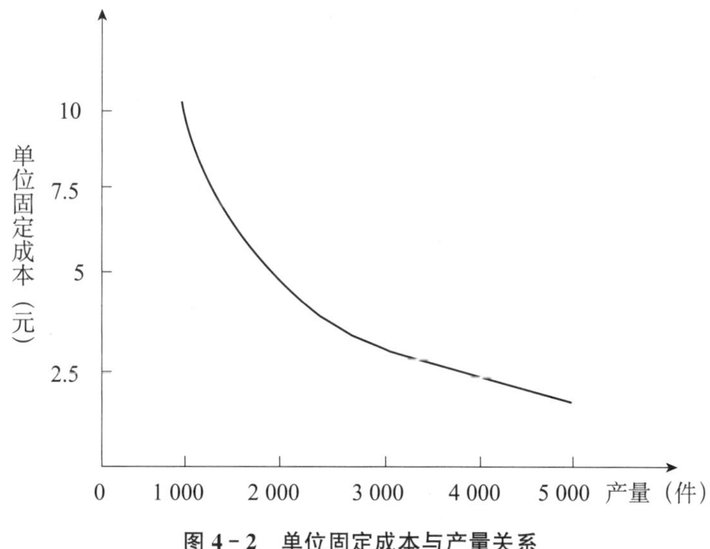


**图 4－2　单位固定成本与产量关系**

图 4－1 反映了固定成本总额不受产量变动的影响而保持不变的特性，它在图中表现为一条与横轴（产量）平行的直线。图 4－2 显示了单位固定成本随产量增加而减少的特性，因此在图中表现为一条递减的曲线。

### （二）变动成本

变动成本是指在一定期间和一定业务量范围内其总额随着业务量的变动而呈正比例变动的成本。如直接材料费、产品包装费、按件计酬的工资薪金、销售佣金以及按产量计算的固定资产折旧费等均属于变动成本。变动成本的总额随着业务量的变化呈正比例变动，而单位产品的变动成本则是固定不变的。

假设单位产品的直接材料成本为 20 元，当产量分别为 1 000 件、2 000 件、3 000 件、4 000 件、5 000 件时，材料的总成本和单位产品的材料成本如表 4－2 所示。

表 4-2　公司产品的材料总成本和单位产品材料成本

| 产量（件） | 材料总成本（元） | 单位产品材料成本（元） |
|---|---|---|
| 1 000 | 20 000 | 20 |
| 2 000 | 40 000 | 20 |
| 3 000 | 60 000 | 20 |
| 4 000 | 80 000 | 20 |
| 5 000 | 100 000 | 20 |

将表 4-2 中的数据在坐标图中表示，则变动成本的性态模型如图 4-3、图 4-4 所示。

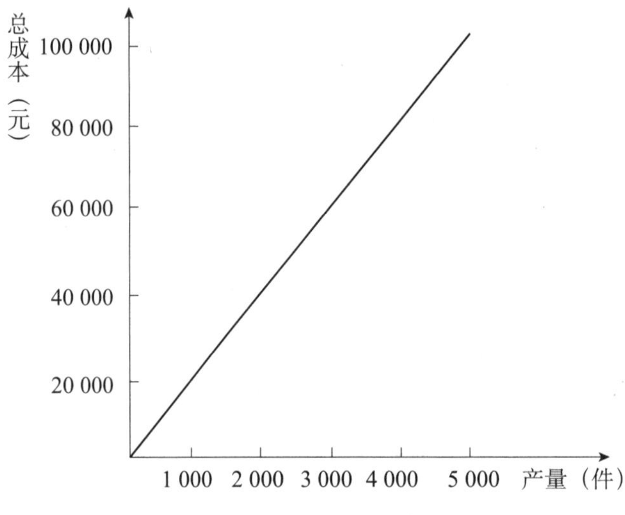


图 4-3　变动成本总额与产量关系

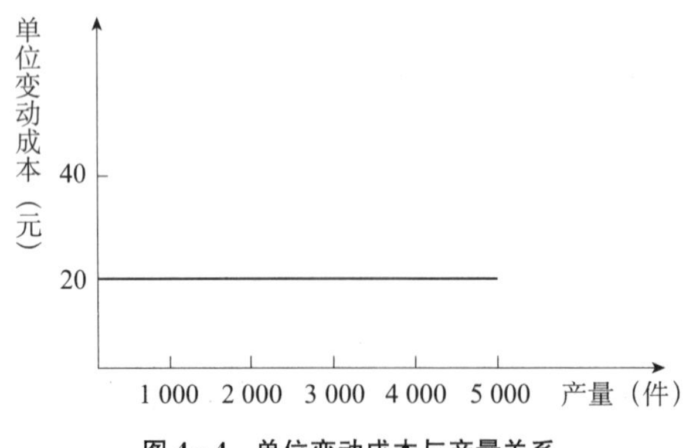


图 4-4　单位变动成本与产量关系

## （三）混合成本

混合成本是指兼有固定成本和变动成本两种不同性质的成本。混合成本的高低虽然直接受业务量大小的影响，但不存在严格的比例变动关系。公司的总成本就是一项混合成本。

### （四）总成本模型

从以上分析我们知道，成本可分为固定成本、变动成本和混合成本三类，而混合成本又可以采用特定的方法分解为变动成本和固定成本两部分。这样，总成本模型可用下式表示：

$$y = a + bx$$

式中：$y$——总成本；

$a$——固定成本；

$b$——单位变动成本；

$x$——业务量。

显然，如果能求出公式中 $a$ 和 $b$ 的值，就可以利用这个直线方程来进行成本预测、成本决策和其他的短期决策。

## 二、本量利分析的基本模型

由于传统的成本分类不能满足公司决策、计划和控制的要求，因此需要研究成本、业务量和利润之间的关系。公司的内部管理工作，通常以业务量为起点，以利润为目标。公司管理者在决定生产和销售数量时，需要考虑对利润的影响，因此需要确定收入和成本。收入可以直接根据销售量和单价来估计，但是不能简单直接地根据产品单位成本乘以生产数量估计总的生产成本，因为产量变化之后，单位生产成本也会发生变化。

基于成本性态的分类，将成本分为固定成本和变动成本之后，再把收入和利润考虑进来，成本、销售量和利润就可以统一在一个数学模型中。

### （一）基本损益方程式

在计算利润时，首先确定一定期间的收入，然后计算与收入相配比的成本，两者之差就是利润。该利润是税前经营利润，通常以息税前利润代替，即：

息税前利润＝销售收入－总成本

其中：

销售收入＝单价×销售量

总成本＝变动成本＋固定成本＝单位变动成本×产量＋固定成本

假设产量等于销售量，则：

息税前利润＝单价×销售量－单位变动成本×销售量－固定成本

在规划利润时，通常把单价、单位变动成本和固定成本视为稳定常量，只有销售量和利润两个自由变量。即在给定销售量时，利用该方程式可以计算预期利润；或给定目标利润，也可以直接计算出应达到的销售量。

**【例 4－1】**某企业生产并销售一种产品，单价 10 元，单位变动成本 5 元，年固定成本

4 000 元，预计年销售量 1 000 件。计算预计利润。

**【解析】** 将数据直接代入基本损益方程式计算即可。

**【答案】** 预计利润=1 000×10－1 000×5－4 000=1 000（元）。

### （二）边际贡献方程式

（1）边际贡献。边际贡献是指销售收入减去变动成本后的差额。其计算公式为：

边际贡献=销售收入－变动成本

单位边际贡献的计算公式为：

单位边际贡献=单价－单位变动成本

边际贡献是销售收入减去变动成本后给公司带来的贡献，在弥补固定成本之后，如果还有剩余，则形成公司利润，否则将产生亏损。

（2）边际贡献率。边际贡献率是边际贡献占销售收入的百分比。其计算公式为：

$$边际贡献率=\frac{边际贡献}{销售收入}\times 100\%=\frac{单位边际贡献}{单价}\times 100\%$$

根据例 4-1 资料计算：

$$边际贡献率=\frac{10-5}{10}\times 100\%=50\%$$

与边际贡献相对应的概念是变动成本率，即变动成本占销售收入的百分比，其计算公式为：

$$变动成本率=\frac{变动成本}{销售收入}\times 100\%=\frac{单位变动成本}{单价}\times 100\%$$

根据例 4-1 资料计算：

$$变动成本率=\frac{5}{10}\times 100\%=50\%$$

由于销售收入被分为变动成本和边际贡献两部分，变动成本是产品自身耗费，边际贡献是给公司做的贡献，两者之和等于 1。

$$\begin{aligned}变动成本率+边际贡献率&=\frac{变动成本}{销售收入}+\frac{边际贡献}{销售收入}\\&=\frac{变动成本}{销售收入}+\frac{(销售收入-变动成本)}{销售收入}\\&=1\end{aligned}$$

（3）边际贡献方程式。基于边际贡献的概念，前述的基本损益方程式可以改为如下形式，即：

息税前利润=销售收入－变动成本－固定成本=边际贡献－固定成本

或：

息税前利润=销售量×单位边际贡献－固定成本

该公式同样可以清晰表述本量利之间的数量关系。

（4）边际贡献率方程式。利用边际贡献率概念，可以进一步改写边际贡献方程式，即：

息税前利润=边际贡献－固定成本=销售收入×边际贡献率－固定成本

该公式可以用于多品种生产的企业。但是，此时的边际贡献率需要用加权平均的边际贡献率。

## 三、盈亏临界点分析

盈亏临界点分析是基于本量利关系进行的损益平衡分析。主要研究如何确定保本点，以及相关因素变动的影响。盈亏临界点，也称保本点，是指公司销售收入和成本相等的经营状态，即边际贡献等于固定成本时公司处在不盈利也不亏损的状态。通常用盈亏临界点销售量（或保本量）和盈亏临界点销售额（或保本额）表示。

盈亏临界点分析

### （一）盈亏临界点销售量分析

根据前述的基本损益方程式：

$$息税前利润=单价\times销售量-单位变动成本\times销售量-固定成本$$

假设息税前利润等于0，则此时销售量即盈亏临界点销售量，计算公式为：

$$盈亏临界点销售量=\frac{固定成本}{单价-单位变动成本}=\frac{固定成本}{单位边际贡献}$$

根据例4-1资料计算：

$$盈亏临界点销售量=\frac{4\ 000}{10-5}=800（件）$$

### （二）盈亏临界点销售额分析

根据前述的边际贡献率方程式：

$$息税前利润=销售收入\times边际贡献率-固定成本$$

假设息税前利润等于0，则此时的销售收入即盈亏临界点销售额，计算公式为：

$$盈亏临界点销售额=\frac{固定成本}{边际贡献率}$$

根据例4-1资料计算：

$$盈亏临界点销售额=\frac{4\ 000}{50\%}=8\ 000（元）$$

### （三）与盈亏临界点相关的指标

1. 盈亏临界点作业率

盈亏临界点作业率是指盈亏临界点销售量（额）占公司实际或预计销售量（额）的比重。实际或预计销售量（额）就是现在或未来实际或预计的正常销售量（额），所谓正常销售量（额）是指正常市场和正常开工情况下公司的销售数量，也可以按照销售金额计算。盈亏临界点作业率的计算公式如下：

$$盈亏临界点作业率=\frac{盈亏临界点销售量（额）}{实际或预计销售量（额）}\times100\%$$

由于多数公司生产经营能力是按照实际或预计销售量（额）来规划的，所以，盈亏临界点作业率还表明保本状态下生产经营能力的利用程度。

根据例4-1资料计算：

$$盈亏临界点作业率=\frac{8\ 000}{1\ 000\times 10}\times 100\%=80\%$$

计算结果表明，该公司生产经营能力利用程度至少达到80%以上才能盈利，否则会发生亏损。

2. 安全边际与安全边际率

安全边际是指实际或预计销售量（额）超过盈亏临界点销售量（额）的差额。安全边际越大，风险越低。安全边际可以用安全边际量和安全边际额表示，其计算公式为：

安全边际量=实际或预计销售量－盈亏临界点的销售量

安全边际额=实际或预计销售额－盈亏临界点的销售额

根据例4-1资料计算：

安全边际量=1 000－800=200（件）

安全边际额=1 000×10－8 000=2 000（元）

公司生产经营的安全性，也可以用安全边际率表示，即安全边际量（额）占实际或预计销售量（额）的百分比，其计算公式为：

$$安全边际率=\frac{安全边际量(额)}{实际或预计销售量(额)}\times 100\%$$

由于盈亏临界点将实际或预计销售分为两部分：一部分是盈亏临界点销售量（额）；另一部分是安全边际销售量（额）。即：

实际或预计销售量(额)=盈亏临界点销售量（额)+安全边际销售量（额）

上述等式两边除以“实际或预计销售量（额)”，则：

1=盈亏临界点作业率+安全边际率

根据例4-1资料计算：

$$安全边际率=\frac{2\ 000}{1\ 000\times 10}\times 100\%=20\%$$

或：

$$安全边际率=\frac{200}{1\ 000}\times 100\%=20\%$$

安全边际和安全边际率的数值越大，公司发生亏损的可能性越小，公司就越安全。安全边际率是相对指标，便于不同公司和不同行业比较。公司安全性的衡量数据如表4-3所示。

**表4-3　公司的安全程度与安全边际率**

| 安全边际率 | 40%以上 | 30%～40% | 20%～30% | 10%～20% | 10%以下 |
|---|---|---|---|---|---|
| 安全程度 | 很安全 | 安全 | 较安全 | 值得注意 | 危险 |

根据安全边际的概念可知，只有安全边际部分的销售才能为公司创造利润，而盈亏临界点的销售在扣除变动成本后恰好弥补固定成本。安全边际部分的销售减去相应变动成本后就是公司的息税前利润，即安全边际中边际贡献就等于公司利润。所以，息税前利润的计算公式可以表示为：

息税前利润=安全边际量×单位产品的边际贡献　　式4.1

$$\text{息税前利润}=\text{安全边际额}\times\text{边际贡献率} \quad \text{式 4.2}$$

将式 4.2 两边除以销售收入，可得：

$$\frac{\text{息税前利润}}{\text{销售收入}}=\frac{\text{安全边际额}}{\text{销售收入}}\times\text{边际贡献率}$$

$$\text{销售息税前利润率}=\text{安全边际率}\times\text{边际贡献率}$$

根据例 4-1 资料计算：

$$\text{息税前利润}=200\times(10-5)=1\ 000\ (\text{元})$$

或：

$$\text{息税前利润}=2\ 000\times\frac{10-5}{10}=1\ 000\ (\text{元})$$

$$\text{销售息税前利润率}=20\%\times50\%=10\%$$

## 四、保利分析

保利分析是基于本量利关系进行的实现既定目标利润的分析。公司经营的目的在于盈利而非保本，因此有必要在盈亏临界点分析的基础上，揭示公司为实现目标利润应达到的销售量和销售额。

### （一）保利量分析

保利量是公司实现既定的目标利润需要达到的销售数量，根据本量利的基本损益方程式，可得：

$$\text{保利量}=\frac{\text{目标息税前利润}+\text{固定成本}}{\text{单价}-\text{单位变动成本}}$$

### （二）保利额分析

保利额是公司实现既定的目标利润需要达到的销售额。保利额计算可以直接根据保利量乘以单价计算，也可以根据边际贡献率方程式计算，即：

$$\text{保利额}=\frac{\text{目标息税前利润}+\text{固定成本}}{\text{边际贡献率}}$$

根据例 4-1 资料，如预计实现目标息税前利润是 2 000 元，则：

$$\text{保利量}=\frac{2\ 000+4\ 000}{10-5}=1\ 200\ (\text{件})$$

$$\text{保利额}=\frac{2\ 000+4\ 000}{50\%}=12\ 000\ (\text{元})$$

或：

$$\text{保利额}=1\ 200\times10=12\ 000\ (\text{元})$$

## 五、盈亏临界图

盈亏临界图也称为本量利关系图，是指围绕盈亏临界点，将成本、销售量和利润关系直接反映在直角坐标系中。用图形表达本量利关系，不仅形象、直观、易于理解，更有助于决策者在经营管理中提高预见性和主动性。

分析者可根据不同目的及掌握的不同资料绘制不同形式的盈亏临界图。通常有基本式、边际贡献式、量利式三种。

## （一）基本式

基本式的盈亏临界图的绘制方法如下：

（1）在直角坐标系中，以横轴表示销售量，以纵轴表示成本和销售收入。

（2）绘制固定成本线。在纵轴上确定固定成本的数值，并以此为起点，绘制一条平行于横轴的直线，即固定成本线。

（3）绘制销售总收入线。以坐标原点为起点，并在横轴上任取一个整数销售量，计算其销售收入，在坐标图上找出与之相对应的纵轴交叉点，连接这两点就可画出销售总收入线。

（4）绘制总成本线。在横轴上取一个销售量并计算其总成本，在坐标上标出该点，然后将纵轴上的固定成本点与该点连接便可画出总成本线。

（5）销售总收入线与总成本线的交点即盈亏临界点。

假设M公司生产和销售单一产品，销售单价为60元，正常销售量为3 000件，固定成本总额为50 000元，单位变动成本为35元。该公司的基本式盈亏临界图如图4-5所示。

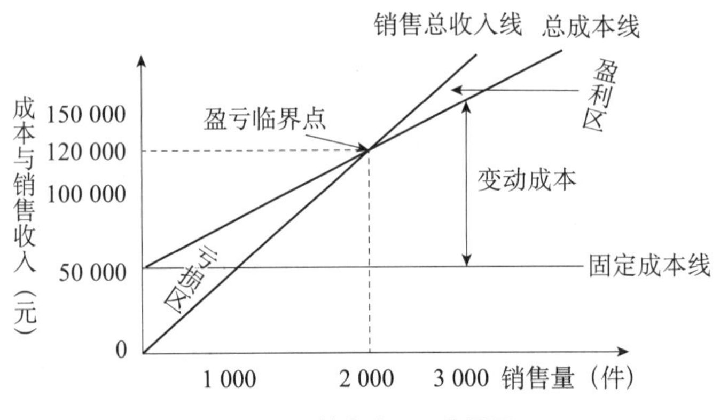


**图4-5　基本式盈亏临界图**

图4-5从动态上集中而又形象地反映了销售量、成本与利润之间的相互关系，从中可以得出以下几条基本规律：

（1）盈亏临界点不变，销售量越大，能实现的利润越多，或亏损越少；销售量越小，能实现的利润越少，或亏损越多。

（2）销售量不变，盈亏临界点越低，能实现的利润就越多，或亏损越少；反之，盈亏临界点越高，能实现的利润就越少，或亏损越多。

（3）在销售总成本既定的条件下，盈亏临界点受销售单价变动的影响。单价越高，表现为销售总收入线的斜率越大，盈亏临界点就越低；反之，盈亏临界点就越高。

（4）在销售总收入既定的条件下，盈亏临界点的高低取决于固定成本和单位变动成本的多少。固定成本越多，或单位产品的变动成本越多，盈亏临界点就越高；反之，盈亏临界点就越低。

## （二）边际贡献式

边际贡献式盈亏临界图的绘制方法是先确定销售总收入线和变动成本线，在纵轴上确定固定成本值并以此为起点画一条与变动成本平行的直线，即为总成本线，它与销售总收入线的交点为盈亏临界点。

根据上述 M 公司的数据所绘制的边际贡献式盈亏临界图如图 4-6 所示。

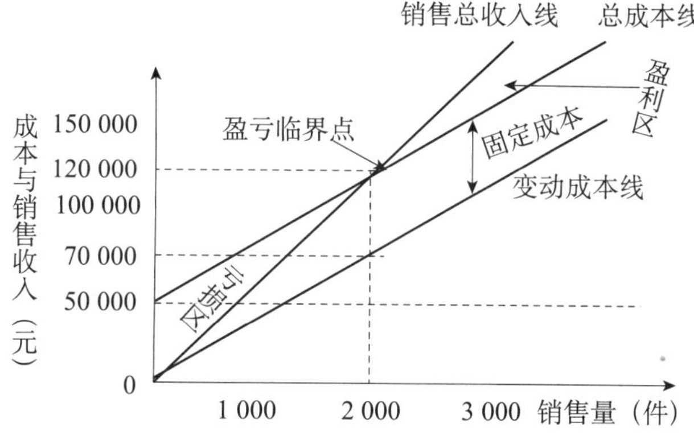


**图 4-6　边际贡献式盈亏临界图**

边际贡献式与基本式盈亏临界图的主要区别在于：边际贡献式盈亏临界图将固定成本置于变动成本之上，形象地反映边际贡献的形成过程和构成，即产品的销售收入减去变动成本以后就是边际贡献，边际贡献再减去固定成本便是利润。而基本式盈亏临界图的固定成本线平行于横轴，表明固定成本在相关范围内稳定不变的特征。

## （三）量利式

量利式盈亏临界图也称为利润图，仅仅反映销售量与利润之间的依存关系，是一种简化的盈亏临界图。该图的绘制方法如下：

（1）在直角坐标系中，横轴表示销售量或销售额，纵轴表示利润或亏损。

（2）在纵轴利润为零的点上画一条水平线，代表损益平衡线。

（3）在纵轴上标出固定成本点，该点即销售量为零时的亏损额。

（4）在横轴上任取一整数销售量，并计算在该销售量水平下的损益数，并以此在坐标图中再确定一点，连接该点与固定成本点，便可画出利润线。

（5）利润线与损益平衡线的交点即为盈亏临界点。

根据上述 M 公司的数据，则量利式盈亏临界图如图 4-7 所示。

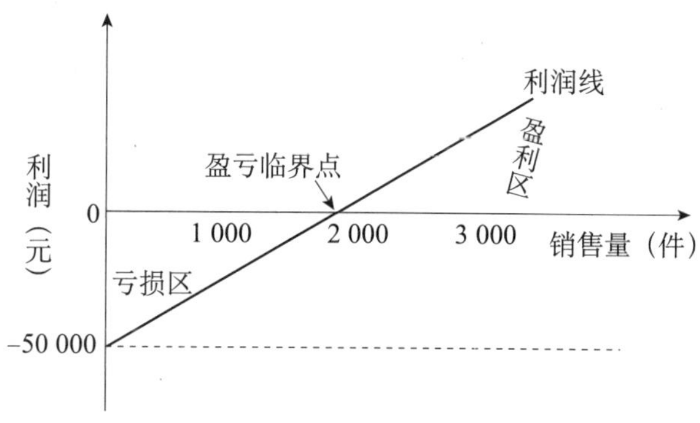


**图 4-7　量利式盈亏临界图**

从图 4－7 中可以看出：

（1）当销售量为零时，公司的亏损额即为固定成本。

（2）当产品的销售价格及成本水平不变时，销售量越大，利润越多，或亏损越少；反之，销售量越小，利润也越少，或亏损越多。

## 六、有关因素变动对盈亏临界点及实现目标利润影响的分析

根据盈亏临界点销售量的计算公式可知，盈亏临界点受单价、单位变动成本、固定成本的影响。因此，我们可以通过提高单价或降低单位变动成本和固定成本的方法来降低盈亏临界点销售量，以避免亏损或减少亏损。

**【例 4－2】** 设某公司生产销售一种产品，该产品销售价格为每件 8 元，变动成本为每件 4 元，全年固定成本为 60 000 元，目标利润为 48 000 元，则：

$$\text{盈亏临界点销售量}=\frac{60\ 000}{8-4}=15\ 000\text{（件）}$$

$$\text{实现目标利润的销售量}=\frac{60\ 000+48\ 000}{8-4}=27\ 000\text{（件）}$$

### （一）销售价格变动的影响

公司管理者经常面临应否提高销售单价或提高多少的决策问题。由于提高价格往往导致销量的下降，因此，管理者应掌握销售量下降多少还能实现目标利润的信息。

假定例 4－2 中产品的销售单价从原来的 8 元提高到 9 元，其他条件不变，则提价后：

$$\text{盈亏临界点的销售量}\ (Q_2)=\frac{60\ 000}{9-4}=12\ 000\text{（件）}$$

$$\text{实现目标利润的销售量}=\frac{60\ 000+48\ 000}{9-4}=21\ 600\text{（件）}$$

可见，提价将使盈亏临界点从原来的 15 000 件减少到 12 000 件，并使实现目标利润 48 000 元的销售量由原来的 27 000 件减少到 21 600 件。反映在盈亏临界图上，基于一定的成本水平，单价越高，销售总收入线的斜率越大，盈亏临界点越低（$Q_2$），同样的销售量实现的利润就越多，或亏损越少；单价越低，销售总收入线的斜率越小，盈亏临界点越高（$Q_3$），同样的销售量实现的利润就越少，或亏损越多，如图 4－8 所示。

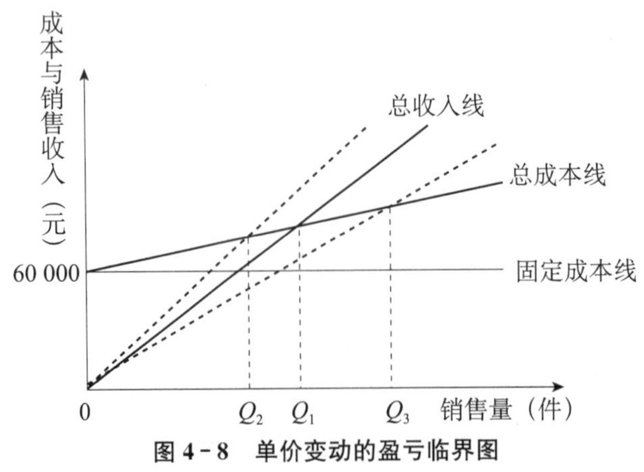


**图 4－8　单价变动的盈亏临界图**

### （二）变动成本变动的影响

激烈的市场竞争迫使公司必须依靠降低产品成本来保持或提高公司的利润水平。降低单位变动成本即主要的方法之一。

假设例 4-2 中，因公司使用更为便宜的原材料而使单位变动成本降低为 3 元，其他因素不变，则变动成本下降后将使公司的盈亏临界点由原来的 15 000 件减少到：

$$盈亏临界点销售量（Q_2）=\frac{60\ 000}{8-3}=12\ 000（件）$$

同时实现 48 000 元目标利润的销售量也由原来的 27 000 件减少到：

$$实现目标利润的销售量=\frac{60\ 000+48\ 000}{8-3}=21\ 600（件）$$

若单位变动成本增加，则新的总成本线的斜率大于原来的总成本线，使盈亏临界点提高为 $Q_3$。这一变动可用盈亏临界图来表示，如图 4-9 所示。

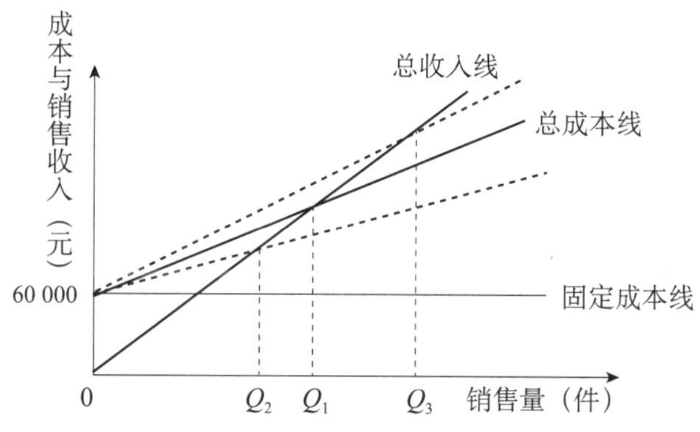


图 4-9 变动成本变动的盈亏临界图

### （三）固定成本变动的影响

为扩大产品的销量，公司通常会增加固定成本（如固定资产投资、广告费等），因此也将使公司的盈亏临界点受到影响。

假设例 4-2 中，公司准备增加 6 000 元广告费，其他条件不变，则增加这一固定成本后的盈亏临界点将由原来的 15 000 件增加到：

$$盈亏临界点销售量（Q_2）=\frac{60\ 000+6\ 000}{8-4}=16\ 500（件）$$

同时，实现 48 000 元目标利润的销售量也由原来的 27 000 件增加到：

$$实现目标利润的销售量=\frac{60\ 000+6\ 000+48\ 000}{8-4}=28\ 500（件）$$

当然，减少固定成本会使盈亏临界点下降为 $Q_3$。这一变动可用盈亏临界图来表示，如图 4-10 所示。

### （四）各有关因素同时变动的影响

以上讨论的本量利分析都是单因素分析，实际上，各因素往往是相互影响、相互作用的。例如，降低产品价格时往往会同时增加销售量，增加固定成本时通常会提高产品销售单价。

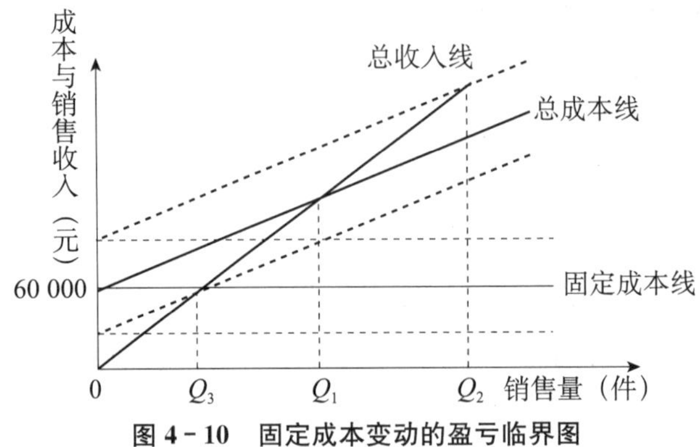


**图 4-10　固定成本变动的盈亏临界图**

假设例 4-2 中，在增加 6 000 元广告费的同时，使产品销售单价提高 1 元，则两者对盈亏临界点及实现目标利润的销售量的影响计算如下：

$$盈亏临界点销售量=\frac{60\ 000+6\ 000}{9-4}=13\ 200（件）$$

$$实现目标利润的销售量=\frac{60\ 000+6\ 000+48\ 000}{9-4}=22\ 800（件）$$

在完成预计销售量 27 000 件时，可多实现利润(27 000－22 800)×(9－4)＝21 000（元）。

由于单位产品提价 1 元足以补偿增加的固定成本，从而使盈亏临界点从原来的 15 000 件下降到 13 200 件，同时也使实现目标利润的销售量从 27 000 件下降到 22 800 件，可见，增加广告支出 6 000 元并提高单价 1 元的措施是可行的，其基本关系如图 4-11 所示。

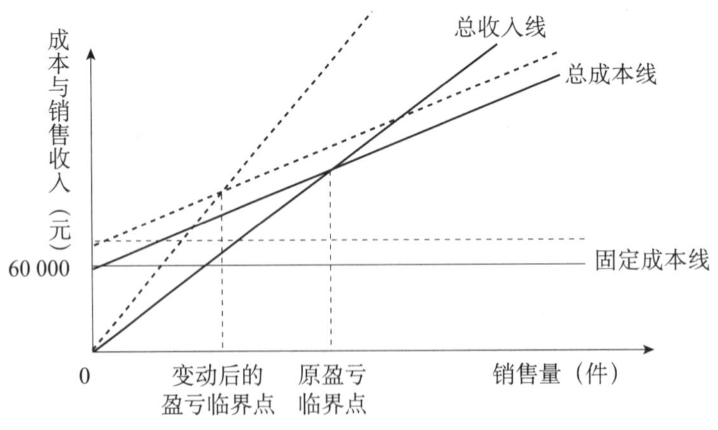


**图 4-11　固定成本与单价同时变动的盈亏临界图**

## 七、利润敏感性分析

利润敏感性分析是指从众多的影响因素中找出对利润有重要影响的敏感性因素，并分析、测算其对利润的影响程度和敏感性程度的一种分析方法。利润敏感性分析的主要内容包括：（1）分析公司由盈利转为亏损时各

因素变化的界限；（2）分析各因素对利润变化影响的敏感程度；（3）分析当个别因素变化时，如何保证原定目标利润的实现。

### （一）确定影响利润各变量的临界值

影响利润的主要因素有销售单价、单位变动成本、销售量和固定成本总额。这些变量变化到一定程度时，会使公司由盈利转为亏损。实际上，销售量与销售单价的最小允许值和单位变动成本与固定成本的最大允许值，就是盈亏临界值。

根据本量利关系的基本公式：

$$息税前利润=单价\times销售量-单位变动成本\times销售量-固定成本$$

当息税前利润等于 0 时，便可求得各变量的盈亏临界值。

**【例 4－3】** 假设某公司生产一种产品，销售单价为 2 元，单位变动成本为 1.2 元，全年固定成本预计 40 000 元，销售量计划为 100 000 件。

要求：计算单位变动成本和固定成本最大允许值、销售量和销售单价的最小允许值。

**【解析】** 根据已知数据，假设息税前利润等于 0，即可分别计算各因素的最大（最小）值。

**【答案】**（1）单位变动成本的最大允许值：

$$单位变动成本=\frac{100\ 000\times2-40\ 000}{100\ 000}=1.6（元）$$

即单位变动成本由 1.2 元上升到 1.6 元时，公司由盈利 40 000 元转为不盈不亏，若单位变动成本上升超过这个临界点，公司就转为亏损。

（2）固定成本的最大允许值：

$$固定成本=100\ 000\times(2-1.2)=80\ 000（元）$$

即固定成本最高只能为 80 000 元，超过就会发生亏损。

（3）销售量的最小允许值：

$$销售量=\frac{40\ 000}{2-1.2}=50\ 000（件）$$

即 50 000 件是销售量的临界值，小于 50 000 件就会发生亏损。

（4）销售单价的最小允许值：

$$销售单价=\frac{100\ 000\times1.2+40\ 000}{100\ 000}=1.6（元）$$

即销售单价不能低于 1.6 元，否则就会发生亏损。

### （二）敏感程度分析

销售单价、单位变动成本、销售量和固定成本这些因素的变化，都会对利润产生影响，但它们的敏感程度不同。有的因素只要有较小的变动就会引起利润较大的变动，这种因素称为强敏感因素；有的因素虽有较大的变动，但对利润的影响不大，称为弱敏感因素。测定各因素敏感程度的指标称为敏感系数，其计算公式是：

$$某因素的敏感系数=\frac{息税前利润变动百分比}{因素变动百分比}$$

通过计算敏感系数，管理者可以了解在影响利润的各因素中，哪些因素敏感程度强，哪些因素敏感程度弱，以便分清主次，及时采取调整措施，确保目标利润的完成。

**【例 4-4】** 在例 4-3 中，假设在原定的销售单价、单位变动成本、销售量和固定成本的基础上各增加 20%，计算各因素的敏感系数。

**【解析】** 首先，按照原定的销售单价、单位变动成本、销售量和固定成本计算息税前利润；其次，分别计算每个因素增加 20%时，预计的息税前利润，注意某一因素发生变化，假设其他因素不变；最后，用息税前利润变化百分比除以各因素变化百分比，即可计算每个因素的敏感系数。

**【答案】**

$$当前息税前利润=100\ 000\times(2-1.2)-40\ 000=40\ 000（元）$$

（1）计算销售单价的敏感系数。当销售单价增加 20%时：

$$销售单价=2\times(1+20\%)=2.4（元）$$

$$息税前利润=100\ 000\times(2.4-1.2)-40\ 000=80\ 000（元）$$

$$息税前利润变动百分比=\frac{80\ 000-40\ 000}{40\ 000}\times100\%=100\%$$

$$销售单价的敏感系数=\frac{100\%}{20\%}=5$$

（2）计算单位变动成本的敏感系数。当单位变动成本增加 20%时：

$$单位变动成本=1.2\times(1+20\%)=1.44（元）$$

$$息税前利润=100\ 000\times(2-1.44)-40\ 000=16\ 000（元）$$

$$息税前利润变动百分比=\frac{16\ 000-40\ 000}{40\ 000}\times100\%=-60\%$$

$$单位变动成本的敏感系数=\frac{-60\%}{20\%}=-3$$

（3）计算销售量的敏感系数。当销售量增加 20%时：

$$销售量=100\ 000\times(1+20\%)=120\ 000（件）$$

$$息税前利润=120\ 000\times(2-1.2)-40\ 000=56\ 000（元）$$

$$息税前利润变动百分比=\frac{56\ 000-40\ 000}{40\ 000}\times100\%=40\%$$

$$销售量的敏感系数=\frac{40\%}{20\%}=2$$

（4）计算固定成本的敏感系数。当固定成本增加 20%时：

$$固定成本=40\ 000\times(1+20\%)=48\ 000（元）$$

$$息税前利润=100\ 000\times(2-1.2)-48\ 000=32\ 000（元）$$

$$息税前利润变动百分比=\frac{32\ 000-40\ 000}{40\ 000}\times100\%=-20\%$$

$$固定成本的敏感系数=\frac{-20\%}{20\%}=-1$$

将上述四个因素按其敏感系数（绝对值）大小排列，其顺序依次是：销售单价、单位变动成本、销售量和固定成本。即对利润影响程度最大的是销售单价，影响程度最小的是固定成本。其中敏感系数为正（负），表明它与利润呈同（反）向变动。

# 第二节　短期预算

为充分地利用公司有限的人力、物力和财力资源，实现公司长期决策和短期决策的既定目标，就必须对经营活动的全过程有一个规划。公司的各职能部门必须协调行动，用编制预算的方法来计划与控制公司未来的经济活动。所谓预算，就是用货币单位表示的财务计划，它是用货币的形式来反映公司未来某一特定期间的有关现金收支、资金需求、资金融通、营业收入、成本及财务状况和经营成果等方面的详细计划。

## 一、全面预算体系

全面预算反映的是公司未来某一特定时期的全部生产、经营活动的财务计划。它以销售预算为起点，进而对生产、成本及现金收支等各个方面进行预测，并在这些预测的基础上，编制出一套预计利润表和预计资产负债表，以反映公司在未来期间的经营成果和财务状况。通常，一个完整的全面预算应包括特种决策预算、营业预算和财务预算。全面预算体系的构成如图 4-12 所示。

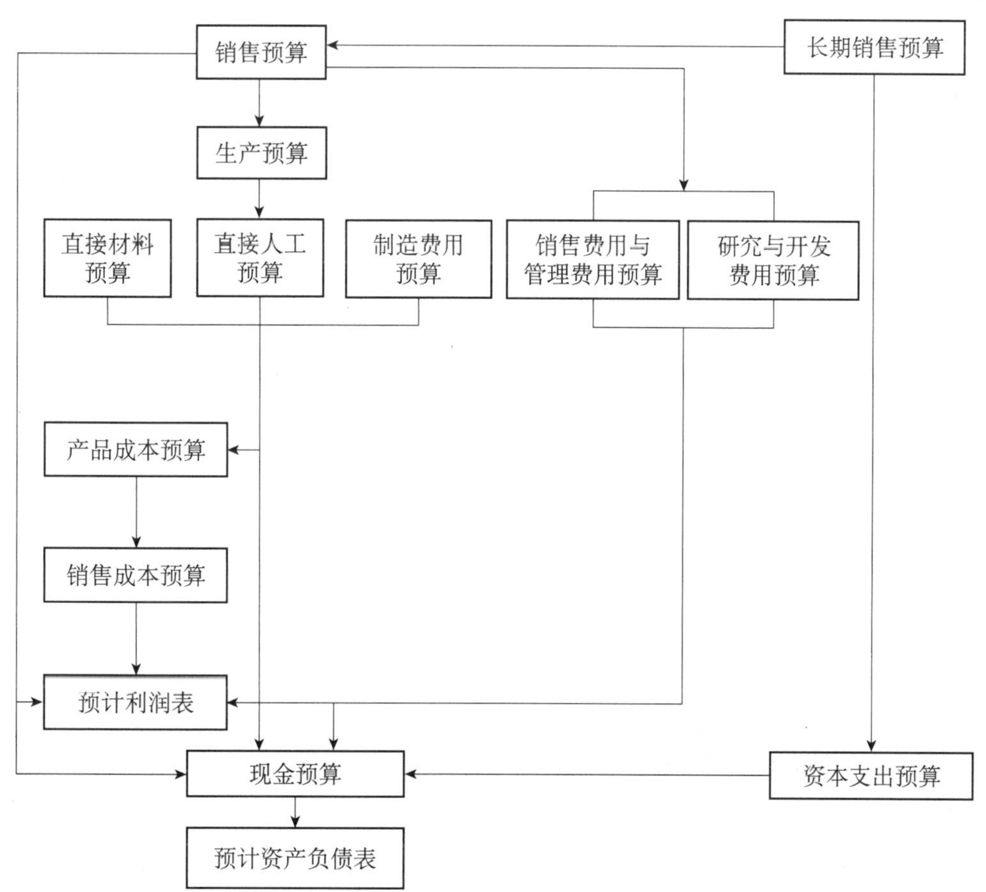


**图 4-12　全面预算体系**

特种决策预算最能直接体现决策的结果，它实际上是选中方案的进一步规划，如资本支出预算主要涉及长期投资的预算，是指公司不经常发生的预算，例如固定资产的购置、改建、更新，其编制可以追溯到决策之前搜集到的有关资料，只不过预算比决策更细致、更精确一些。

营业预算是指与公司日常经营活动直接相关的经营业务的各种预算。具体包括销售预算、生产预算、直接材料预算、直接人工预算、制造费用预算、产品成本预算、销售及管理费用预算等，这些预算既有实物量指标，又有价值量指标，前后衔接，相互联系。

财务预算是与公司现金收支、经营成果和财务状况有关的各种预算。作为全面预算的最后环节，可以在价值方面总括地反映特种决策预算与各种营业预算的结果，具体包括现金预算、预计利润表和预计资产负债表。

## 二、全面预算的编制方法

全面预算的构成比较复杂，编制预算需要采用适当方法。常用的预算编制方法有以下几种。

### （一）固定预算

固定预算又称静态预算，是指根据预算期内正常的可能实现的某一业务活动水平而编制的预算。其主要特点是：(1) 预算内容以预定的某一固定的业务量水平为基础，一般不考虑预算期内业务量水平的变化，编制过程比较简单。(2) 将实际结果与所确定的固定预算中的数据进行比较分析，并据以进行业绩评价与考核。

利用固定预算控制实际业务水平与预期业务水平一致（即业务量水平比较稳定）的公司比较合适。但是，如果用固定预算衡量业务量水平经常变动公司的经营成果，公司的实际执行结果与预期业务量水平就会相差很多，就不太合适。

### （二）弹性预算

弹性预算，是指在成本性态分析的基础上，依据业务量、成本和利润之间的关系，按照预算期内可预见的各种业务量而编制不同水平的预算。其主要特点是：(1) 它按预算期内某一相关范围内可预见的多种业务活动水平确定不同的预算，也可按实际业务活动水平调整其预算；(2) 实际业务量发生后，将实际指标与实际业务量相应的预算进行对比，使预算执行情况的评价与考核建立在更加可比的基础上，更好发挥预算控制的作用。

理论上，该方法适用于编制全面预算中所有与业务量有关的预算，但实务中主要用于编制成本费用预算和利润预算，尤其是成本费用预算。

### （三）增量预算

增量预算，是指以基期现有的水平为基础，根据预算期业务量水平及有关影响因素的变动情况，通过调整基期项目和数额而编制的预算。这种方法的基本假定是：(1) 公司现有的每项活动都是公司不断发展所必需的；(2) 在未来预算期内公司至少必须以现有费用水平继续存在；(3) 现有费用已得到有效的利用。因此，这种方法是以承认现实的基本合理性作为出发点，从而使原来不合理的费用开支也可能继续存在下去，甚至有增无减，造成资本的巨大浪费。

### （四）零基预算

零基预算，是指以零为基数编制的预算。在编制预算时，对于所有的预算支出均以零为基础，不考虑以往任何情况，对每项内容都根据生产经营的客观需要和一定期间内资金供应的实际情况做出估计，分别提出预算方案，并对每个预算方案进行成本效益分析，按重要程度对预算方案进行排序，从而对公司有限的经济资源进行优化配置和分配，形成最终的预算。

零基预算法的优点：（1）合理、有效地进行资源分析；（2）有助于公司内部的沟通与协调，激发各基层单位参与预测编制的积极性和主动性；（3）目标明确，可区别方案的轻重缓急；（4）有助于提高管理人员的投入产出意识。

零基预算法的缺点：（1）工作量较大；（2）可能具有不同程度的主观性，容易引起部门间的矛盾。

### （五）定期预算

定期预算，是指以固定不变的会计期间作为预算期间编制预算的方法。

定期预算法的优点：可以保证预算期间和会计期间在时期上的配比，便于将会计报告数据与预算进行比较，考核和评价预算的执行结果。

定期预算法的缺点：不利于前后各期间预算的衔接，不能适应连续不断的业务活动过程的预算管理。

### （六）滚动预算

滚动预算，是指在上期预算完成的基础上，调整和编制下期预算，并按固定预算期间和滚动频率连续向后滚动编制的预算。

滚动预算法的优点：（1）使预算期间依时间顺序向后滚动，能够保持预算的持续性，有利于考虑未来业务活动，实现近期目标与长期目标的结合；（2）预算随时间变化而不断地被修订与调整，使其更适应实际情况，有利于发挥预算的指导和控制作用。

**相关链接**

**从开车技术如何洞察你的企业管理水平？**

一个经理做事，既要控制眼前，还要规划未来。大部分企业过分关注机会导向，总是管理眼前，对未来没有办法。就如判断一个人车开得好不好，不在于他刹车是否用得多，也不在于他的动作是否熟练，而是能不能提前减速。每一脚刹车都是成本，车子开得好的人，一定是用油门来控制速度。做企业也是这样，要抓得住今天，看得到明天，这样才能成为一个好的管理者。

## 三、营业预算编制

营业预算编制

### （一）销售预算

公司生产经营全面预算的编制通常要以销售预算为出发点，生产、材料采购、存货、费用等方面的预算，都要以销售预算为基础。销售预算又必须以销售预测为基础，根据未来期间预计的销售量和销售单价，即可求出预计销售收入：

预计销售收入＝预计销售量 × 预计销售单价

由于销售预算是其他预算的起点，而且销售收入是公司现金收入最主要的来源，因此，销售预算的准确程度对整个全面预算的科学合理性起着至关重要的作用。下面以A公司为例，介绍其2024年营业预算的编制。A公司2024年销售预算如表4-4所示。

**表4-4　A公司2024年度销售预算**

| 项目 | | 第一季度 | 第二季度 | 第三季度 | 第四季度 | 全年合计 |
|---|---|---|---|---|---|---|
| 预计销售量（万件） | | 1 100 | 1 000 | 900 | 1 160 | 4 160 |
| 销售单价（元/件） | | 8 | 8 | 8 | 8 | 8 |
| 预计销售收入（万元） | | 8 800 | 8 000 | 7 200 | 9 280 | 33 280 |
| 预计现金收入（万元） | 年初应收账款 | 1 400 | | | | 1 400 |
| | 第一季度销售收入 | 5 280 | 3 520 | | | 8 800 |
| | 第二季度销售收入 | | 4 800 | 3 200 | | 8 000 |
| | 第三季度销售收入 | | | 4 320 | 2 880 | 7 200 |
| | 第四季度销售收入 | | | | 5 568 | 5 568 |
| | 现金收入合计 | 6 680 | 8 320 | 7 520 | 8 448 | 30 968 |

从表4-4可见，该公司预计2024年销售4 160万件产品，第四季度达到销售的最高峰。销售预算通常还附有预算期间关于预计现金收入的计算，以便于现金预算的编制。假设A公司每季度销售收入中收到现金60%，其余40%的现金要到下季度才能收到。

### （二）生产预算

生产预算是在销售预算的基础上编制的，根据预计的销售量和预计的期初、期末产成品存货量，按产品分别计算出每一个产品的预计生产量，计算公式为：

预计生产量＝预计销售量＋预计期末产成品存货量－预计期初产成品存货量

从上式可以看出，期初、期末的存货量是生产预算的必要组成部分。但是，存货过多，会形成资金的积压，影响资金周转；存货过少，又会影响正常的销售活动，所以必须科学而合理地确定存货量。A公司2024年的生产预算如表4-5所示。

**表4-5　A公司2024年度生产预算**

| 项目 | 第一季度 | 第二季度 | 第三季度 | 第四季度 | 全年合计 |
|---|---|---|---|---|---|
| 预计销售量（万件） | 1 100 | 1 000 | 900 | 1 160 | 4 160 |
| 加：预计期末产成品存货（万件） | 150 | 135 | 174 | 175 | 175 |
| 合计 | 1 250 | 1 135 | 1 074 | 1 335 | 4 335 |
| 减：预计期初产成品存货（万件） | 165 | 150 | 135 | 174 | 165 |
| 预计生产量（万件） | 1 085 | 985 | 939 | 1 161 | 4 170 |

在表 4－5 中，假设各季度的期末产成品存货量按下一季度销售量的 15％ 计算，各季预计的期初存货与上季期末产成品存货量相等，年初有产成品存货 165 万件，年末留存产成品存货 175 万件。

### （三）直接材料预算

预计生产量确定以后，按照单位产品的直接材料消耗量，同时考虑预计的期初、期末的材料存货量，便可以编制直接材料预算：

$$\text{预计直接材料采购量}=\text{预计生产量}\times\text{单位产品耗用量}+\text{预计期末材料存货}-\text{预计期初材料存货}$$

$$\text{直接材料预计金额}=\text{预计直接材料采购量}\times\text{直接材料单价}$$

与生产预算相同，在编制直接材料预算时考虑期初、期末材料存货的目的在于：避免因材料存货不足而影响生产；或因材料存货过多而形成存货的积压和资金浪费。

在本例中，设单位产品的直接材料耗用量为 1.2 千克，每千克单价为 2 元。各季度的期末材料存货按下一季度生产需用量的 25％ 计算，各季预计的期初材料存货与上季末的材料存货相等，年末预计的材料存货为 340 万千克。在各季的材料采购货款中，有 60％ 在本季度付清，另外 40％ 在下季度付清，2023 年末的应付账款余额为 1 550 万元。据此，可编制 A 公司 2024 年度的直接材料预算，如表 4－6 所示。

**表 4－6　A 公司 2024 年度直接材料预算**

| 项目 | | 第一季度 | 第二季度 | 第三季度 | 第四季度 | 全年合计 |
|---|---|---|---|---|---|---|
| 预计生产量（万件） | | 1 085 | 985 | 939 | 1 161 | 4 170 |
| 单位产品材料用量（千克） | | 1.2 | 1.2 | 1.2 | 1.2 | 1.2 |
| 生产需用总量 | | 1 302 | 1 182 | 1 126.8 | 1 393.2 | 5 004 |
| 加：预计期末材料存货（万千克） | | 295.5 | 281.7 | 348.3 | 340 | 340 |
| 合计 | | 1 597.5 | 1 463.7 | 1 475.1 | 1 733.2 | 5 344 |
| 减：预计期初材料存货（万千克） | | 325.5 | 295.5 | 281.7 | 348.3 | 325.5 |
| 预计材料采购量（万千克） | | 1 272 | 1 168.2 | 1 193.4 | 1 384.9 | 5 018.5 |
| 材料单价（元/千克） | | 2 | 2 | 2 | 2 | 2 |
| 预计采购额（万元） | | 2 544 | 2 336.4 | 2 386.8 | 2 769.8 | 10 037 |
| 预计现金支出（万元） | 年初应付账款 | 1 550 | | | | 1 550 |
| | 第一季度采购额 | 1 526.4 | 1 017.6 | | | 2 544 |
| | 第二季度采购额 | | 1 401.84 | 934.56 | | 2 336.4 |
| | 第三季度采购额 | | | 1 432.08 | 954.72 | 2 386.8 |
| | 第四季度采购额 | | | | 1 661.88 | 1 661.88 |
| | 现金支出合计 | 3 076.4 | 2 419.44 | 2 366.64 | 2 616.6 | 10 479.08 |

表 4－6 中，附有预算期间关于预计现金支出的计算，这有助于现金预算的编制。

### （四） 直接人工预算

与直接材料预算相同，直接人工预算也以生产预算为基础编制。其计算公式为：

$$\text{预计的直接人工}=\text{预计生产量}\times\text{单位产品直接人工小时}\times\text{小时工资率}$$

在本例中，假设只有一个工种，单位产品的工时定额为 1.3 小时，每小时人工成本（单位工时工资率）为 1.50 元。各期需用的直接人工工时直接按当期预计的产成品产量计算。据此，可编制 A 公司 2024 年度的直接人工预算，如表 4－7 所示。

**表 4－7　A 公司 2024 年度直接人工预算**

| 项目 | 第一季度 | 第二季度 | 第三季度 | 第四季度 | 全年合计 |
|---|---|---|---|---|---|
| 预计生产量（万件） | 1 085 | 985 | 939 | 1 161 | 4 170 |
| 单位产品工时定额（小时） | 1.3 | 1.3 | 1.3 | 1.3 | 1.3 |
| 直接人工总工时（万小时） | 1 410.5 | 1 280.5 | 1 220.7 | 1 509.3 | 5 421 |
| 单位工时工资率（元） | 1.5 | 1.5 | 1.5 | 1.5 | 1.5 |
| 预计的直接人工成本（万元） | 2 115.75 | 1 920.75 | 1 831.05 | 2 263.95 | 8 131. 5 |

### （五） 制造费用预算

制造费用预算是除直接材料和直接人工以外的其他所有产品成本的计划。制造费用按其成本性态分为变动制造费用和固定制造费用两部分。固定制造费用可在上年基础上根据预期变动加以适当修正进行预计；变动制造费用根据预计生产量乘以单位产品预定分配率进行预计。

为了便于编制现金预算，还必须计算在制造费用方面预计的现金支出。制造费用中，除折旧费与摊销等费用外都须支付现金，应将这一项从中扣除。因此，制造费用预算为：

$$\begin{matrix}\text{预计需用现金}\\\text{支付的制造费用}\end{matrix}=\begin{matrix}\text{预计直接}\\\text{人工小时}\end{matrix}\times\begin{matrix}\text{变动费用}\\\text{预计分配率}\end{matrix}+\begin{matrix}\text{预计固定}\\\text{制造费用}\end{matrix}-\text{折旧与摊销}$$

在本例中，假设经有关部门的测算，A 公司 2024 年的制造费用各项目的数据如表 4－8 所示。

**表 4－8　A 公司 2024 年度制造费用预算**

<table>
<tr><th colspan="2">成本明细项目</th><th>金额（万元）</th><th>预计的现金支出（万元）</th></tr>
<tr><td rowspan="6">变动制造费用</td><td>间接人工</td><td>1 050</td><td rowspan="6">变动制造费用：　3 252.6<br>固定制造费用：　3 252.6<br>减：折旧费　1 400<br>全年预计的现金支出：　5 105.2<br>每季平均的现金支出：　1 276.3</td></tr>
<tr><td>间接材料</td><td>1 150</td></tr>
<tr><td>维修费</td><td>215</td></tr>
<tr><td>水电费</td><td>687.6</td></tr>
<tr><td>劳动保护费</td><td>150</td></tr>
<tr><td>合计</td><td>3 252.6</td></tr>
</table>

续表

| 成本明细项目 | | 金额（万元） | 预计的现金支出（万元） |
|---|---|---|---|
| 固定制造费用 | 折旧费 | 1 400 | 变动制造费用分配率＝3 252.6÷5 421＝0.6 元/工时（以直接人工总工时为标准）<br>固定制造费用分配率＝3 252.6÷5 421＝0.6 元/工时（以直接人工总工时为标准） |
| | 维修费 | 377.6 | |
| | 管理人员工资 | 415 | |
| | 保险费 | 750 | |
| | 租赁费 | 310 | |
| | 合计 | 3 252.6 | |

## （六）产品成本预算

产品成本预算是指销售预算、生产预算、直接材料预算、直接人工预算、制造费用预算的汇总。其主要内容是产品的单位成本和总成本。单位产品成本的有关数据来自前述三个预算。生产量、期末存货量来自生产预算，销售量来自销售预算。生产成本、存货成本和销货成本等数据，根据单位成本和有关数据计算得出。

在本例中，A 公司 2024 年度的产品成本预算如表 4－9 所示。

**表 4－9　产品成本预算表**

| 项目 | 单位成本 | | | 生产成本（万元） | 期末存货（万元） | 销货成本（万元） |
|---|---|---|---|---|---|---|
| | 每千克或每小时 | 投入量 | 成本（元） | **4 170 万件** | **175 万件** | **4 160 万件** |
| 直接材料 | 2 | 1.2 | 2.4 | 10 008 | 420 | 9 984 |
| 直接人工 | 1.5 | 1.3 | 1.95 | 8 131.50 | 341.25 | 8 112 |
| 变动制造费用 | 0.6 | 1.3 | 0.78 | 3 252.6 | 136.5 | 3 244.8 |
| 固定制造费用 | 0.6 | 1.3 | 0.78 | 3 252.6 | 136.5 | 3 244.8 |
| 合计 | | | 5.91 | 24 644.7 | 1 034.25 | 24 585.6 |

## （七）销售与管理费用预算

销售与管理费用预算包括预算期内将发生的各项经营性的期间费用。如果各费用项目的数额比较大，则可以分别编制销售费用和管理费用预算。其编制方法一般也根据成本性态进行。

在本例中，经有关部门的测算，A 公司 2024 年度的销售与管理费用预算如表 4－10 所示。

**表 4－10　A 公司 2024 年度销售与管理费用预算**

| 项目 | 金额（万元） |
|---|---|
| 销售费用： | |

续表

| 项目 | | 金额（万元） |
|---|---|---|
| 销售人员工资 | | 125 |
| 广告费 | | 275 |
| 运输费 | | 150 |
| 保管费 | | 150 |
| 管理费用： | | |
| 管理人员工资 | | 250 |
| 办公费 | | 175 |
| 职工培训费 | | 75 |
| 保险费 | | 125 |
| 合计 | | 1 325 |
| 预计现金支出 | 全年预计的现金支出<br>每季平均的现金支出 | 1 325<br>331.25 |

## 四、财务预算编制

财务预算编制

财务预算是企业的综合预算，包括现金预算、预计利润表和预计资产负债表。

### （一）现金预算

现金预算是指所有有关现金收支预算的汇总，一般由现金收入、现金支出、现金余缺，以及资金的筹集与运用四个部分组成。其基本关系为：

期末现金余额＝期初现金余额＋现金收入－现金支出＋资金的筹集（减：运用）

现金预算是公司现金管理的重要工具，它有助于公司合理地安排和调动资金。

在本例中，A公司在预算期内还将发生下列经济业务：每季度预交所得税500万元；每季度支付现金股利400万元；第四季度出售一台设备，价款500万元；第二季度和第四季度分别购入一套生产设备，价款分别为1 450万元和1 250万元；该公司规定现金的最低期末余额为100万元，年初现金余额为150万元。

根据有关资料，可编制A公司2024年度的现金预算，如表4-11所示。

**表4-11　A公司2024年度现金预算**　　单位：万元

| 项目 | 第一季度 | 第二季度 | 第三季度 | 第四季度 | 全年合计 |
|---|---|---|---|---|---|
| 期初现金余额 | 150 | 100.3 | 101.56 | 110.07 | 150 |
| 产品销售收入 | 6 680 | 8 320 | 7 520 | 8 448 | 30 968 |
| 固定资产变价收入 | | | | 500 | 500 |
| 可供使用现金 | 6 830 | 8 420.3 | 7 621.56 | 9 058.07 | 31 618 |

续表

| 项目 | 第一季度 | 第二季度 | 第三季度 | 第四季度 | 全年合计 |
|---|---|---|---|---|---|
| 现金支出 | | | | | |
| 直接材料 | 3 076.4 | 2 419.44 | 2 366.64 | 2 616.6 | 10 479.08 |
| 直接人工 | 2 115.75 | 1 920.75 | 1 831.05 | 2 263.95 | 8 131.5 |
| 制造费用 | 1 276.3 | 1 276.3 | 1 276.3 | 1 276.3 | 5 105.2 |
| 销售与管理费用 | 331.25 | 331.25 | 331.25 | 331.25 | 1 325 |
| 营业现金支出合计 | 6 799.7 | 5 947.74 | 5 805.24 | 6 488.1 | 25 040.78 |
| 购入机器设备 | | 1 450 | | 1 250 | 2 700 |
| 所得税支出 | 500 | 500 | 500 | 500 | 2 000 |
| 股利支出 | 400 | 400 | 400 | 400 | 1 600 |
| 现金支出合计 | 7 699.7 | 8 297.74 | 6 705.24 | 8 638.1 | 31 340.78 |
| 现金余缺 | −869.7 | 122.56 | 916.32 | 419.97 | 277.22 |
| 向银行借款 | 970 | | | | 970 |
| 偿还银行借款 | | 20 | 750 | 200 | 970 |
| 银行借款利息 | | 1 | 56.25 | 20 | 77.25 |
| 期末现金余额 | 100.3 | 101.56 | 110.07 | 199.97 | 199.97 |

“可供使用现金”部分包括期初现金余额和预算期现金收入，产品销售取得的现金收入是其主要来源。期初现金余额来自上年末资产负债表，产品销售收入的数据来自销售预算，固定资产变价收入来自假设条件。

“现金支出”部分包括预算期的各项支出。直接材料、直接人工、制造费用、销售与管理费用的数据分别来自前述的有关预算。此外，还包括购入机器设备、所得税支出和股利支出等，有关数据分别来自假设条件。

“现金余缺”部分分别列示可供使用现金减去现金支出的差额。如果差额大于要求的最低现金余额，则可用多余的现金偿还过去的银行借款，或用于短期投资。如果差额小于要求的最低现金余额，有短期投资的，出售短期投资收回现金，仍不足时，再向银行借款，以满足最低现金余额要求。本例中，假设借款在期初，还款在期末，借款金额和偿还本金均要求是 10 万元的整数倍，利息采用利随本清方式支付，年利率是 10%，则第一季度借款额为：

借款额＝最低现金余额＋现金不足额＝100＋869.7＝969.7（万元）

按照 10 万元的整数倍，应该借款 970 万元。

第二季度现金多余，可用于偿还借款。第二季度末偿还本金 20 万元，即借款期限为 6 个月，则应该归还的借款本金和利息为：

$$20+20\times10\%\times\frac{6}{12}=21\text{（万元）}$$

第三季度现金多余，可用于偿还借款。第三季度末偿还本金 750 万元，借款期限 9 个月，则应该归还的借款本金和利息为：

$$750+750\times10\%\times\frac{9}{12}=806.25\text{（万元）}$$

第四季度现金多余，可用于偿还借款。第四季度末偿还本金 200 万元，借款期限 12

个月，则应该归还的借款本金和利息为：

200＋200×10％＝220（万元）

### （二）预计利润表

预计利润表是在上述各营业预算的基础上，按照权责发生制原则进行编制的。预计利润表是整个预算过程中的一个重要环节，它可以揭示公司预期的盈利情况，从而有助于管理者及时调整经营策略。

A公司2024年度的预计利润表如表4-12所示。

**表4-12　A公司预计利润表**

2024年度　　单位：万元

| 项目 | 金额 |
|---|---|
| 销售收入 | 33 280 |
| 销售成本 | 24 585.6 |
| 销售与管理费用 | 1 325 |
| 利息支出 | 77.25 |
| 利润总额 | 7 292.15 |
| 所得税费用 | 2 000 |
| 净利润 | 5 292.15 |

其中，“销售收入”项目的数据来自销售预算表；“销售成本”项目的数据来自产品成本预算；“销售与管理费用”项目的数据来自销售与管理费用预算；“利息支出”项目的数据来自现金预算。“所得税费用”项目来自假设条件，并已经列入现金预算。

### （三）预计资产负债表

预计资产负债表反映公司预算期末各账户预计余额。其编制方法是在公司期初资产负债表的基础上，结合营业预算、现金预算和预计利润表进行编制。预计资产负债表是全面预算体系的最后环节。

A公司2024年的预计资产负债表如表4-13所示。

**表4-13　A公司预计资产负债表**

2024年12月31日　　单位：万元

| 资产 | 年初金额 | 年末金额 | 负债及股东权益 | 年初金额 | 年末金额 |
|---|---|---|---|---|---|
| 流动资产 | | | 流动负债 | | |
| 现金 | 150 | 199.97 | 应付账款 | 1 550 | 1 107.92 |
| 应收账款 | 1 400 | 3 712 | | | |
| 直接材料 | 651 | 680 | | | |
| 产成品 | 975.15 | 1 034.25 | | | |
| 合计 | 3 176.15 | 5 626.22 | 合计 | 1 550 | 1 107.92 |

续表

| 资产 | 年初金额 | 年末金额 | 负债及股东权益 | 年初金额 | 年末金额 |
|---|---|---|---|---|---|
| 固定资产 | | | 股东权益 | | |
| 房屋及建筑物 | 7 504.95 | 7 504.95 | 股本 | 11 066 | 11 066 |
| 生产设备 | 9 950 | 12 150 | 未分配利润 | 4 840.1 | 8 532.25 |
| 运输设备 | 1 000 | 1 000 | | | |
| 累计折旧 | −4 175 | −5 575 | | | |
| 合计 | 14 279.95 | 15 079.95 | 合计 | 15 906.1 | 19 598.25 |
| 总计 | 17 456.1 | 20 706.17 | 总计 | 17 456.1 | 20 706.17 |

“应收账款”是根据销售预算表计算得出的：

期末应收账款＝本期销售额×(1－本期收现率)

＝9 280 ×(1－60%)

＝3 712 (万元)

“应付账款”是根据直接材料预算表计算得出的：

期末应付账款＝本期采购额 ×(1－本期付现率)

＝2 769.8 ×(1－60%)

＝1 107.92 (万元)

“未分配利润”是根据现金预算和预计利润表计算得出的：

期末未分配利润＝期初未分配利润＋本期净利润－本期股利

—4 840.1＋ 5 292.15　1 600

＝8 532.25 (万元)

## 本章小结

成本性态也称成本习性，是指成本与业务量的依存关系。成本与业务量的依存关系是客观存在的，而且具有规律性。按成本性态可以将公司的全部成本分为固定成本、变动成本和混合成本。

盈亏临界点是指公司销售收入和成本相等的经营状态，即边际贡献等于固定成本时公司处于不盈利也不亏损的状态。公司的销售收入扣减变动成本总额以后得到的边际贡献，如果刚好可以补偿固定成本，则公司处于不盈不亏状态，此时的销售量就是盈亏临界点的销售量，也叫保本点的销售量。

安全边际是指实际或预计销售量（额）超过盈亏临界点销售量（额）的差额，表示方法有安全边际量（额）和安全边际率。

分析者可根据不同目的及掌握的不同资料绘制成不同形式的盈亏临界图。通常有基本式、边际贡献式、量利式三种。

盈亏临界点受产品的单价、单位变动成本和固定成本等因素的影响。

利润敏感性分析是指从众多的影响因素中找出对利润有重要影响的敏感性因素，并分析、测算其对利润的影响程度和敏感性程度的一种分析方法。

全面预算反映的是公司未来某一特定时期的全部生产、经营活动的财务计划。主要编制方法有固定预算、弹性预算、增量预算、零基预算、定期预算和滚动预算。全面预算一般包括特种决策预算、营业预算和财务预算三大类内容。

## 思考题

1. 什么是固定成本和变动成本？试举例说明。
2. 什么是盈亏临界点、盈亏临界点作业率、安全边际和安全边际率，如何计算？
3. 如何绘制盈亏临界图？
4. 实现目标利润和盈亏临界点的影响因素有哪些？
5. 全面预算体系的内容包括哪些？
6. 阐述固定预算、弹性预算、增量预算、零基预算、定期预算和滚动预算的含义及特点。
7. 如何编制营业预算？
8. 如何编制财务预算？

## 在线自测

扫一扫　练一练

# 第五章　长期筹资方式与资本成本

## 第一节　长期筹资概述

### 一、长期筹资的内涵

长期筹资是公司筹集生产经营所需要的长期资金。长期资金包括权益资金和长期债务资金。权益资金不需要归还，公司可以长期使用，属于长期资金。长期借款和长期债券等长期债务资金虽然需要归还，但可以持续使用较长时间（通常在 1 年以上），也属于长期资金。

长期筹资数量的多少，应根据公司长期资本的需要量确定。按照投资的时间结构安排长短期筹资，有利于降低公司的利率风险和偿债风险。如果使用短期债务筹资支持固定资产投资，则短期债务到期时，公司不仅要承担出售固定资产的偿债风险，还要承担短期利率变动的风险。如果使用长期筹资支持长期资产投资，则可以避免上述风险。

### 二、预测筹资数量——销售百分比法

销售百分比法是指假设经营资产和经营负债与销售收入存在稳定的百分比关系，根据预计的销售收入和相应的百分比预计经营资产和经营负债，然后确定筹资需求的一种财务预测方法。具体的计算方法有两种：一种是先根据销售总额预计经营资产和经营负债，然后根据会计恒等式确定筹资需求；另一种是根据销售增加额预计经营资产、经营负债增加额，然后确定外部筹资需求。下面分别介绍这两种方法。

销售百分比法

#### （一）根据销售总额确定外部筹资需求

**【例 5－1】**甲公司 2023 年的实际销售收入为 200 000 元，销售净利率为 15%，现在还有剩余生产能力，即增加销售收入不需要增加固定资产投资。该公司 2024 年预计销售收入为 250 000 元，销售净利率不变，公司股利支付率为 60%。假设 2023 年各项经营资产（固定资产除外）和经营负债占销售收入的百分比（见表 5－1）在 2024 年可以持续，以 2023 年为基期，采用销售百分比法进行外部筹资需求预测。

**表 5－1　甲公司外部筹资需求预计**　　金额单位：万元

| 项目 | 2023 年 | 各项目占销售收入百分比 | 2024 年 | 增加额 |
|---|---|---|---|---|
| 现金 | 4 000 | 2% | 5 000 | 1 000 |

续表

| 项目 | 2023 年 | 各项目占销售收入百分比 | 2024 年 | 增加额 |
| --- | --- | --- | --- | --- |
| 应收账款 | 56 000 | 28% | 70 000 | 14 000 |
| 存货 | 60 000 | 30% | 75 000 | 15 000 |
| 固定资产 | 80 000 | 不变动 | 80 000 | — |
| 资产总计 | 200 000 | 60% | 230 000 | 30 000 |
| 应付职工薪酬 | 10 000 | 5% | 12 500 | 2 500 |
| 应付账款 | 26 000 | 13% | 32 500 | 6 500 |
| 短期借款 | 24 000 | 不变动 | 24 000 | — |
| 应付债券 | 40 000 | 不变动 | 40 000 | — |
| 负债合计 | 100 000 | 18% | 109 000 | 9 000 |
| 股本 | 80 000 | 不变动 | 80 000 | — |
| 未分配利润 | 20 000 | | 35 000 | 15 000 |
| 外部筹资需求 | | | 6 000 | 6 000 |
| 负债与股东权益合计 | 200 000 | | 230 000 | 30 000 |

**【解析】**将预计随着销售收入变动而变动的项目区分出来。不同公司的销售额变动引起资产和负债变化的项目是不同的，需要根据历史数据逐项研究确定。在本例中，除固定资产外各项资产均随销售的增加而增加，因为较多的销售需要占用较多的存货，发生较多的应收账款，导致现金需求增加。而应付职工薪酬和应付账款也会随着销售的增加而增加。但是短期借款、应付债券和股本不会自动增加。公司的净利润如果没有作为股利全部进行分配，则未分配利润也会有适当增加。在表 5－1 中，首先区分变动项目和不变项目。不变项目是不随销售的变动而变化的项目。对于变动项目要计算其占销售收入的百分比。

变动项目占销售收入百分比＝基期变动项目金额÷基期销售收入

根据 2023 年销售收入 200 000 元计算各变动项目的销售百分比，如表 5－1 的“各项目占销售收入百分比”栏。

2024 年的预计销售收入为 250 000 元，其预计的资金占用为 230 000 元，而通过负债（不增加外部负债筹资的情况下）可取得资金来源 109 000 元，因此，预计仍有 121 000 元资金需求缺口。其中一部分可以通过公司内部留存解决，2024 年净利润为 37 500 元（250 000×15%），公司股利支付率为 60%，则有 40%的净利润即 15 000 元（37 500×40%）被留存下来，所以，甲公司股东权益由原来的 100 000 元增加到 115 000 元，从资金需求缺口 121 000 元中减去 115 000 元的内部留存，则还需要有 6 000 元资金必须从公司外部进行筹集。

**【答案】**2024 年甲公司外部筹资需求预计如表 5－1 所示。即：

外部筹资需求＝230 000－109 000－100 000－250 000×15%×(1－60%)＝6 000（元）

### （二）根据销售增加额确定外部筹资需求

根据销售增加额，结合销售百分比和预计的股利支付率等，可以直接预测公司外部筹资需求。计算公式为：

$$\text{外部筹资需求}=\frac{A}{S_0}(\Delta S)-\frac{B}{S_0}(\Delta S)-PS_1(1-d)$$

式中：$A$—— 随销售变化的经营资产；

$B$—— 随销售变化的经营负债；

$S_0$—— 基期销售额；

$S_1$—— 预测期销售额；

$\Delta S$—— 销售增加额；

$P$—— 销售净利率；

$d$—— 股利支付率。

**【例 5-2】**沿用例 5-1 的资料，根据销售增加额确定外部筹资需求。

**【解析】**从表 5-1 中可以看到，变动资产项目和变动负债项目占销售收入的百分比分别是 60%和 18%，说明每增加 100 元销售收入，必须增加 60 元的资金占用，同时也增加 18 元的资金来源，即从 60%的资金需求中减去 18%自动产生的资金来源，还有 42%的资本需求。也就是说，甲公司每增加 100 元销售收入，必须取得 42 元的资金来源。在本例中，公司销售收入增加 50 000 元（250 000－200 000），按照 42%的比率预计将增加 21 000 元（50 000×42%）的资金需求。其中部分可以通过公司内部留存解决，2024 年的内部留存增加 15 000 元，从 21 000 元中减去 15 000 元，仍有 6 000 元资金必须从公司外部筹集。

**【答案】**

外部筹资需求＝60%×(250 000－200 000)－18%×(250 000－200 000)
－250 000×15%×(1－60%)
＝6 000（元）

### （三）外部筹资需求的敏感分析

沿用例 5-1 资料，甲公司销售净利率为 15%，2024 年预计销售额为 250 000 元。股利支付率是 60%，则外部筹资需求为 6 000 元。

如果股利支付率改为 100%，则外部筹资需求为：

60%×50 000－18%×50 000－250 000×15%×(1－100%)＝21 000（元）

仍沿用例 5-1 资料，如果将销售净利率改为 10%，2024 年预计销售额仍为 250 000 元，股利支付率为 60%，则外部筹资需求为：

60%×50 000－18%×50 000－250 000×10%×(1－60%)＝11 000（元）

可见，外部筹资需求的多少，不仅取决于销售的增长，还要看股利支付率和销售净利率。在净利润大于零的情况下，股利支付率越高，外部筹资需求越大；在股利支付率小于 1 的情况下，净利润越大，外部筹资需求越少。股利支付率、销售净利率与筹资需求的关系如图 5-1 所示。

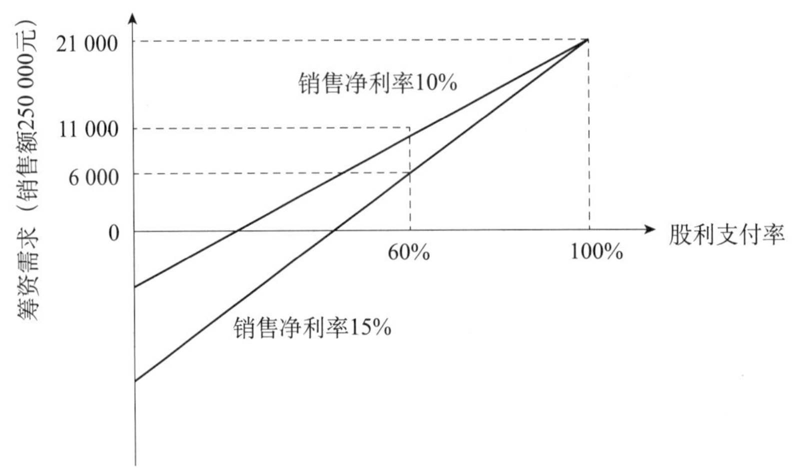


**图 5-1 股利支付率、销售净利率与筹资需求的关系**

## （四）增长模型

为了保证公司的健康发展，必须做好销售目标与经营效率及财务政策方面的平衡工作。否则，公司盲目追求过快增长，可能会因为财务资源的限制而失败。增长模型就是确定一个增长率，即确定与公司实际和金融市场状况相适应的增长率。增长模型是一种有效的财务预测工具，最常用的增长率有以下两种。

1. 内含增长率

销售增长引起资本需求的增长，通过两种途径来满足：一是内部留存收益的增加；二是外部筹资（包括借款和股权筹资，但不包括负债的自然增长）。如果不能或不打算从外部筹资，则只能靠留存收益的增加，从而限制了销售的增长。此时的销售增长率称为内含增长率。

内含增长率模型假设销售增长的资本来源靠留存收益的增加，公司的销售净利率、股利支付率、变动的经营资产项目与变动的经营负债项目占销售收入的百分比均为常数。根据内含增长率的含义，其计算公式为：

$$g=\frac{P(1-d)}{\left(\frac{A}{S_0}-\frac{B}{S_0}\right)-P(1-d)}$$

从公式可以看出，内含增长率（不使用外部筹资的最大增长可能性）与销售净利率正相关，与股利支付率负相关。

沿用例 5-1 资料，甲公司在不进行外部筹资的前提下，能够实现的最大增长率是：

$$g=\frac{15\%\times(1-60\%)}{(60\%-18\%)-15\%\times(1-60\%)}=16.7\%$$

该公司内部留存收益的增加所解决的资本要求能够使其销售增长率维持在 16.7%的水平，如果公司的实际销售增长率超过 16.7%，就必须从外部进行筹资。

2. 可持续增长率

可持续增长率是指在不发行新股并保持目前的经营效率（即不改变销售净利率和资产

周转率）和财务政策（即不改变产权比率和留存收益率）条件下的公司销售所能达到的最大增长率。如果下一年满足可持续增长的假设条件，则下一年销售增长率等于本年可持续增长率。可持续增长的假设条件有：

可持续增长率

（1）公司的资本结构是一个目标结构，并打算继续维持下去，用 $B/E$ 表示负债与股东权益之比的目标值；

（2）公司目前的股利政策是一个目标股利政策（股利支付率 $d$ 不变），并打算继续维持下去；

（3）不打算或不愿意发行新的普通股，增加债务是唯一的外部筹资来源；

（4）公司的销售净利率 $P$ 将维持当前水平，并且可以涵盖增加负债的利息；

（5）公司的资产周转率（$S/A$）将维持当前水平。

根据可持续增长率的含义，其计算公式为：

$$g=\frac{P(1-d)(1+\frac{B}{E})\frac{S}{A}}{1-P(1-d)(1+\frac{B}{E})\frac{S}{A}}$$

**【例 5－3】**乙公司 2024 年度的销售收入为 4 000 万元，负债总额为 500 万元，股东权益总额为 1 000 万元，实现净利润 200 万元，分配股利 120 万元。若不打算发行股票，公司维持 2024 年销售净利率、股利支付率、资产周转率和资产负债率，计算 2025 年乙公司预期销售增长率。

**【解析】**由题目可知，2025 年满足可持续增长的五个假设条件，即 2025 年乙公司预期销售增长率等于 2024 年可持续增长率。根据公式，计算出销售净利率、股利支付率、资产周转率和负债权益比，之后代入可持续增长率公式即可计算。

**【答案】**

销售净利率＝200÷4 000×100%＝5%

股利支付率＝120÷200×100%＝60%

资产周转率＝4 000÷(500＋1 000)＝2.67

负债权益比＝500÷1 000＝0.5

$$g=\frac{5\%\times(1-60\%)\times(1+0.5)\times2.67}{1-5\%\times(1-60\%)\times(1+0.5)\times2.67}=8.7\%$$

即若考虑外部债务筹资，公司的可持续增长率为 8.7%。若实际增长率超过 8.7%，公司将通过提高资产周转率、提高销售净利率、降低股利支付率、提高负债权益比或发行新股等措施解决维持高速增长所需要的资金问题。

## 第二节　权益资金筹集

一个公司的长期资产通常由长期资本支持，任何增加长期资产的行动，都必须筹集新的长期资本。一般来说，筹集长期资本有两个途径：一是借入长期负债，即长期债务资金筹集；二是权益资金筹集。权益资金的筹集一般包括吸收直接投资、股票筹资和留存收益筹资。

## 一、吸收直接投资

吸收直接投资是指非股份制公司以协议等形式吸收国家、法人和个人直接投入资本的一种筹资方式。吸收直接投资无须发行任何证券作为媒介。吸收直接投资中的出资者都是公司的所有者，对公司具有经营管理权。如果公司经营状况好，盈利多，各方就可按出资额的比例分享利润；但如果公司经营状况差，连年亏损，甚至被迫破产清算，则各方要在其出资的限额内按出资比例承担损失。

### （一）吸收直接投资的种类

1. 国家投资

国家投资是指有权代表国家投资的部门或机构以国有资产投入企业，形成公司的国有资本。吸收国家投资一般具有以下特点：（1）产权归属于国家；（2）具有较强的约束性；（3）在国有企业中采用比较广泛。

2. 法人投资

法人投资是指法人单位以其依法可以支配的资产投入公司形成法人资本。法人投资一般具有以下特点：（1）以获取被投资公司的利润为目的；（2）发生在法人单位之间；（3）出资方式灵活多样。

3. 个人投资

个人投资是指社会个人（自然人）、公司内部职工等以个人合法财产投入公司形成个人资本。个人投资具有以下特点：（1）以参与公司的收益分配为目的；（2）参与投资的人数较多；（3）每人投资的数额较少。

### （二）吸收直接投资的方式

公司在采用吸收直接投资方式筹集资金时，投资者可以用现金、厂房、机器设备、材料物资、无形资产等多种方式向公司投资。具体而言，包括以下几种出资方式：

（1）现金投资。现金投资是指以现金形式进行的投资，是吸收直接投资中一种最重要的投资方式。由于现金可以进行任何物质的交换，例如用现金可以购置各种物质资料、支付各种费用等，因此，公司更希望投资者采用现金方式出资。吸收直接投资中所需投入现金的数额，取决于投入的实物及工业产权之外公司的开支和日常周转需要。

（2）实物投资。实物投资是指以房屋、建筑物、设备等固定资产和材料、燃料、商品等流动资产所进行的投资，实物投资可较快地形成生产能力。一般来说，公司吸收的实物投资应符合如下条件：确为公司生产和经营所需；技术性能比较好；计价公平合理。投资实物的具体作价，可由双方按公平合理的原则协商确定，也可以聘请各方同意的专业资产评估机构评定。

（3）工业产权投资。工业产权投资是指以专有技术、商标权、专利权等无形资产所进行的投资，工业产权投资能较快地提高公司的竞争能力。一般来说，公司吸收的工业产权投资应符合以下条件：能帮助公司研究和开发出高新技术产品；能帮助公司生产出适销对路的高科技产品；能帮助公司改进产品质量，提高生产效率；能帮助公司大幅度降低各种消耗；计价公平合理。

（4）土地使用权投资。土地使用权投资是指投资者用土地使用权来进行投资的一种形式，土地使用权是按有关法规和合同的规定使用土地的权利，土地使用权投资能解决公司的用地问题。公司吸收土地使用权投资应符合以下条件：土地是公司科研、生产、销售活动所需的；交通、地理条件适宜；计价公平合理。

### （三）吸收直接投资的优缺点

1. 吸收直接投资的优点

（1）增强公司信誉。吸收直接投资得到的资本属于自有资本，自有资本的增加使公司有充足的资本扩大生产规模、壮大公司实力，因而增加公司的信誉，同时使公司的借款能力增强。

（2）快速形成生产能力。直接投资可以是被投资公司直接获取公司所需要的资本、设备、技术等能力，能快速地形成生产能力，增强公司的竞争能力，取得更多的市场份额。

（3）降低财务风险。吸收直接投资得到的资本属于自有资本，公司可根据自身的经营状况来支付报酬：经营状况好，则多支付；经营状况不好，则不用支付。支付酬金的灵活性较强，因而降低了财务风险。

2. 吸收直接投资的缺点

（1）资本成本高。吸收直接投资得到的资本属于自有资本，一般来说，自有资本承担公司较大的风险，因此要求较高的投资报酬，公司如能创造出较高的利润，投资者则可以获得较高的回报，利润越高，回报越高。

（2）可能分散公司的控制权。吸收直接投资后，投资者将以股权为基础拥有对被投资公司的控制权，所以公司在获得直接投资时，同时出让自己对公司的控制权。

## 二、普通股筹资

普通股是股票的一种最基本形式。它是指股份公司发行的具有表决权和剩余索取权的一类股票。

### （一）普通股股东的权利

（1）经营参与权。普通股股东可以参与公司经营管理，拥有选举表决的权利。如投票表决权。

（2）收益分配权。普通股股东有权凭其所持有的股份参加公司盈利分配，可按出资比例分取红利。其收益与公司经营状况直接相关，具有不确定性，且普通股的盈利分配顺序后于优先股。

（3）出售或转让股份权。依照国家法规和公司章程出售或转让股票。

（4）认股优先权。如果股份公司增发普通股股票，原有普通股股东有权优先认购新发行的股票，以保证其对股份公司的持股比例保持不变。

（5）剩余财产求偿权。股份公司破产清盘时，普通股股东依法分取公司解散清算后的剩余财产，公司在其清偿债务和分配给优先股股东之后，剩余资产可按普通股股东所持有股份进行分配。

### （二）普通股筹资的优缺点

1. 普通股筹资的优点

（1）没有固定的股利负担。投资者对这部分资金投入要求的报酬是根据公司的盈利情况而定的，公司可以根据自身的生产经营情况来决定是否发放股利，因而，筹资公司不存在因股票筹资而需要支付固定股利的情况。

（2）没有固定的到期日，无须偿还。因为普通股筹集的是自有资金，投资者一旦购买就不能退股，其投入的资金成为公司长期、稳定的资本，保证了公司生产经营的顺利进行。

（3）能增强公司的信誉。由于普通股筹集的资金是权益资金，权益资金的存在，为公司的债权人提供了偿债的保证，因此，普通股筹资降低了公司的财务风险，也为公司提高了信誉。

（4）筹资限制少。与债务筹资和优先股筹资相比，普通股筹集资金的限制较少。

2. 普通股筹资的缺点

（1）资本成本较高。普通股筹集的资金对投资者来讲具有较大的风险，因而，投资者要求较高的资本报酬，公司在盈利以后，普通股股东要求的报酬远远高于债务资金提供者所要求的报酬。

（2）容易分散公司的控制权。所有普通股筹集的资金均是股权资金，普通股股东对公司均有控制权，所以，扩大普通股资金的筹集，会导致控制权的分散。

（3）可能会降低普通股的每股净收益，从而引起股价下跌。普通股股东要求同股同利，同股同价，公司增加普通股筹资会导致原有普通股股东的收益率下降和市场上股价的下跌。

## 三、优先股筹资

### （一）优先股股东的权利

优先股是指在一般规定的普通种类股份之外，另行规定的其他种类股份，其股份持有人优先于普通股股东分配公司利润和剩余财产，但参与公司决策管理等权利受到限制的股票。优先股股东享有的权利包括以下几方面。

1. 优先分配利润

优先股股东按照约定的票面股息率，优先于普通股股东分配公司利润。公司应当以现金的形式向优先股股东支付股息，在完全支付约定的股息之前，不得向普通股股东分配利润。

公司应当在公司章程中明确以下事项：（1）优先股股息率是采用固定股息率还是浮动股息率，并相应明确固定股息率水平或浮动股息率计算方法。（2）公司在有可分配税后利润的情况下是否必须分配利润。（3）如果公司因本会计年度可分配利润不足而未向优先股股东足额派发股息，差额部分是否累积到下一会计年度。（4）优先股股东按照约定的股息率分配股息后，是否有权同普通股股东一起参加剩余利润分配。（5）优先股利润分配涉及的其他事项。

2. 优先分配剩余财产

公司因解散、破产等原因进行清算时，公司财产在按照我国《公司法》和《破产法》

的有关规定进行清偿后的剩余财产，应当优先向优先股股东支付未派发的股息和公司章程约定的清算金额，不足以支付的，按照优先股股东持股比例分配。

3. 优先股的转换和回购

公司可以在公司章程中规定优先股转换为普通股、发行人回购优先股的条件、价格和比例。转换选择权或回购选择权可规定由发行人或优先股股东行使。发行人要求回购优先股的，必须完全支付所欠股息。优先股回购后，相应减记发行在外的优先股股份总数。

4. 优先股的表决权

除以下情况外，优先股股东不出席股东大会会议，所持股份没有表决权。这些情况包括：(1) 修改公司章程中与优先股相关的内容；(2) 一次或累计减少公司注册资本超过百分之十；(3) 公司合并、分立、解散或变更公司形式；(4) 发行优先股；(5) 公司章程规定的其他情形。上述事项的决议，除须经出席会议的普通股股东（含表决权恢复的优先股股东）所持表决权的三分之二以上通过之外，还须经出席会议的优先股股东（不含表决权恢复的优先股股东）所持表决权的三分之二以上通过。

公司累计三个会计年度或连续两个会计年度未按约定支付优先股股息的，优先股股东有权出席股东大会，每股优先股股份享有公司章程规定的表决权。对于股息可累积到下一会计年度的优先股，表决权恢复直至公司全额支付所欠股息。对于股息不可累积的优先股，表决权恢复直至公司全额支付当年股息。公司章程可规定优先股表决权恢复的其他情形。

### （二）优先股的发行和转让

1. 发行人范围

公开发行优先股的发行人限于证监会规定的上市公司，非公开发行优先股的发行人限于上市公司（含注册地在境内的境外上市公司）和非上市公众公司。

2. 发行条件

公司已发行的优先股不得超过公司普通股股份总数的百分之五十，且筹集资本额不得超过发行前净资产的百分之五十，已回购、转换的优先股不纳入计算。公司公开发行优先股以及上市公司非公开发行优先股的其他条件适用证券法的规定。非上市公众公司非公开发行优先股的条件由证监会另行规定。

公司公开发行优先股的，应当在公司章程中规定以下事项：(1) 采取固定股息率；(2) 在有可分配税后利润的情况下必须向优先股股东分配股息；(3) 未向优先股股东足额派发股息的差额部分应当累积到下一会计年度；(4) 优先股股东按照约定的股息率分配股息后，不再同普通股股东一起参加剩余利润分配。

3. 交易转让

优先股应当在证券交易所、全国中小企业股份转让系统或者在国务院批准的其他证券交易场所交易或转让。优先股应当在中国证券登记结算公司集中登记存管。优先股交易或转让环节的投资者适当性标准应当与发行环节一致。

### （三）优先股筹资的优缺点

1. 优先股筹资的优点

(1) 没有固定到期日，不用偿还本金。优先股与普通股均属于公司发行的股票，所筹集的资金均为股权资金，与普通股一样，优先股筹集的资金是没有到期日的，股东一旦认购优先股，就不能退股。因此，公司筹集到的优先股资金是公司长期、稳定的资金来源。

（2）股利支付既固定，又有一定弹性。优先股的股利一般是固定的，但是优先股与负债不一样，公司因种种原因可以不支付股息，这一点与普通股是一致的，大多数情况下，公司会按期支付固定的股息。

（3）有利于增强公司信誉。优先股筹集的资金是权益资金，权益资金的存在，为公司的债权人提供了偿债的保证，因此，优先股筹资降低了公司的财务风险，也为公司提高了信誉。

2. 优先股筹资的缺点

（1）筹资成本高。由于优先股资金是权益资金，对投资者来讲具有较大的风险，因而，投资者要求较高的资本报酬，公司在盈利以后，优先股股东要求的报酬远远高于债务资金提供者所要求的报酬。

（2）财务负担重。优先股的股利支付虽然没有法律约束，但是经济上的约束使公司倾向于按时支付其股利。因此，优先股的股利通常被视为固定成本，与负债筹资没有什么差别，会增加公司的财务负担并进而增加普通股的成本。

### 四、留存收益筹资

留存收益是指公司从历年实现的利润中提取或留存于公司的内部积累，它来源于公司生产经营活动所实现的净利润，包括公司的公积金和未分配利润两个部分。

从公司的角度看，留存收益筹资的优点有：

（1）资本成本低。留存收益筹资是利用公司自身产生的积累资金，不需要向公司外部筹集，不用考虑筹资费用，其资本成本低于普通股筹资。

（2）不会分散控制权。留存收益筹资不需要发行股票，也不需要采用其他可能分散股权的形式，是本公司内部积累所形成的，所以，留存收益筹资不会分散公司的控制权。

（3）增强公司的信誉。留存收益也是自有资金的一种形式，与股票筹集的资金一样属于权益资金，都能为公司增加信誉，保证公司债权人和其他相关利益主体的利益。

当然，留存收益筹资也存在一定的缺点。由于留存收益是公司生产经营的积累，因此在使用时会受到资金数额以及法律、法规的限制。如公司首先要盈利，盈利后还要进行利润的分配等。

## 第三节　长期债务资金筹集

### 一、长期借款筹资

长期借款是指公司向银行或其他非银行金融机构借入的使用期超过一年的借款，主要用于购建固定资产和满足长期流动资金占用的需要。

#### （一）长期借款的保护性条款

由于长期借款的期限长、风险高，所以金融机构在向公司提供长期借款时，通常在借款合同中附加有各种保障贷款安全的保护性条款。这些保护性条款主要有一般性保护条款、例行性保护条款和特殊性保护条款等。

1. 一般性保护条款

一般性保护条款适用于大多数借款合同，但根据具体情况会有不同内容，主要包括：

（1）对借款公司流动资金保持量的规定，其目的在于保持借款公司资金的流动性和偿债能力；

（2）对支付现金股利和再购入股票的限制，其目的在于限制现金流出；

（3）对资本支出规模的限制，其目的在于减少公司日后不得不变卖固定资产以偿还贷款的可能性，仍着眼于保持借款公司资金的流动性；

（4）限制其他长期债务，其目的在于防止其他贷款人取得对公司资产的优先求偿权。

2. 例行性保护条款

例行性保护条款作为例行常规，在大多数借款合同中都会出现，主要包括：

（1）借款公司定期向银行提交财务报表，其目的在于银行要及时掌握公司的财务情况；

（2）不准在正常情况下出售较多资产，以保持公司正常的生产经营能力；

（3）如期缴纳税金和清偿其他到期债务，以防被罚款而造成额外的现金支出；

（4）不准以任何资产作为其他承诺的担保或抵押，以避免公司过重的负担；

（5）不准贴现应收票据或出售应收账款，以避免产生或有负债；

（6）限制租赁固定资产的规模，其目的在于防止公司负担巨额租金以致削弱其偿债能力，同时也在于防止公司以租赁固定资产的办法摆脱对其资本支出和负债的约束。

3. 特殊性保护条款

特殊性保护条款是针对某些特殊情况而出现在部分借款合同中，主要包括：

（1）贷款专款专用；

（2）不准公司投资于短期内不能收回资本的项目；

（3）限制公司高级职员的薪金和奖金总额；

（4）要求公司主要领导者在合同有效期担任领导职务等。

### （二）长期借款的利率

长期借款利率的大小取决于金融市场的供求状况、借款期限、抵押品流动性以及公司的信誉等因素。长期借款利率有固定利率和浮动利率两种。

1. 固定利率

固定利率是指借贷双方找出一家风险类似于借款公司的其他公司，以该公司发行的期限与长期借款期限相同的债券利率作为参考，确定长期借款利率，利率一经确定，不得随意改变。一般来说，当借款公司预测未来的市场利率会不断上升时，才与银行签订固定利率合同。

2. 浮动利率

浮动利率是指在借款期限内，长期借款的利率可以根据具体情况进行调整，一般根据金融市场的行情每半年或一年调整一次，或在贷款协议中规定根据金融市场的变动情况随时调整，借款公司尚未偿还的本金则按调整后的利率计算利息。

目前，我国公司的长期借款多采用浮动利率，即在中国人民银行规定的贷款利率基础上，各金融机构按照中国人民银行规定的贷款利率浮动区间，通过对借款公司的信用状况、还款能力、发展前景等各方面的分析，与借款公司协商确定借款利率。

### （三）长期借款的偿还

长期借款的偿还方式通常包括：定期支付利息、到期偿还本金的方式；定期等额偿还方式；平时逐期偿还小额本金和利息、期末偿还余下的大额部分的方式。第一种偿还方式会加大公司借款到期时的偿还压力，而定期等额偿还又会提高公司使用贷款的实际年利率。

### （四）长期借款筹资的优缺点

1. 长期借款筹资的优点

（1）筹资速度快。长期借款的手续比发行债券简单得多，得到借款所花费的时间较短。

（2）借款弹性较大。借款时公司与银行直接交涉，有关条件可谈判确定；在借款期限内，如果公司情况发生变化，也可与银行再协商，修改借款的条件和数量。借款到期后，如果有正当理由，还可以延期归还。

（3）借款成本较低。长期借款利率一般低于债券利率，且由于借款属于直接筹资，筹资费用也较少。

2. 长期借款筹资的缺点

（1）财务风险较高。公司举借长期借款，必须定期还本付息，在经营不力的情况下，可能会产生不能偿付的风险，甚至会导致公司破产。

（2）限制性条款比较多。公司与银行签订的借款合同中，一般都有一些限制性条款，如定期报送有关报表、不准改变借款用途等，这些条款制约了公司的生产经营和借款的使用。

**相关链接**

**与伦理有关的债务管理**

假设一家公司通过发行债券筹集资金，签订的契约并不健全，完全没有提到将来增发债务的问题。进一步假设该公司在此以后试图借到更多资本，但是新的出借者由于考虑到安全问题坚持此笔债务需要优先于原有债务。如果公司同意了这项要求，就会损害持有旧债的投资者的利益。

很明显，如果该公司倒闭，最初的债券持有者将受到最大损失，因为当用倒闭后的剩余财产进行清偿时，他们要在新的债权人之后获得赔偿。即使该公司运转良好，他们也可能蒙受损失，因为旧债现在处于从属地位，它的信用等级很可能会降低。这意味着市场认识到该债券含有更高的风险，很可能立刻造成价格下降。因此，旧债的持有者如果出售债券就会遭受损失。

如果一家公司没有从某些方面对原有债券持有人提供补偿就进行上面提到的操作，这样做是否合乎道德标准？如果管理者争辩说公司非常需要借入新的资本，否则将陷入危机，这是否就合乎了道德标准？如果你是公司财务总监，你将怎样做？

## 二、长期债券筹资

债券是指发行人依照法定程序发行，约定在一定期限内还本付息的有价证券。这里说的债券，指的是期限超过一年的公司债券，其发行目的通常是为建设大型项目筹集大笔的长期资金。

### （一）债券的种类

（1）按债券上是否记有持券人的姓名或名称，分为记名债券和无记名债券。在公司债券上记载持券人姓名或名称的为记名债券；反之，为无记名债券。

（2）按能否转换为公司股票，分为可转换债券和不可转换债券。若公司债券能转换为本公司股票，为可转换债券；反之，为不可转换债券。一般来讲，可转换债券的利率要低于不可转换债券。按照我国《公司法》的规定，发行可转换债券的主体只限于股份有限公司中的上市公司。

（3）按有无特定的财产担保，分为抵押债券和信用债券。发行公司以特定财产作为抵押品的债券为抵押债券，按抵押品的不同又可以分为一般抵押债券、不动产抵押债券、动产抵押债券和证券信用抵押债券。信用债券是不以任何公司财产作为担保，完全凭借信用发行的债券。其持有人只对公司的非抵押资产具有追索权，公司的盈利能力是这些债券投资人的主要担保。因为信用债券没有财产担保，所以在债券发行契约中都要加入保护性条款，如不能将资产抵押给其他债权人、不能兼并其他公司、未经债权人同意不能出售资产等。

（4）按照偿还方式，分为一次到期债券和分期到期债券。发行公司于债券到期日一次集中清偿本金的债券，为一次到期债券；一次发行而分期、分批偿还的债券为分期到期债券。分期到期债券可以减轻发行公司集中还本的财务负担。

### （二）债券发行价格

债券发行价格的确定

债券发行价格是债券发行时的价格。公司债券的发行价格通常有三种：平价、溢价和折价。

平价是指以债券的票面金额为发行价格；溢价是指以高出债券票面金额的价格为发行价格；折价是指以低于债券票面金额的价格为发行价格。债券发行价格的形成受诸多因素影响，其中主要是票面利率与市场利率的一致程度。债券的票面金额、票面利率在债券发行前即已参照市场利率和发行公司的具体情况确定下来，并载明于债券之上。但在发行债券时已确定的票面利率不一定与当时的市场利率一致。为了协调债券购销双方在债券利息上的利益，就要调整发行价格，即：当票面利率高于市场利率时，以溢价发行债券；当票面利率低于市场利率时，以折价发行债券；当票面利率与市场利率一致时，则以平价发行债券。

在不考虑发行费用，且每年支付利息、到期还本的情况下，债券发行价格的一般计算公式为：

$$债券发行价格=\frac{债券面值}{(1+市场利率)^n}+\sum_{t=1}^{n}\frac{债券面值\times 票面利率}{(1+市场利率)^t}$$

式中：$n$——债券期限；

$t$——付息期数。

债券发行价格计算公式的基本原理是将债券的全部现金流按照债券发行时的市场利率进行贴现并求和。债券的全部现金流包括未来债券持有期间内各期的利息现金流与债券到期支付的面值现金流。

**【例 5-4】** A 公司于 2024 年 1 月 1 日发行新债券，面值 1 000 元，票面利率 10%，10 年期，每年 12 月 31 日付息一次，到期按面值偿还。如果到债券正式发行时，市场利率发生变化，分别为 10%、12%和 8%。分别计算不同市场利率情况下的发行价格。

**【解析】** 按照票面利率 10%计算每年利息并计算其年金现值，按面值计算复利现值。如果市场利率是 10%，等于票面利率，债券发行价格等于面值，平价发行；如果市场利率是 12%，大于票面利率，债券发行价格小于面值，折价发行；如果市场利率是 8%，小于票面利率，债券发行价格大于面值，溢价发行。

**【答案】**（1）如市场利率是 10%，则可以采用平价发行。即：

$$\begin{aligned}债券的发行价格&=1\,000\times(P/F,\ 10\%,\ 10)+1\,000\times 10\%\times(P/A,\ 10\%,\ 10)\\&=1\,000\times 0.385\,5+100\times 6.144\,6\\&\approx 1\,000\ (元)\end{aligned}$$

也就是说，公司按照 1 000 元的价格出售债券，投资者按此价格购买，可获得 10%的报酬率。

（2）如市场利率是 12%，则应该采用折价发行。即：

$$\begin{aligned}债券的发行价格&=1\,000\times(P/F,\ 12\%,\ 10)+1\,000\times 10\%\times(P/A,\ 12\%,\ 10)\\&=1\,000\times 0.322\,0+100\times 5.650\,2\\&=887.02\ (元)\end{aligned}$$

也就是说，公司按照 887.02 元的价格出售债券，投资者按此价格购买债券，可获得 12%的报酬率。

（3）如市场利率是 8%，则应该采用溢价发行。即：

$$\begin{aligned}债券的发行价格&=1\,000\times(P/F,\ 8\%,\ 10)+1\,000\times 10\%\times(P/A,\ 8\%,\ 10)\\&=1\,000\times 0.463\,2+100\times 6.710\,1\\&=1\,134.21\ (元)\end{aligned}$$

也就是说，投资者按照 1 134.21 元价格买入 A 公司面值为 1 000 元的债券可获得 8%的报酬率。

### （三）债券的信用评级

债券的信用等级反映了债券违约风险的大小。进行债券评级有助于保护投资者的利益，并督促发行公司积极改进经营管理并健全财务结构。信用评级机构在进行信用评估时，需要考虑的主要因素有：(1) 负债比率：负债比率高的公司债券等级较低；(2) 利息保障倍数：利息保障倍数高，说明偿还利息有保障，债券等级要高一些；(3) 流动比率：流动比率高的公司，偿还债务能力较强，则债券等级较高；(4) 抵押条款：债券有抵押品并且抵押品的价值高于债券的价值，则债券具有较高的等级；(5) 担保条款：如果财力薄弱的公司债券以财力雄厚的公司作为担保人，则此种债券等级将与担保人发行的债券等级相同；(6) 偿债基金：如果债券发行契约中规定设立偿债基金，则该债券的信用等级会提高；(7) 到期时间：通常短期债券的风险比长期债券的风险低，这也会反映在信用等级上；(8) 稳定性：发行公司是否具有稳定的销售或盈余，这也是信用评级机构考虑的因素；(9) 会计政策：采用保守的会计政策有助于提高债券的信用等级。

**相关链接**

**标准普尔下调戴尔公司信用评级至垃圾级**

2013 年 9 月 11 日，标准普尔评级服务公司发布报告，将戴尔公司的信用评级从"BBB"下调至"BB—"，这意味着戴尔公司的信用评级从投资级滑落至垃圾级。标准普尔评级服务公司指出，促使其作出下调评级决定的原因是个人电脑需求下滑给戴尔公司带来了持续影响，且该公司可能会在不久以后私有化。

近些年来，跟其他个人电脑厂商一样，戴尔公司一直都面临着困境，原因是消费者正在逐渐远离传统的台式机和笔记本电脑，转向购买平板电脑和其他移动设备。标准普尔信用分析师玛莎·托尔-里德 (Martha Toll-Reed) 称，由于受到持续的定价压力以及个人电脑销售量下滑等因素的影响，戴尔公司所面临的风险有所加大。此外，由戴尔公司创始人迈克尔·戴尔 (Mrchael Dell) 牵头发起的私有化交易将使公司财务杠杆大幅增长。

### (四) 长期债券筹资的优缺点

1. 长期债券筹资的优点

(1) 资本成本低于普通股。债券的利息通常低于普通股的股息，而且利息费用可在税前利润中支付，起到抵减所得税的作用，因此债券的资本成本低于普通股的资本成本。

(2) 可产生财务杠杆作用。债券利息按固定的面值和利率计算，利息支出的数额是固定的，当企业的投资收益率高于债券利率时，与长期借款一样，可产生财务杠杆作用，增加股东收益。

(3) 保障股东的控制权。债券持有者只从企业获取固定的利息收入，无权参与企业的经营管理，因此不会影响股东对企业的控制权。

2. 长期债券筹资的缺点

(1) 增加企业的财务风险。债券有明确的到期日，且利息必须按期支付，当企业的经营状况较差时，易使企业陷于财务困境，甚至成为企业破产的"加速器"。

(2) 限制条件较多。发行债券的契约书中往往附加了一些限制性条款，影响企业资金调度的灵活性。

## 三、租赁筹资

### （一）租赁的种类

租赁是指出租人在承租人给予一定报酬的条件下，授予承租人在约定的期限内占有和使用财产权利的一种契约行为。根据租赁所涉及当事人关系的不同，通常可以分为直接租赁、售后租回和杠杆租赁。

1. 直接租赁

直接租赁是指承租人直接从出租人租入所需要的资产，并支付租金。直接租赁的出租人主要是制造厂商、财务公司、独立的租赁公司等。除制造厂商外，其他出租人都是事先向制造厂商或供应商买入资产，再将资产出租给承租人。

2. 售后租回

公司先将其拥有的资产卖给出租人，然后再按照特定条件将其租回使用，这种取得资产的筹资方式就是售后租回。从事售后租回的出租人通常是保险公司、商业银行、专业租赁公司或投资者；承租人则是出售资产后再将其租回的公司。在这种租赁形式下，出售资产的公司可以得到相当于资产售价的一笔资金，同时仍然可以使用该资产。

3. 杠杆租赁

杠杆租赁要涉及承租人、出租人和资金出借者三方当事人。从承租人的角度来看，这种租赁与其他租赁形式并无区别，但对出租人却不同，出租人只出购买资产所需的部分资金（一般为20%～40%），作为自己的投资；另外以该资产作为担保向资金出借者借入其余资金。这里的出租人既是资产的出借者，同时也是贷款的借入者。出租人收取的租赁费首先用于偿还贷款机构的贷款本息，剩余部分是出租人的投资报酬。通常采用杠杆租赁是为了适应金额巨大的设备租赁项目。

### （二）租赁筹资租金的计算

在租赁筹资方式下，承租人要按合同规定向租赁公司支付租金。租金的数额和支付方式对承租人的未来财务状况具有直接的影响，也是租赁筹资决策的重要依据。

1. 租赁筹资租金的构成

租赁筹资的租金包括设备价款和租息两部分，其中租息又可分为租赁公司的筹资成本和租赁手续费等。其中设备价款是租金的主要内容，它由设备的买价、运杂费和途中保险费等构成。筹资成本是指租赁公司为购买租赁设备所筹资本的成本，即设备租赁期间的利息。租赁手续费包括租赁公司承办租赁设备的营业费用和一定的盈利。租赁手续费的高低一般无固定标准，可由承租人与租赁公司协商确定。

2. 租金的支付方式

租金的支付方式也影响每期租金的多少，一般而言，租金支付次数越多，每次的支付额越小。支付租金的方式通常有如下几种：(1) 按支付时期的长短，可以分为年付、半年付、季付和月付等方式。(2) 按支付租金的时点不同，可以分为先付租金和后付租金两种。先付租金是指在期初支付；后付租金是指在期末支付。(3) 按每期支付金额是否相等，可以分为等额支付和不等额支付两种。

3. 租金的计算方法

实务中，承租人与租赁公司商定的租金支付方式，大多为后付等额年金。采用等额年金法计算租金，就是运用年金现值原理计算每期应付租金。

**【例 5-5】**某公司采用租赁筹资方式于 2023 年 10 月 25 日从一家租赁公司租入设备，设备价款为 2 000 万元，租期为 8 年，租赁期满后设备归承租方所有，为了保证租赁公司完全弥补筹资成本并有一定盈利，将租费率 18%作为折现率。计算该公司每年年末应支付的等额租金。

**【解析】**根据时间价值计算的原理，将每年年末支付的租金计算年金现值，让其等于设备价款，即可求解每年末租金。

**【答案】**

$$\text{每年年末的等额租金}=\frac{2\ 000}{(P/A,\ 18\%,\ 8)}=\frac{2\ 000}{4.077\ 6}=490.48\text{（万元）}$$

### （三）租赁筹资的优缺点

1. 租赁筹资的优点

（1）能迅速获得所需资产。租赁往往比先筹集资本再购置设备速度更快，更有利于公司尽快形成生产能力。

（2）租赁筹资限制较少。租赁筹资可以减少债务筹资所附加的各种限制性条款，从而为公司筹资提供了更大的弹性空间。

（3）维持公司的信用能力。当公司的负债比率较高、外部筹资困难时，采用租赁方式可使公司在资本不足的情况下，不用付出大量资本就能取得所需的资产。

（4）减少固定资产陈旧过时的风险。科学技术的迅速发展，使得固定资产的更新周期不断缩短，公司固定资产陈旧过时的风险很大，利用租赁筹资则可以减少这方面的风险。

2. 租赁筹资的缺点

（1）资本成本较高。一般而言，租赁资产所付的租金总额要比一次性付款购买高得多。

（2）承租人在财务困难时期，固定的租金支付会构成一项沉重的财务负担。

# 第四节　资本成本

## 一、资本成本概述

### （一）资本成本的概念

资本成本是公司筹集和使用资本而发生的代价。资本成本包括两个部分：一是筹资费用。即公司在筹集资本过程中所支付的各种费用，包括向银行支付的借款手续费，发行股票和债券而支付的发行费用，律师费、评估费、担保费、广告费等。二是占用费用。即公司在使用资本过程中支付的费用，包括支付给债权人的利息和向股东分配的股利等。

资本成本可以用绝对数和相对数来表示。由于各公司的规模不同，资本结构不同，绝对数的表示方法往往不便于不同公司的比较。为了提高可比性，资本成本通常用相对数表示。

## （二）资本成本的影响因素

在市场经济环境中，很多因素都对资本成本的高低产生影响，其中主要有资本市场供求关系、证券市场变化、公司内部经营风险和资本结构等。

资本市场供求关系的变化主要体现在无风险利率上。当货币需求增加，供给没有相应增加，无风险利率就会相应上涨，从而导致资本成本上升；反之，则会使资本成本下降。

证券市场的变化主要体现在流动性风险补偿上。流动性风险补偿主要受证券转让的难易程度以及价格波动程度影响。如果证券的流动性很好，证券投资者要求的报酬率就会低，从而降低发行公司的资本成本。如果证券价格波动幅度很大，则该证券风险提高，证券投资者会要求更高的报酬予以补偿，这样发行公司就会付出较高的资本成本。

公司内部经营风险对资本成本的影响主要是因经营状况或经营环境变化，影响资产收益率的变化，产生较高的经营风险，因而，投资者会要求较高的收益率，导致资本成本的升高。

资本结构可以用资产负债率衡量，公司资产负债率越高，意味着公司财务风险越大。即公司按期支付利息和偿还本金的风险上升，债权人和股东会要求更高的收益率用于补偿，使资本成本上升。

## （三）资本成本的作用

### 1. 资本成本是评价投资决策可行性的主要经济标准

公司在投资项目决策时，只有当公司的资本成本低于公司的投资报酬率时，该投资项目才是可行的；如果公司的资本成本高于公司的投资报酬率，那么公司将无法支付筹资费用和占用费用，则该投资项目是不可行的。因此，资本成本是公司用于评价投资决策可行性的“取舍率”。

### 2. 资本成本是选择筹资方式和拟定筹资方案的重要依据

在资本市场中，公司可以通过多种方式来筹集资本，比如吸收直接投资、发行股票、留存收益、银行借款、发行债券等方式。不同的筹资方式，其资本成本不同；不同的资本结构，其资本成本也不一样。由于公司的趋利性，公司会选择最低的资本成本、最优的资本结构来降低财务风险，追求公司价值的最大化。因此，资本成本就是选择合理筹资方式的标准和拟定筹资方案的基本依据。

### 3. 资本成本是评价公司经营成果的依据

一般而言，评价公司经营绩效的重要标准之一是看公司的资产报酬率。资产报酬率越高，说明公司经营业绩越好，声誉越高。对公司投资者来说，公司的资产报酬率高于资本成本时，才能表明公司经营盈利，业绩好、声誉高，才能满足投资者投资的需要，投资者才会继续将资金投入公司。另外，公司生存的基本条件是到期能够清偿债务，只有公司的资产报酬率高于资本成本，公司才能保证基本的偿债能力，公司的生产经营活动才能正常进行，否则公司的生产经营活动将难以维系，公司必须重新调整。因此，资本成本在一定程度上也是衡量公司经营业绩好坏的一个重要依据。

## 二、个别资本成本

个别资本成本是指使用各种长期资金的成本，包括长期借款资本成本、长期债券资本成本、优先股资本成本、普通股资本成本和留存收益资本成本等。

### （一）长期借款资本成本

长期借款资本成本包括借款利息和筹资费用。借款利息计入税前成本费用，可以起到抵税的作用。因此，每年付息，到期一次还本的长期借款资本成本为：

$$K_L = \frac{I_L(1-T)}{L(1-F_L)}$$

式中：$K_L$——长期借款资本成本；

$I_L$——长期借款年利息；

$T$——公司所得税税率；

$L$——长期借款本金；

$F_L$——长期借款筹资费用率。

上述公式也可以简化为以下形式：

$$K_L = \frac{R_L(1-T)}{1-F_L}$$

式中：$R_L$——长期借款的年利率。

**【例 5-6】** 某公司从银行取得长期借款 200 万元，年利率为 10%，期限为 5 年，每年付息一次，到期一次还本，筹资费用率为 0.1%，公司所得税税率为 25%。计算长期借款的资本成本。

**【解析】** 由于利息在税前扣除，所以根据简化公式，先计算出税后利率，之后除以（1－筹资费用率）即可。

**【答案】**

$$K_L = \frac{10\% \times (1-25\%)}{1-0.1\%} = 7.51\%$$

上述计算长期借款资本成本的方法比较简单，没有考虑时间价值，因而计算出的资本成本数据不是十分精确。如果对资本成本计算结果精确度要求比较高，则需要考虑时间价值，先确定长期借款的税前资本成本，之后再计算税后资本成本。

### （二）长期债券资本成本

长期债券资本成本主要指债券利息和筹资费用。债券利息的处理与长期借款利息的处理相同，应以税后的利息作为计算依据。长期债券的筹资费用包括债券申请手续费、注册费、印刷费、推销费等，其数额一般比较高，在计算资本成本时一般不可以省略。分期付息、到期一次还本的长期债券，其资本成本的计算公式为：

$$K_B = \frac{I_B(1-T)}{B(1-F_B)}$$

式中：$K_B$——长期债券资本成本；

$I_B$——长期债券年利息；

$T$——公司所得税税率；

$B$——长期债券筹资额；

$F_B$——长期债券筹资费用率。

如果公司平价发行债券，上述公式可简化为：

$$K_B = \frac{R_B(1-T)}{1-F_B}$$

式中：$R_B$——长期债券的票面利率。

**【例 5－7】** 某公司拟发行期限为 5 年，面值总额为 2 000 万元，票面利率为 12%的债券，其发行价格总额为 2 500 万元，发行费用率为 4%，公司所得税税率为 25%。计算长期债券的资本成本。

**【解析】** 该债券是溢价发行，由于利息在税前扣除，所以先根据面值、票面利率和所得税税率计算每年税后利息，之后根据发行价格和发行费用率计算筹资净额，最后，两者相除即可。

**【答案】**

$$K_B=\frac{2\ 000\times12\%\times(1-25\%)}{2\ 500\times(1-4\%)}=7.5\%$$

与长期借款资本成本计算一样，上述公式只是债券资本成本的近似计算公式，如果要精确计算，同样需要考虑时间价值，先确定长期债券的税前资本成本，之后再计算债券税后资本成本。

### （三）优先股资本成本

优先股股息按面值和固定的股息率确定，优先股筹资总额按发行价格确定。优先股股息是从税后净利中支付的，不会减少公司应交所得税。优先股资本成本的计算公式为：

$$K_P = \frac{D_P}{P_P(1-F_P)}$$

式中：$K_P$——优先股资本成本；

$D_P$——优先股年股息；

$P_P$——优先股发行价格；

$F_P$——优先股筹资费用率。

**【例 5－8】** 某公司拟发行优先股，面值总额为 100 万元，固定股息率为 15%，筹资费用率预计为 5%，发行总额为 150 万元。计算优先股的资本成本。

**【解析】** 由于股息在税后支付，没有抵税优势。分子是优先股年股息，分母是筹资净额。

**【答案】**

$$K_P=\frac{100\times15\%}{150\times(1-5\%)}=10.53\%$$

### （四）普通股资本成本

普通股资本成本的计算有三种方法：股利增长模型、资本资产定价模型和债券收益率风险调整模型。

1. 股利增长模型

股利增长模型是假定股利以固定的年增长率递增，则普通股资本成本的计算公式为：

$$K_S = \frac{D_I}{P_C(1-F_C)} + g$$

式中：$K_S$——普通股资本成本；

$D_I$——预期下期股利额；

$P_C$——普通股市价；

$F_C$——普通股筹资费用率；

$g$——普通股股利年增长率。

**【例 5-9】**某公司拟发行普通股筹资，普通股当前每股市价为 30 元，估计股利年增长率为 10%，筹资费用率是 5%，本年每股发放股利 1.5 元。计算普通股资本成本。

**【解析】**先计算分子的预期年股利，题目中给出的是本年股利，需要乘以（1+股利增长率）；之后结合筹资费用率计算分母的筹资净额。最后，考虑股利年增长率之后代入公式即可。

**【答案】**

$D_I$=1.5×(1+10%) =1.65（元）

$$K_S = \frac{1.65}{30\times(1-5\%)} + 10\% = 15.79\%$$

2. 资本资产定价模型

根据资本资产定价模型，普通股资本成本的计算公式为：

$$K_S = R_F + \beta_J(R_M - R_F)$$

式中：$K_S$—— 普通股资本成本；

$R_F$—— 无风险利率；

$\beta_J$—— 股票 J 的系统风险的度量；

$R_M$——市场组合要求的收益率（即证券市场平均收益率）。

**【例 5-10】**某公司普通股的$\beta$值为 1.2，证券市场平均收益率为 15%，无风险利率为 10%。计算普通股资本成本。

**【解析】**将题目中数据直接代入公式即可。

**【答案】**

$K_S$=10%+1.2×(15%-10%)=16%

3. 债券收益率风险调整模型

根据投资“风险越大，要求的收益率越高”的原理，普通股股东对公司的投资风险大于债券投资者，因而会在债券投资者要求的收益率上再要求一定的风险溢价。根据这个原理，普通股资本成本的计算公式为：

$$K_S = K_B + RP_C$$

式中：$K_S$——普通股资本成本；

$K_B$——债务税后资本成本；

$RP_C$——股东比债权人承担更大风险所要求的风险溢价。

其中的债务税后资本成本比较容易计算，难点在于确定风险溢价。风险溢价可以凭借经验估计。一般认为，某公司普通股风险溢价对其自己发行的债券来讲，为3%至5%，当市场利率达到历史性高点时，风险溢价通常较低，约为3%；当市场利率处于历史性低点时，风险溢价通常较高，约为5%。

**【例5-11】**公司发行债券的税前资本成本为10%，公司所得税税率为25%，股票相对于公司债券的风险溢价水平是4%。采用债券收益率风险调整模型，计算普通股资本成本。

**【解析】**先计算公司债券税后资本成本，之后再加上风险溢价即可。

**【答案】**

$$K_S=10\%\times(1-25\%)+4\%=11.5\%$$

### （五）留存收益资本成本

留存收益是公司缴纳所得税后形成的，其所有权属于股东。股东将这一部分未分配的税后利润留存于公司，实际上是对公司追加投资。如果公司将留存收益用于再投资所获得的收益率低于股东自己进行另一项风险相似的投资的收益率，公司就不应该保留这部分收益，而应将其分派给股东。股东将这一部分资本留存于公司进行再投资，是期望得到与普通股等价的报酬。因此，留存收益的资本成本实质是一种机会成本。计算留存收益资本成本的方法与计算普通股资本成本相同，只是不需要考虑筹资费用。

## 三、加权平均资本成本

在市场经济环境下，公司由于受多种因素的制约，不可能只使用某种单一的筹资方式，往往需要通过多种方式筹集所需资本。为进行筹资决策，需要计算确定公司全部长期资本的加权平均资本成本。

加权平均资本成本

加权平均资本成本是以各项个别资本在公司长期资本中所占比重为权数，对个别资本成本进行加权平均确定的。加权平均资本成本的计算公式如下：

$$K_W=\sum_{i=1}^{n}W_iK_i$$

式中：$K_W$——加权平均资本成本；

$W_i$——第$i$种资本在长期资本中所占的权重；

$K_i$——第$i$种资本的税后资本成本；

$n$——公司筹集长期资本的种类。

从公式可以看出，公司的加权平均资本成本受到两个因素影响：个别资本成本和各类资本占长期资本的比重。而在实际计算中，各类资本占长期资本的比重起着决定性的作用。在计算中有三种可供选择的权重：账面价值、市场价值和目标资本结构。

（1）以账面价值为权重。以账面价值为权重就是根据各类长期资本的会计账面金额来确定各类长期资本占长期资本总额的比重。这种方法的优点是可以直接从会计数据中得到，比较容易。缺点是资本的账面价值可能并不符合资本的市场价值，从而使计算的结果与现实脱节。

(2) 以市场价值为权重。以市场价值为权重是指以各类长期资本当前市场价值占全部长期资本的市场价值比重来计算各类资本的权重。这种权重的确定方式是较为合适的，但是同时也存在一些缺陷，如市场价值经常会发生波动。可以采用一定时期资本的平均价格来解决这个问题。

(3) 以目标资本结构为权重。目标资本结构是指公司根据自身特点和发展预期，确定适合公司一定时期内努力保持的资本结构。以目标资本结构为权重，反映了公司未来的筹资要求，但是由于目标资本结构较难确定，使该方法本身在使用时有一定困难。

**【例 5-12】** 某公司的长期资本为 1 000 万元，其中长期债券 300 万元，优先股 200 万元，普通股 400 万元，留存收益 100 万元，其资本成本分别为 10%、13%、16%和 14%。计算该公司加权平均资本成本。

**【解析】** 先计算每一种长期资本在长期资本总额中所占比重，之后分别乘以各自的资本成本，求和即可。

**【答案】**

$$K_W=\frac{300}{1\,000}\times 10\%+\frac{200}{1\,000}\times 13\%+\frac{400}{1\,000}\times 16\%+\frac{100}{1\,000}\times 14\%=13.4\%$$

## 本章小结

长期筹资是公司筹集生产经营所需要的长期资金。长期资金包括权益资金和长期债务资金。

销售百分比法预计资金需要量有两种方法：一种是先根据销售总额预计经营资产和经营负债，然后根据会计恒等式确定筹资需求；另一种是根据销售增加额预计经营资产、经营负债增加额，然后确定外部筹资需求。

吸收直接投资是指非股份制公司以协议等形式吸收国家、法人和个人直接投入资本的一种筹资方式。具体方式包括现金、实物、工业产权和土地使用权等。

普通股是指股份公司依法发行的具有表决权和剩余索取权的一类股票。

优先股是指在一般规定的普通种类股份之外，另行规定的其他种类股份，其股份持有人优先于普通股股东分配公司利润和剩余财产，但参与公司决策管理等权利受到限制的股票。

留存收益是指公司从历年实现的利润中提取或留存于公司的内部积累，它来源于公司生产经营活动所实现的净利润，包括公司的盈余公积金和未分配利润两个部分。

长期借款是指公司向银行或其他非银行金融机构借入的使用期超过一年的借款，主要用于购建固定资产和满足长期流动资金占用的需要。

债券是指发行人依照法定程序发行，约定在一定期限内还本付息的有价证券。公司债券的发行价格通常有三种：平价、溢价和折价。债券的信用等级反映了债券违约风险的大小。

租赁是指出租人在承租人给予一定报酬的条件下，授予承租人在约定的期限内占有和使用财产权利的一种契约行为。

资本成本是公司筹集和使用资本而发生的代价，包括筹资费用和占用费用。

## 思考题

1. 公司筹资的内涵是什么？
2. 权益筹资与债务筹资的优缺点是什么？
3. 销售百分比法预测资本需要量的基本思路是什么？
4. 内含增长率和可持续增长率的含义是什么？
5. 吸收直接投资、发行股票和利用留存收益进行筹资有何异同？
6. 长期借款、发行债券和租赁筹资有何异同？
7. 如何理解资本成本的含义及作用？
8. 如何计算个别资本成本与加权平均资本成本？

## 在线自测

扫一扫　练一练

# 第六章　杠杆原理与资本结构

## 第一节　杠杆原理

物理学中的杠杆效应是指通过杠杆的使用，可以利用较小的力量移动较重物体的现象。财务管理中的杠杆效应表现为存在特定费用的情况下，一个财务变量以某一比例变化时，引起另一个相关的财务变量以一个较大的比例变化。合理运用杠杆可以有助于公司合理规避风险，提高资金运营效率。财务管理中的杠杆有三种：经营杠杆、财务杠杆和复合杠杆。

### 一、经营风险与经营杠杆

#### （一）经营风险

经营风险与经营杠杆

经营风险是指由生产经营活动而产生的未来经营收益（用息税前利润表示）的不确定性。任何公司只要从事经营活动，就必然承受着不同程度的经营风险。经营风险因具体行业、具体公司以及具体时期而异。通常，经营风险可以用息税前利润的概率分布对其期望值的偏离程度，即息税前利润的标准差或标准离差率来衡量。

在市场经济中，经营风险的发生及大小取决于多方面因素，一般来说主要有以下几个方面：

（1）市场需求变化的敏感性。在不考虑其他因素的情况下，市场对公司产品的需求越稳定，则公司经营风险越低；反之，公司销售状况对市场需求环境变化的反应越敏感，则经营风险越高。

（2）销售价格的稳定性。在同类产品竞争的条件下，如果能够保持相对稳定的销售价格和市场占有率，则经营风险较小；反之，销售价格随着竞争形势而波动，或单纯以价格策略维持市场占有率，必然导致经营风险较高。

（3）投入生产要素价格的稳定性。在生产经营过程中，公司要投入原材料、动力、燃料、工资等。这些要素的价格变动越大，公司的经营风险越高。

（4）产品更新周期和公司研发能力。在高新技术环境中，产品更新的周期短。如果公司缺乏研究开发新技术、新产品的能力，必然会被市场淘汰，公司的经营风险会上升。

（5）固定经营成本占总成本的比重。当产品销售量增加时，单位产品所负担的固定经营成本就会相应地减少，但是当公司的销售量减少时，单位产品负担的固定经营成本会随之增加，公司的利润就会相应减少。此时，如果固定经营成本占总成本的比重越大，利润减少的幅度就会越大，经营风险就会越高。

上述各个因素对经营风险的作用因公司的性质不同而不同，但是各种风险因素都可以通过管理使其控制在一定的范围之内。例如通过市场销售策略来稳定公司的销量。如果一个公司的经营风险得不到控制，那么将会危及公司的生存。在控制经营风险的各种方法中，合理地调整经营杠杆是一个非常有效的方式。

### （二）经营杠杆

#### 1. 经营杠杆的含义

经营杠杆是指在固定经营成本存在的情况下，销售量变动对息税前利润产生的作用。由于公司固定经营成本的存在，在其他条件不变的情况下，产销量的增加不会改变固定成本总额，但会降低单位固定成本，使得单位产品的利润增加，导致息税前利润的增长率大于产销量的增长率。这种由于固定经营成本存在而导致的息税前利润变动率大于产销量变动率的杠杆效应，称为经营杠杆。

#### 2. 经营杠杆系数的概念及计算

公司只要存在固定经营成本，就存在经营杠杆作用。经营杠杆的大小用经营杠杆系数衡量。经营杠杆系数（DOL）是指息税前利润变动率相对于销售量变动率的倍数。经营杠杆系数用公式表示为：

$$DOL=\frac{\Delta EBIT/EBIT}{\Delta Q/Q}$$

式中：$EBIT$——基期息税前利润；

$\Delta EBIT$——息税前利润变动额；

$Q$——基期销售量；

$\Delta Q$——销售量的变动。

上式称为经营杠杆系数的定义公式。如果假定公司的成本、业务量和利润保持线性关系，变动成本在销售收入中所占的比例不变，固定经营成本也保持稳定，则我们可以得到 $DOL$ 的简化计算公式：

$$DOL=\frac{Q(P-V_c)}{Q(P-V_c)-F_c}$$

式中：$P$——销售单价；

$V_c$——单位变动成本；

$F_c$——固定经营成本总额。

**【例 6－1】** A 和 B 两个公司的有关资料如表 6－1 所示。

**表 6－1　息税前利润计算表（简表）**

| 项目 | A 公司 | | B 公司 | |
|---|---|---|---|---|
| | 2024 年 | 2025 年 | 2024 年 | 2025 年 |
| 销售量（万件） | 60 | 120 | 60 | 120 |
| 销售收入（万元） | 120 | 240 | 120 | 240 |

续表

| 项目 | A 公司 | | B 公司 | |
| --- | --- | --- | --- | --- |
| | 2024 年 | 2025 年 | 2024 年 | 2025 年 |
| 固定经营成本（万元） | 20 | 20 | 50 | 50 |
| 单位变动成本（元） | 1.5 | 1.5 | 1 | 1 |
| 变动成本（万元） | 90 | 180 | 60 | 120 |
| 总成本（万元） | 110 | 200 | 110 | 170 |
| 息税前利润（万元） | 10 | 40 | 10 | 70 |

方法一：采用定义公式计算。

A 公司：

息税前利润变动率＝(40－10)÷10×100%＝300%

销售量变动率＝(120－60)÷60×100%＝100%

经营杠杆系数＝300%÷100%＝3

B 公司：

息税前利润变动率＝(70－10)÷10×100%＝600%

销售量变动率＝(120－60)÷60×100%＝100%

经营杠杆系数＝600%÷100%×100%＝6

经营杠杆系数 3 或 6 表明息税前利润的增长是销售量增长的 3 或 6 倍；或表明息税前利润的降低是销售量降低的 3 或 6 倍。

方法二：采用简化公式计算。

例 6－1 中，A 公司产品单位价格为 2 元，单位变动成本为 1.5 元，固定经营成本为 20 万元。则当销售量为 60 万件时：

$$DOL = \frac{60 \times (2-1.5)}{60 \times (2-1.5)-20} = 3$$

当 $Q$=120 万件时：

$$DOL = \frac{120 \times (2-1.5)}{120 \times (2-1.5)-20} = 1.5$$

例 6－1 中，B 公司产品单位价格为 2 元，单位变动成本为 1 元，固定经营成本为 50 万元。则当销售量为 60 万件时：

$$DOL = \frac{60 \times (2-1)}{60 \times (2-1)-50} = 6$$

当 $Q$=120 万件时：

$$DOL = \frac{120 \times (2-1)}{120 \times (2-1)-50} = 1.71$$

采用简化公式计算，可以更加清晰地表明在每一销售水平上的经营杠杆系数。即销售水平不同时，其经营杠杆程度各不相同。

### （三）经营杠杆和经营风险的关系

引起公司经营风险的主要原因是市场需求和成本等因素的不确定性，经营杠杆本身不是利润不稳定的根源。经营杠杆扩大了市场和生产等不确定因素对利润变动的影响。而且经营杠杆系数越高，利润变动越剧烈，公司的经营风险越大。一般来说，在其他因素不变的情况下，固定经营成本越高，经营杠杆系数越大，经营风险越大。从经营杠杆系数的计算公式可知：

（1）在固定经营成本不变的情况下，经营杠杆系数说明了销售增加（减少）所引起的息税前利润增加（减少）的幅度。

（2）当固定经营成本不变时，销售额越大，经营杠杆系数越小，经营风险越低。

（3）当销售量小于盈亏临界点销售量时，经营杠杆系数随着销售量的增加而增加；在销售量大于盈亏临界点销售量时，经营杠杆系数随着销售量的增加而减少；当销售量等于盈亏临界点销售量时，经营杠杆系数趋于无穷大。

## 二、财务风险与财务杠杆

### （一）财务风险

财务风险与财务杠杆

公司存在负债和优先股筹资的情况下，都应该按规定向债权人和优先股股东支付按固定利率和股息率计算的利息和股息，并且按照约定方式偿还债务本金。如果公司无法支付利息和股息、债务本金，公司将面临一定的财务压力。这种由于固定性资本成本存在（包括负债利息和优先股股息）而对普通股股东收益产生的影响，称为财务风险。财务风险通常用财务杠杆来衡量。

### （二）财务杠杆

1. 财务杠杆的含义

财务杠杆是指由于固定性资本成本的存在，公司的息税前利润有一个较小幅度的变化而引起普通股每股收益较大幅度变化的现象。公司债务的利息和优先股的股息通常是固定不变的。当息税前利润增加时，每一元息税前利润所负担的固定性资本成本就会减少，这给普通股股东带来更多的收益；相反，当息税前利润减少时，每一元息税前利润所负担的固定资本成本就会增加，这会减少普通股股东的收益。财务杠杆主要反映息税前利润和普通股每股收益之间的关系，用于衡量息税前利润变动对普通股每股收益变动的影响程度。

2. 财务杠杆系数的概念及计算

只要公司存在债务利息和优先股股息，就会存在财务杠杆效应。财务杠杆效应的大小通常用财务杠杆系数衡量。财务杠杆系数（DFL）是指普通股每股收益的变动率相当于息税前利润变动率的倍数。按照财务杠杆系数的含义，财务杠杆系数的计算公式为：

$$DFL=\frac{\Delta EPS/EPS}{\Delta EBIT/EBIT}$$

式中：$DFL$——财务杠杆系数；

$EPS$——基期普通股每股收益额；

$\Delta EPS$——普通股每股收益额的变动额；

$EBIT$——基期息税前利润；

$\Delta EBIT$——息税前利润的变动额。

上述公式是财务杠杆系数的定义公式。根据每股收益与息税前利润、债务利息、优先股股息、所得税税率和普通股股数之间的关系，我们可以得到财务杠杆系数的简化计算公式为：

$$DFL=\frac{EBIT}{EBIT-I-\dfrac{D}{I-T}}$$

式中：$I$——债务利息；

$D$——优先股股息；

$T$——公司所得税税率。

**【例 6-2】** C 和 D 两个公司的资本总额相等，息税前利润相等，息税前利润增长率也相同，只是资本结构不同。C 公司全部资本都是普通股，D 公司的资本中普通股和债务各占 50%，相关资料如表 6-2 所示。

**表 6-2　普通股每股收益计算表（简表）**

| 项目 | C 公司 | D 公司 |
|---|---|---|
| 普通股发行在外股数（股） | 2 000 | 1 000 |
| 普通股股本（每股面值 100 元） | 200 000 | 100 000 |
| 债务（利率 8%） | — | 100 000 |
| 资本总额（元） | 200 000 | 200 000 |
| 息税前利润（元） | 20 000 | 20 000 |
| 债务利息（利率 8%） | 0 | 8 000 |
| 税前利润（元） | 20 000 | 12 000 |
| 所得税（税率 25%） | 5 000 | 3 000 |
| 净利润（元） | 15 000 | 9 000 |
| 每股收益（元/股） | 7.50 | 9 |
| 息税前利润增长率 | 20% | 20% |
| 增长后的息税前利润（元） | 24 000 | 24 000 |
| 债务利息（利率 8%） | — | 8 000 |
| 税前利润（元） | 24 000 | 16 000 |
| 所得税（税率 25%） | 6 000 | 4 000 |
| 净利润（元） | 18 000 | 12 000 |
| 每股收益（元/股） | 9 | 12 |
| 每股收益增加额（元） | 1.50 | 3 |
| 每股收益增长率 | 20% | 33.33% |

方法一：采用定义公式计算。

C 公司：

$$\frac{\Delta EBIT}{EBIT}=\frac{24\ 000-20\ 000}{20\ 000}\times 100\%=20\%$$

$$\frac{\Delta EPS}{EPS}=\frac{9-7.5}{7.5}\times 100\%=20\%$$

$$DFL=\frac{20\%}{20\%}=1$$

D 公司：

$$\frac{\Delta EBIT}{EBIT}=\frac{24\ 000-20\ 000}{20\ 000}\times 100\%=20\%$$

$$\frac{\Delta EPS}{EPS}=\frac{12-9}{9}\times 100\%=33.33\%$$

$$DFL=\frac{33.33\%}{20\%}=1.67$$

上式计算结果表明：在 C 和 D 两个公司的息税前利润均增长 20%的情况下，C 公司的每股收益增加 20%，而 D 公司却增加了 33.33%，这就是财务杠杆效应。

方法二：采用简化公式计算。

C 公司：

$$DFL=\frac{20\ 000}{20\ 000}=1$$

D 公司：

$$DFL=\frac{20\ 000}{20\ 000-8\ 000}=1.67$$

上述计算反映了债务性筹资的财务杠杆现象。1.67 表明公司普通股每股收益的变动是息税前利润变动的 1.67 倍。当公司没有债务和优先股筹资时，不论息税前利润为多少，财务杠杆系数总是等于 1，每股收益随息税前利润成同比例变动。若公司采用债务和优先股筹资，财务杠杆必然大于 1。运用债务和优先股筹资的比例越大，公司每股收益变动的幅度越大，即财务风险越高。

### （三）财务风险和财务杠杆的关系

从财务杠杆系数公式我们可以看到：当公司息税前利润增长幅度较大时，如果适当地利用负债资本，发挥财务杠杆的效应，就可以更大幅度地增加普通股每股收益。当然，公司也要注意合理安排资本结构，使得财务杠杆的利益能够抵消财务风险提高所带来的不利影响。

财务杠杆系数与公司负债存在正相关关系，公司为取得财务杠杆利益，就要增加负债。在公司中，长期负债的增加会增加财务风险。在资本总额和息税前利润不变的情况下，负债比率越高，财务杠杆系数越大，财务风险也越大，公司预期的每股收益也会越高。

## 三、公司总风险与复合杠杆

从以上分析可知，经营杠杆是通过扩大销售规模来影响息税前利润，而财务杠杆是通过扩大息税前利润来影响每股收益。如果两个杠杆共同起作用，那么销售规模稍有变动就会使每股收益产生更大的变动，这就是复合杠杆作用。

复合杠杆

对复合杠杆进行计量的最常用指标是复合杠杆系数（DCL）。所谓复合杠杆系数，是指每股收益的变动率相当于销售量变动率的倍数。复合杠杆系数的计算公式为：

$$DCL = \frac{\Delta EPS/EPS}{\Delta Q/Q}$$

以上是复合杠杆系数的定义公式。复合杠杆系数的简化计算公式为：

$$DCL = \frac{Q(P-V_c)}{EBIT - I - \frac{D}{I-T}}$$

根据复合杠杆的概念，经营杠杆系数、财务杠杆系数和复合杠杆系数之间的关系可以表述为：

$$DCL = DOL \times DFL$$

经营杠杆和财务杠杆可以按照多种方式组合以得到一个理想的复合杠杆水平和公司总风险程度。即经营杠杆系数较高的公司可以在较低的程度上使用财务杠杆；经营杠杆系数较低的公司可以在较高的程度上使用财务杠杆。从而使经营风险可以被低财务风险所抵消；高财务风险也可以被低经营风险所抵消，使公司达到一个较合适的总风险水平。在实际工作中，财务杠杆往往可以选择，而经营杠杆却不同。公司的经营杠杆主要取决于其所在的行业及规模，一般不能轻易变动；而财务杠杆却始终是一个可以选择的项目。因此，公司往往是在确定的经营杠杆下，通过调整资本结构来调节财务杠杆，进而控制公司的总风险水平。

**【例 6-3】**某公司产销一种产品，销售单价 10 元/件，单位变动成本 6 元/件，固定经营成本是 2 000 元，产销量 3 000 件。公司债务年利息 2 000 元，优先股年股息 1 500 元，公司所得税税率 25%。计算公司的复合杠杆系数。

**【解析】**边际贡献＝3 000×(10－6)＝12 000（元），息税前利润＝12 000－2 000＝10 000（元）。优先股税前股息＝1 500/(1－25%)＝2 000（元），之后将数据代入公式即可。或者先计算经营杠杆系数和财务杠杆系数，然后计算两者乘积。

**【答案】**

复合杠杆系数＝12 000/(10 000－2 000－2 000)＝2

或：

经营杠杆系数＝12 000/10 000＝1.2

财务杠杆系数＝10 000/(10 000－2 000－2 000)＝1.666 7

复合杠杆系数＝1.2×1.666 7＝2

## 第二节 资本结构

在财务管理实践中，资本结构有广义和狭义之分。广义的资本结构是指公司全部资本（包括长期资本和短期资本）的构成及其比例关系。而狭义的资本结构是指各种长期资本（长期负债与股东权益）的构成及其比例关系。一般情况下，公司财务管理中的资本结构多指狭义的资本结构，即研究长期负债与股东权益之间的比例关系。本教材所阐述的资本结构就是狭义的资本结构。

## 一、资本结构理论

### （一）MM 理论

现代资本结构理论由莫迪格莱尼和米勒（以下简称 MM）基于以下假设条件提出的：（1）企业只有长期债券和普通股，债券和股票均在完善的资本市场交易，没有交易成本；（2）借债无风险，个人和公司的所有债务利率均是无风险利率，与债务数量无关；（3）相同经营风险的公司称为风险同类，经营风险用息税前利润的方差衡量；（4）所有的现金流量均是永续的，即公司预计息税前利润零增长，所有债券利息也是永续的；（5）投资者对公司未来的收益和风险的预期是相同的。

MM 理论认为，在不考虑企业所得税的情况下，负债比例不影响企业价值，即企业价值不受资本结构的影响。但是普通股资本成本随着负债比例的提高而增大。

在考虑了企业所得税之后，提出了修正的 MM 理论。该理论认为，由于负债利息可以带来抵税利益，企业可以用财务杠杆增加企业价值。企业价值随着负债比例增加而增加。即：有负债企业价值等于相同风险等级的无负债企业价值加上利息抵税收益的现值。有负债企业的普通股资本成本等于相同风险等级的无负债企业普通股资本成本加上按照市场价值计算债务与股东权益比例计算的风险收益，该风险收益高低受债务比例和所得税税率的影响。

### （二）权衡理论

修正的 MM 理论只是接近了现实，在实践中，如果使用过多负债，会导致企业陷入财务困境，出现财务危机甚至破产。因此，负债在为企业带来抵税收益的同时，也会给企业带来陷入财务困境的成本。所谓权衡理论，就是强调在平衡债务利息抵税收益与财务困境成本的基础上，实现企业价值最大化的资本结构。此时确定的债务比例是债务抵税收益价值增加等于财务困境成本现值增加。权衡理论认为，有负债企业价值等于无负债企业价值加上债务利息抵税收益现值减去财务困境成本现值。

### （三）优序融资理论

优序融资理论认为，在成熟的资本市场，企业筹资的优序模式是首选留存收益筹资，其次选择债务筹资，最后选择股权筹资。优序融资理论的提出以信息不对称为存在前提。信息不对称是指企业内部管理层通常比外部投资者拥有更多、更准确的企业信息。在这种情况下，企业管理层的决策就会向市场和外部投资者传递着信号。外部投资者通过这些信号对企业未来的预期收益和风险做出判断，进而评估企业价值。

优序融资理论只是考虑信息不对称对筹资顺序的影响，解释了企业在筹资时对不同筹资方式的偏好，但是该理论并不能解释实践中所有的资本结构规律。

## 二、资本结构的主要影响因素

### （一）公司产品销售情况

如果公司的销售比较稳定，其获利能力也相对稳定，则公司负担固定财务费用的能力相对较强；如果销售具有较强的周期性，则负担固定的财务费用将承担较高的财务风险。

另外，公司销售的增长速度也决定财务杠杆能在多大程度上扩大每股收益。如果销售增长较快，使用具有固定财务费用的债务筹资，就会扩大普通股的每股收益。

### （二）公司股东和经营者的态度

一个公司的股票如果被众多股东所持有，谁也没有绝对的控制权，那么这个公司可能会更多地采用发行股票的方式来筹集资本，因为公司的股东并不担心控制权的分散。反之，有的公司被少数股东所控制，股东们很重视控制权问题，公司为了保证少数股东的绝对控制权，一般尽量避免采用普通股筹资，而是采用优先股或负债方式筹集资本。

公司经营者对待风险的态度，也是影响资本结构的重要因素。喜欢冒险的经营者，可能会安排比较高的负债比例；反之，一些持稳健态度的经营者则会使用比较低的负债比例。

### （三）公司财务状况

公司获利能力越强，财务状况越好，就越有能力承担较高财务风险。因而，随着公司变现能力、财务状况和盈利能力的增加，其举债筹资能力增强。当然，有些公司因为财务状况不好，无法顺利发行股票，只好以高利率发行债券来筹集资本。

### （四）公司资产结构

公司资产结构会以多种方式影响公司的资本结构：(1) 拥有大量固定资产的公司主要通过长期负债和发行股票筹集资本；(2) 拥有较多流动资产的公司，更多依赖流动负债来筹集资本；(3) 资产适用于抵押贷款的公司负债比例会更高，如房地产公司的抵押贷款金额较大；(4) 以技术研究开发为主的公司则负债很少。

### （五）贷款人和信用评级机构

公司经营者对如何运用财务杠杆都有自己的分析，但贷款人和信用评级机构的态度实际上会成为决定资本结构的关键因素。

一般而言，公司经营者都会与贷款人和信用评级机构商讨其资本结构，并充分尊重它们的意见。大部分贷款人都不希望公司的负债比例太大，如果公司坚持使用过多债务，则贷款人可能拒绝贷款。同样，如果公司债务太多，信用评级机构可能会降低公司的信用等级，这样会影响公司的筹资能力，提高公司的资本成本。

### （六）行业因素与公司规模

不同行业的资本结构有很大差别。经营者必须考虑本公司所处的行业，以便考虑最优的资本结构。一般而言，公司规模越大，筹集资本的方式越多，如发行股票、吸收直接投资等，因此负债比例一般较低。而一些中小型公司的筹资方式比较单一，主要靠银行借款来满足资本需求，一般负债比例比较高。

### （七）公司所得税税率

公司利用负债可以获得利息抵税收益。公司所得税税率越高，负债利息的节税收益就越多；反之，如果所得税税率很低，采用举债方式的节税收益就越少。

### （八）利率水平的变动趋势

如果公司经营者认为利率暂时较低，但不久有可能上升，就会大量发行长期债券筹集资金，从而在若干年内把利率固定在较低水平上。

## 三、资本结构的决策方法

资本结构的决策方法

公司利用债务资本具有双重作用，适当地利用负债，可以降低公司资本成本；但当公司负债比例过高时，会给公司带来较高的财务风险。因此，公司必须权衡财务风险和资本成本的关系，确定最优资本结构。

一般来说，在确定最优资本结构时可以有三种不同的考虑：第一种是只考虑资本成本，即以加权平均资本成本最低作为资本结构决策的依据，这就是比较资本成本法；第二种是只考虑公司每股收益，即以公司每股收益最大作为资本结构决策的依据，这就是每股收益分析法；第三种是同时考虑资本成本和公司价值，即以加权平均资本成本最低和公司价值最大作为资本结构的决策依据，这就是公司价值分析法。

### （一）比较资本成本法

公司在做出筹资决策之前，先拟定若干个备选方案，分别计算各方案的加权平均资本成本，并根据计算出的加权平均资本成本来确定最优资本结构的方法，称为比较资本成本法。该方法侧重于从资本投入的角度对资本结构进行优选分析。这种分析方法通俗易懂，计算过程十分简单，是确定资本结构的一种常用方法。但因拟定筹资方案的数量有限，存在把最有利方案漏掉的可能性。

**【例 6-4】** F 公司初创时有如下三个筹资方案可供选择，有关资料经测算汇入表 6-3。分别测算三个筹资方案的加权平均资本成本，从而确定最优筹资方案。

**表 6-3　筹资方案汇总表**

| 筹资方式 | 筹资方案Ⅰ | | 筹资方案Ⅱ | | 筹资方案Ⅲ | |
|---|---|---|---|---|---|---|
| | 筹资额（万元） | 资本成本（%） | 筹资额（万元） | 资本成本（%） | 筹资额（万元） | 资本成本（%） |
| 长期借款 | 400 | 6 | 500 | 6.5 | 800 | 7.0 |
| 债券 | 1 000 | 7 | 1 500 | 8.0 | 1 200 | 7.5 |
| 优先股 | 600 | 12 | 1 000 | 12.0 | 500 | 12.0 |
| 普通股 | 3 000 | 15 | 2 000 | 15.0 | 2 500 | 15.0 |
| 合计 | 5 000 | — | 5 000 | — | 5 000 | — |

**【解析】** 对于三个筹资方案，分别计算出每种筹资方式在总资本中所占权重，之后分别乘以各自的资本成本，计算三个筹资方案的加权平均资本成本。最后，选择三种筹资方案中加权平均资本成本最低的方案即可。

**【答案】**

方案Ⅰ：

（1）计算各种筹资方式占筹资总额的比例。

长期借款　　400÷5 000=0.08

债券　　1 000÷5 000=0.2

优先股　　600÷5 000=0.12

普通股　　3 000÷5 000=0.6

(2) 计算加权平均资本成本。

$$0.08\times6\%+0.2\times7\%+0.12\times12\%+0.6\times15\%=12.32\%$$

方案Ⅱ：

(1) 计算各种筹资方式占筹资总额的比例。

长期借款　　500÷5 000=0.1

债券　　1 500÷5 000=0.3

优先股　　1 000÷5 000=0.2

普通股　　2 000÷5 000=0.4

(2) 计算加权平均资本成本。

$$0.1\times6.5\%+0.3\times8\%+0.2\times12\%+0.4\times15\%=11.45\%$$

方案Ⅲ：

(1) 计算各种筹资方式占筹资总额的比例。

长期借款　　800÷5 000=0.16

债券　　1 200÷5 000=0.24

优先股　　500÷5 000=0.1

普通股　　2 500÷5 000=0.5

(2) 计算加权平均资本成本。

$$0.16\times7\%+0.24\times7.5\%+0.1\times12\%+0.5\times15\%=11.62\%$$

通过比较三个筹资方案的加权平均资本成本可知，方案Ⅱ的最低。在其他有关因素大体相同的条件下，方案Ⅱ是最优的筹资方案，其形成的资本结构即为加权平均资本成本最低的资本结构。

### (二) 每股收益分析法

资本结构是否合理，可以通过每股收益的变化来进行分析。当公司面临是采用债务筹资还是权益筹资时，可以先计算两种方式下的每股收益，然后选择每股收益最大的筹资方案。因此，我们可以根据两种不同筹资方案的有关资料，计算两种资本结构下的每股收益相等时的销售水平或息税前利润，即每股收益无差异点。利用无差异点可以判断在什么情况下可以采用债务筹资，什么情况下只能采用权益筹资。普通股每股收益的计算公式为：

$$EPS=\frac{(EBIT-I)(1-T)-D}{N}$$

式中：$EPS$——普通股每股收益；

$I$——负债利息；

$T$——公司所得税税率；

$D$——优先股股息；

$N$——发行在外普通股股数；

$EBIT$——息税前利润。

在每股收益无差异点上，无论采用何种筹资方案，每股收益均是相等的。用公式表示为：

$$\frac{(EBIT-I_1)(1-T)-D_1}{N_1}=\frac{(EBIT-I_2)(1-T)-D_2}{N_2}$$

根据上述公式可以计算出每股收益无差异点上的息税前利润 $EBIT$。如果公司筹资之后预计的息税前利润大于无差异点的息税前利润，则采用负债筹资；相反，则采用发行普通股筹资。

**【例 6－5】**某公司目前拥有长期资本 8 500 万元，其资本结构为：长期债务 1 000 万元，普通股 7 500 万元。现准备追加筹资 1 500 万元，有三种筹资方式可供选择：增发普通股、增加长期债务和发行优先股。有关资料详见表 6－4。

**表 6－4　公司目前及追加筹资后的资本结构资料表**　　金额单位：万元

| 资本种类 | 目前资本结构 | | 追加筹资后的资本结构 | | | | | |
|---|---|---|---|---|---|---|---|---|
| | 金额 | 比例 | 增发普通股 | | 增加长期债务 | | 发行优先股 | |
| | | | 金额 | 比例 | 金额 | 比例 | 金额 | 比例 |
| 长期债务 | 1 000 | 0.12 | 1 000 | 0.10 | 2 500 | 0.25 | 1 000 | 0.10 |
| 优先股 | | | | | | | 1 500 | 0.15 |
| 普通股 | 7 500 | 0.88 | 9 000 | 0.90 | 7 500 | 0.75 | 7 500 | 0.75 |
| 资本总额 | 8 500 | 1.00 | 10 000 | 1.00 | 10 000 | 1.00 | 10 000 | 1.00 |
| 其他资料： | | | | | | | | |
| 年债务利息额 | 90 | | 90 | | 270 | | 90 | |
| 年优先股股利额 | | | | | | | 150 | |
| 普通股股数（万股） | 1 000 | | 1 300 | | 1 000 | | 1 000 | |

当息税前利润为 1 600 万元时，假定公司所得税税率为 25%。计算三种筹资方式追加筹资后的普通股每股收益，如表 6－5 所示。

**表 6－5　公司预计追加筹资后的每股收益测算表**　　金额单位：万元

| 项目 | 增发普通股 | 增加长期债务 | 发行优先股 |
|---|---|---|---|
| 息税前利润 | 1 600 | 1 600 | 1 600 |
| 减：长期债务利息 | 90 | 270 | 90 |
| 税前利润 | 1 510 | 1 330 | 1 510 |
| 减：公司所得税 | 377.5 | 332.5 | 377.5 |
| 税后利润 | 1 132.5 | 997.5 | 1 132.5 |
| 减：优先股股息 | | | 150 |
| 普通股可分配利润 | 1 132.5 | 997.5 | 982.5 |
| 普通股股数（万股） | 1 300 | 1 000 | 1 000 |
| 普通股每股收益（元） | 0.871 2 | 0.997 5 | 0.982 5 |

由表 6－5 的结果可见，采用不同筹资方式追加筹资后，普通股每股收益是不相等

的。在息税前利润为 1 600 万元的条件下，普通股每股收益在增发普通股时最低，每股 0.871 2 元；当增加长期债务时最高，每股 0.997 5 元；当发行优先股时居中，每股 0.982 5 元。这反映了在息税前利润一定的条件下，不同资本结构对普通股每股收益的影响。

表 6-5 的结果是息税前利润预计为 1 600 万元的情况。如果确定筹资方案的普通股每股收益相等时的息税前利润，则需要计算其每股收益无差异点。

增发普通股与增加长期债务两种增资方式下的普通股每股收益无差异点为：

$$\frac{(EBIT-90)(1-25\%)}{1\,300}=\frac{(EBIT-270)(1-25\%)}{1\,000}$$

$EBIT=870$（万元）

增发普通股与发行优先股两种筹资方式下的普通股每股收益无差异点为：

$$\frac{(EBIT-90)(1-25\%)}{1\,300}=\frac{(EBIT-90)(1-25\%)-150}{1\,000}$$

$EBIT=956.67$（万元）

注意：发行优先股和增加长期债务两种筹资方式的每股收益无差异点不需要计算。因为它们的每股收益线是平行线。根据上述计算结果，当息税前利润为 870 万元时，增发普通股和增加长期债务筹资的每股收益相等；同样道理，当息税前利润为 956.67 万元时，增发普通股和发行优先股筹资的每股收益相等。上述每股收益无差异点分析的结果可用图 6-1 表示。

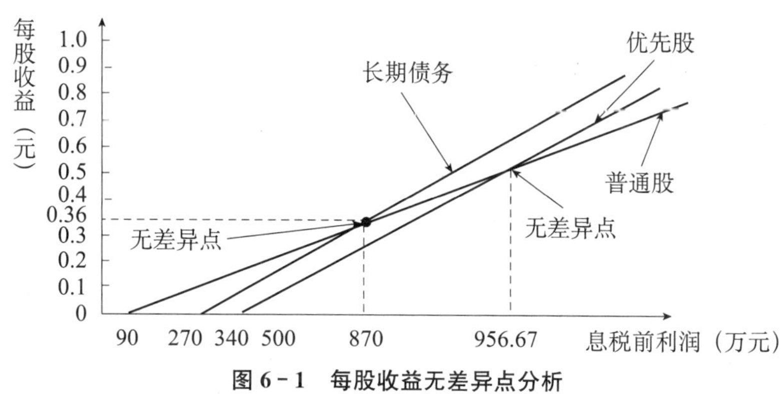


**图 6-1 每股收益无差异点分析**

每股收益无差异点分析图直观地说明了无差异点的含义。增发普通股和增加长期债务的每股收益无差异点 870 万元的含义是：预期 *EBIT* 低于 870 万元时应采用普通股筹资方式，高于 870 万元时应采用长期债务筹资方式；增发普通股和发行优先股的每股利润无差异点 956.67 万元的含义是：预期 *EBIT* 低于 956.67 万元时应采用普通股筹资方式，高于 956.67 万元时应采用优先股筹资方式。一般情况下，优先股筹资形成的普通股每股收益低于债务筹资。综上所述，当预期 *EBIT* 高于 870 万元时，选择长期债务筹资；低于 870 万元时，选择普通股筹资。

### （三）公司价值分析法

每股收益分析法以每股收益的高低作为衡量标准对筹资方案进行选择。这种方法的缺陷在于没有考虑风险因素。如果每股收益的增长不足以补偿风险增加所需的报酬，尽管每股收益增加，股价仍然会下降。所以，公司的最优资本结构应当是可使公司的总价值最高，而不一定是每股收益最大的资本结构。同时，在公司总价值最大的资本结构下，公司的加权平均资本成本也是最低的。

公司的市场总价值 $V$ 应该等于其股票的市场价值 $S$ 加上长期债务的价值 $B$，即：

$$V=S+B$$

为简化起见，假设长期债务（长期借款和长期债券）价值等于其面值；股票的价值等于公司未来净收益按股东要求收益率的贴现值。假设公司息税前利润永续发生，股东要求的收益率（即普通股资本成本）不变，则股票的市场价值则可通过下式计算：

$$S=\frac{(EBIT-I)\times(1-T)}{K_S}$$

式中：$EBIT$——息税前利润；

$I$——年利息额；

$T$——公司所得税税率；

$K_S$——普通股资本成本。

普通股资本成本可采用资本资产定价模型计算：

$$K_S=R_F+\beta(R_M-R_F)$$

式中：$K_S$——普通股资本成本；

$R_F$——无风险利率；

$\beta$——系统风险的度量；

$R_M$——市场组合要求的收益率（即证券市场的平均收益率）。

公司的加权平均资本成本表示为：

$$K_W=\frac{B}{V}\times K\times(1-T)+\frac{S}{V}\times K_S$$

式中：$K_W$——加权平均资本成本；

$K$——长期债务的税前资本成本。

**【例 6-6】**某公司年息税前利润为 500 万元，资本全部由普通股构成，股票账面价值 2 000 万元，公司所得税税率为 25%。该公司认为目前的资本结构不够合理，准备用发行债券购回部分股票的办法予以调整。经咨询和调查，目前的债务税前资本成本和普通股资本成本情况见表 6-6。

**表 6-6　不同债务水平对公司债务税前资本成本和普通股资本成本的影响**

| 债券的市场价值（百万元） | 债务税前资本成本 | 股票 $\beta$ 值 | 无风险利率 | 证券市场平均收益率 | 普通股资本成本 |
|---|---|---|---|---|---|
| 0 | — | 1.20 | 10% | 14% | 14.8% |
| 2 | 10% | 1.25 | 10% | 14% | 15% |
| 4 | 10% | 1.30 | 10% | 14% | 15.2% |
| 6 | 12% | 1.40 | 10% | 14% | 15.6% |
| 8 | 14% | 1.55 | 10% | 14% | 16.2% |
| 10 | 16% | 2.10 | 10% | 14% | 18.4% |

根据表 6－6 的资料，即可计算出筹集不同金额的债务时公司的价值和资本成本（见表 6－7）。

表 6－7　公司市场价值和资本成本

| 债券的市场价值（百万元） | 股票的市场价值（百万元） | 公司的市场价值（百万元） | 债务税前资本成本 | 普通股资本成本 | 加权平均资本成本 |
|---|---|---|---|---|---|
| 0 | 25.34 | 25.34 | — | 14.8% | 14.8% |
| 2 | 24 | 26 | 10% | 15% | 14.43% |
| 4 | 22.70 | 26.70 | 10% | 15.2% | 14.04% |
| 6 | 20.58 | 26.58 | 12% | 15.6% | 14.11% |
| 8 | 17.96 | 25.96 | 14% | 16.2% | 14.45% |
| 10 | 13.86 | 23.86 | 16% | 18.4% | 15.72% |

从表 6－7 可以看到，在没有债务的情况下，公司的市场价值就是其原有股票的市场价值。当公司用债务资本部分地替换股权资本时，公司总价值逐渐上升，加权平均资本成本逐渐下降；在债务达到 400 万元时，公司总价值最高，加权平均资本成本最低；债务超过 400 万元后，公司总价值下降，加权平均资本成本上升。因此，债务为 400 万元时的资本结构是该公司的最优资本结构。

## 本章小结

经营杠杆是指在某一固定经营成本存在的情况下，销售量变动对息税前利润产生的作用。经营杠杆大小用经营杠杆系数衡量。经营杠杆系数越大，经营风险越高。

财务杠杆是指由于固定性资本成本的存在，公司的息税前利润有一个较小幅度的变化而引起普通股每股收益较大幅度变化的现象。财务杠杆大小用财务杠杆系数衡量。财务杠杆系数越大，财务风险越高。

复合杠杆是经营杠杆和财务杠杆共同作用的结果，是销售规模稍有变动就会使每股收益产生更大的变动的现象。复合杠杆一般用复合杠杆系数衡量。

资本结构有广义和狭义之分。广义的资本结构是指公司全部资本（包括长期资本和短期资本）的构成及其比例关系。而狭义的资本结构是指各种长期资本（长期负债与股东权益）的构成及其比例关系。典型的资本结构理论有 MM 理论、权衡理论和优序融资理论。资本结构的影响因素包括公司的产品销售情况、股东和公司经营者的态度、财务状况、资产结构以及贷款人和信用评级机构、行业因素与公司规模、公司所得税税率、利率水平的变动趋势。

资本结构的决策方法包括比较资本成本法、每股收益分析法、公司价值分析法。

## 思考题

1. 如何理解经营杠杆效应、财务杠杆效应和复合杠杆效应？

2. 杠杆系数与对应风险之间的关系是什么?
3. 如何理解狭义资本结构与广义资本结构的区别?
4. MM 理论、权衡理论和优序融资理论的主要观点是什么?
5. 资本结构的影响因素包括哪些?
6. 如何理解最优资本结构的决策方法?

## 在线自测

扫一扫　练一练

# 第七章　证券投资决策

## 第一节　债券投资

### 一、债券投资估价

债券投资估价

债券投资估价就是计算债券的价值。债券价值是指债券投资者在未来期间获取的利息现值和到期收回的面值现值之和。根据利息的支付方式不同，债券投资的估价模型可分为以下几种。

#### （一）分期计息，到期一次还本债券的估价模型

典型的债券是固定利率、每年计算并支付利息、到期偿还本金。其估价模型为：

$$V=I\times(P/A,r,n)+M\times(P/F,r,n)$$

式中：$V$——债券价值；

$I$——每年利息；

$r$——市场利率（或投资者要求的收益率）；

$M$——到期的本金（债券面值）；

$n$——债券到期前的年数。

**【例 7-1】**L 公司于 2023 年 6 月 1 日发行面额为 1 000 元的债券，票面利率为 8%，以后每年 6 月 1 日计算并支付一次利息，并于 5 年后的 6 月 1 日到期。投资者要求的收益率为 10%，则该债券的价值为多少？

**【解析】**此题将投资者要求的收益率作为折现率，将债券未来 5 年的利息计算年金现值，到期的面值计算复利现值，两者之和即为该债券的价值。

**【答案】**

$$\begin{aligned}V&=1\,000\times8\%\times(P/A,\ 10\%,\ 5)+1\,000\times(P/F,\ 10\%,\ 5)\\&=80\times3.790\,8+1\,000\times0.620\,9\\&=924.16\text{（元）}\end{aligned}$$

该债券的价值是 924.16 元，如果不考虑其他因素，这种债券的价格只有等于或低于 924.28 元时，投资者才会购买。

债券既可以以年为单位计息，也可以以半年、季度、月份等短于一年的期间为单位计息。

**【例 7-2】**有一种公司债券，面值为 1 000 元，票面利率为 12%，期限 5 年，每半年

计息一次，当前市场利率为 10%。计算该债券的价值。

【解析】此题的计息期为半年，首先应计算半年的利率和计息期数，然后计算现值。

【答案】票面利率为 12%，半年利率=12%÷2=6%；计息期数=2×5=10；市场利率为 10%，半年利率=10%÷2=5%。

根据债券估价模型，则该债券的价值为：

$$
\begin{aligned}
V &= 1\ 000 \times 6\% \times (P/A,5\%,10) + 1\ 000 \times (P/F,5\%,10) \\
&= 60 \times 7.721\ 7 + 1\ 000 \times 0.613\ 9 \\
&= 1\ 077.2(\text{元})
\end{aligned}
$$

### （二）到期一次还本付息债券的估价模型

对于该类债券来说，债券的利息随本金一同在债券到期日偿还。其估价模型为：

$$V = \frac{F}{(1+\mathrm{r})^n}$$

式中：$F$——到期本利和；

其他字母含义同前。

【例 7-3】有一种到期一次还本付息的公司债券，面值为 1 000 元，票面利率为 12%，单利计息，期限 5 年，投资者要求的收益率为 10%，则该债券的价值为多少？

【解析】首先应根据单利的原理计算债券到期的本利和，然后将投资者要求的收益率作为折现率计算现值，即为该债券的价值。

【答案】

债券到期的本利和=1 000+1 000×12%×5=1 600（元）

$$V = \frac{1\ 600}{(1+10\%)^5} = 1\ 600 \times (P/F,\ 10\%,\ 5) = 1\ 600 \times 0.620\ 9 = 993.44(\text{元})$$

该债券的价值是 993.44 元，如果不考虑其他因素，当债券的市场价格等于或低于 993.44 元时，投资者才会投资购买。

## 二、债券投资收益率

债券投资收益率

债券投资的收益水平通常用到期收益率来衡量。到期收益率是指以特定价格购买债券并持有至到期日所能获得的收益率。它是使未来现金流量现值等于债券购买价格的折现率。

【例 7-4】K 公司于 2021 年 1 月 1 日以 1 010 元价格购买某债券并持有两年至到期日。该债券每年 1 月 1 日计息一次，到期还本。债券面值为 1 000 元，票面利率为 10%。计算该债券的到期收益率。

【解析】此题要求计算债券的到期收益率即折现率 $r$，首先应根据债券的估价模型，将两年中每年的利息（1 000×10%）元和到期的面值 1 000 元按折现率 $r$ 计算现值并令其等于债券购买价格 1 010 元；然后查现值系数表，采用插值法计算债券的到期收益率 $r$。

【答案】根据分期计息、到期一次还本债券的估价模型，有：

$$1\ 010 = 1\ 000 \times 10\% \times (P/A,r,2) + 1\ 000 \times (P/F,r,2)$$

先估计一个折现率，本题估计为10%，查现值系数表，年利率为10%、2年期的年金现值系数（$P/A$，10%，2）为1.735 5；年利率为10%、2年期的复利现值系数（$P/F$，10%，2）为0.826 4。代入上式有：

$$\begin{aligned}&1\,000\times10\%\times(P/A,r,2)+1000\times(P/F,r,2)\\&=1\,000\times10\%\times1.735\,5+1\,000\times0.826\,4\\&=1\,000\text{（元）}\end{aligned}$$

因为1 000元小于1 010元的购买价格，应降低折现率再试，用8%的折现率再测试。代入上式有：

$$\begin{aligned}&1\,000\times10\%\times(\text{P/A},8\%,2)+1\,000\times(\text{P/F},8\%,2)\\&=1\,000\times10\%\times1.783\,3+1\,000\times0.857\,3\\&=1\,035.63\text{（元）}\end{aligned}$$

1 035.63元大于1 010元的购买价格。所以，折现率$r$应该为8%至10%，采用插值法计算折现率$r$。

$$\frac{r-8\%}{10\%-8\%}=\frac{1\,010-1\,035.63}{1\,000-1\,035.63}$$

$$r=9.44\%$$

## 三、债券投资风险

债券投资的风险主要有违约风险、利率风险、购买力风险、变现力风险、再投资风险。

### （一）违约风险

违约风险，是指债务人无法按时支付利息以及偿还债券本金的风险。政府发行的国债由于有政府作担保，因此可以认为其没有违约风险。除此之外的债券则或多或少存在违约风险。违约风险一般是因发行债券的公司经营状况不佳或信誉不高而带来的风险，所以在选择债券时，一定要仔细了解公司的情况，包括公司的经营状况和公司以往债券支付情况等，尽量避免投资经营状况不佳或信誉不好的公司债券。在持有债券期间，应尽可能对公司经营状况进行了解，以便及时做出卖出债券的决策。

### （二）利率风险

利率风险，是指由于利率的变动而使投资者遭受损失的风险。债券持有的期限越长，承受的利率风险就越大；反之，持有期限越短，承受的利率风险就越小。即使没有违约风险的国债也会有利率风险。应采取的防范措施是分散债券的期限，长短期配合。如果利率上升，短期投资可以迅速地找到高收益投资机会；如果利率下降，长期债券就能保持高收益。

### （三）购买力风险

购买力风险，是指由于通货膨胀使价格总水平变动而引起债券购买力变动所产生的风险。在现代经济活动中，通货膨胀成为普遍现象，因此投资者无论是购买股票还是债券都会蒙受购买力风险所带来的损失。一般来说，预期报酬率会随通货膨胀而上升的资产，其购买力风险会低于报酬率固定的资产，前者更适合作为减少通货膨胀损失的避险工具。

### （四）变现力风险

变现力风险，是指无法在短期内以合理价格卖出债券的风险。存在活跃市场的债券相较冷门债券，其变现力风险就小。针对变现力风险，投资者应尽量选择交易活跃的债券，如国债等，便于得到其他投资者的认同。

### （五）再投资风险

再投资风险，是指债券持有者在持有期间收到的利息收入、到期收到的本金、出售时得到的资金收益等，用于再投资所能实现的报酬可能会低于当初购买债券时收益率的风险。再投资收益率依赖于利率的未来走势。当市场利率走低时，再投资收益率就会降低，再投资风险加大；当市场利率上升时，债券价格会下降，但是再投资收益会上升。一般而言，期限较长债券的再投资风险相对较大。

## 四、债券投资的优缺点

### （一）债券投资的优点

（1）本金安全性高。与股票相比，债券投资风险比较小。政府发行的债券有国家财力作后盾，其本金的安全性非常高，通常视为无风险证券。公司债券的持有者拥有优先求偿权，即当公司破产时，优先于股东分得公司资产，因此，本金损失的可能性相对较小。

（2）收入稳定性强。债券票面一般都标有固定利率，债券的发行人有按时支付利息的法定义务。因此，在正常情况下，投资于债券能获得比较稳定的利息收入。

（3）市场流动性好。许多债券都具有较好的流动性。政府及大公司发行的债券一般都可在金融市场上迅速出售，流动性很好。

### （二）债券投资的缺点

（1）购买力风险较大。债券的面值和利率在发行时就已确定，如果投资期间的通货膨胀率比较高，则本金和利息的购买力将受到不同程度的侵蚀，当通货膨胀率非常高时，投资者虽然名义上有收益，但实际上却有损失。

（2）没有经营管理权。投资于债券只是获得收益的一种手段，无权对债券发行单位施以影响和控制。

# 第二节　股票投资

股票投资估价

## 一、股票投资估价

股票投资估价就是计算股票的价值。股票价值（也称内在价值）是股票投资带来的未来现金流入量的现值总和，股票给持有者带来的未来现金流入包括两部分：股利收入和出售时的价格。股票的价值由一系列的股利和将来出售股票时价格的贴现值构成。

### （一）股票估价的基本模型

如果股东永远持有股票，则只获得股利收入，是永续现金流入。此时，股票估价的基本模型为：

$$V_0=\frac{D_1}{(1+R_S)^1}+\frac{D_2}{(1+R_S)^2}+\cdots+\frac{D_n}{(1+R_S)^n}=\sum_{t=1}^{\infty}\frac{D_t}{(1+R_S)^t}$$

式中：$V_0$——股票内在价值；

$R_S$——股东要求的收益率；

$D_n$——第 $n$ 年现金股利。

股票估价的基本模型是对未来无限期的股利折现求和。在实际运用中，需要根据未来股利的不同特征运用不同的估价模型进行估值。

### （二）股利零增长型股票的估价模型

股利零增长型股票是假设未来各期现金股利保持固定金额，股东永久性持有，即中途不转让出售的股票。各期现金股利为永续年金，则股票估价模型为：

$$V_0=\frac{D}{R_S}$$

**【例 7－5】** N 公司拟购买某股票，预计该股票未来每年每股现金股利为 2 元，N 公司计划长期持有，股东要求的收益率是 10%，则该股票的内在价值是多少？

**【解析】** 此题是计算折现率（即股东要求的收益率）为 10%、年金（即每股现金股利）为 2 元的永续年金现值。

**【答案】**

$$V=\frac{2}{10\%}=20（元）$$

### （三）股利固定增长型股票的估价模型

大多数公司的股利不是固定不变的，而是不断增长的。如果公司本期的股利为 $D_0$，从现在起，股利预计增长率是 $g$，股东长期持有股票，则股利固定增长型股票的估价模型为：

$$V_0=\frac{D_0\cdot(1+g)}{R_S-g}=\frac{D_1}{R_S-g}$$

式中：$g$——股利预计增长率；

其他字母含义同前。

**【例 7－6】** N 公司拟购买某股票且长期持有，该股票今年每股现金股利为 1 元，预计每年以 2%的增长率增长，股东要求的收益率为 10%，则该股票的内在价值是多少？

**【解析】** 根据股利固定增长型股票的估价模型，该股票今年每股现金股利即 $D_0$ 为 1 元，股利预计增长率 $g$ 为 2%，股东要求的收益率 $R_S$ 为 10%，将其代入股利固定增长型股票的估价模型，即可计算该股票的内在价值。

**【答案】**

$$V_0=\frac{1\times（1+2\%）}{10\%-2\%}=12.75（元）$$

### （四）股利分阶段增长型股票的估价模型

一个公司不可能一开始就处于稳定增长的状态。公司的发展快慢必然是不同的，有较好的投资机会时，公司会快速增长；一旦步入成熟期，其发展就比较稳定。需要分阶段计算现金股利的增长情况，才能确定其股票的价值。该类型股票估价模型为：

$$V_0 = \sum_{t=1}^{n} \frac{D_0\ (1+g_1)^t}{(1+R_S)^t} + \frac{D_n(1+g_2)}{R_S - g_2} \times \frac{1}{(1+R_S)^n}$$

式中：$n$——快速增长的年限；

$g_1$——快速增长率；

$g_2$——正常增长率。

**【例 7-7】** M公司股票每股发放现金股利1元，预期从今年起股利将以20%的速度增长3年，然后其增长率降至正常水平即5%，股东要求的收益率为15%。计算公司股票的内在价值。

**【解析】** 根据股利分阶段增长型股票的估价模型，股利的现值由快速增长期股利的现值和正常增长期现金股利的现值两部分构成，需要分两个阶段计算现金股利及其现值，然后将两个阶段现金股利的现值相加即为股票的内在价值。

**【答案】**（1）计算快速增长期间现金股利的现值，如表 7-1 所示。

**表 7-1 快速增长期间现金股利的现值计算**

| 年份 | 现金股利 | $(P/F,\ 15\%,\ n)$ | 现金股利现值 |
|---|---|---|---|
| 1 | $1\times(1+20\%)=1.2$ | 0.869 6 | 1.043 5 |
| 2 | $1\times(1+20\%)^2=1.44$ | 0.756 1 | 1.088 8 |
| 3 | $1\times(1+20\%)^3=1.728$ | 0.657 5 | 1.136 2 |
| 合计 | | | 3.268 5 |

（2）计算正常增长期间现金股利的现值。

公司从第4年开始，现金股利进入正常增长阶段，增长率为5%，其现值可以用股利固定增长型股票的估价模型进行估计。正常增长期间的股利折现到第3年年末的现值为：

$$P_3 = \frac{1.728\times(1+5\%)}{15\% - 5\%} = 18.144\ (\text{元})$$

将第3年年末现值 $P_3$ 折现到零时点现值为：

$$P_0 = 18.144 \times \frac{1}{(1+15\%)^3} = 18.144 \times (P/F, 15\%, 3) = 18.144 \times 0.657\ 5$$

$$= 11.929\ 7\ (\text{元})$$

（3）计算股票内在价值。

$$V_0 = 3.268\ 5 + 11.929\ 7 = 15.20(\text{元})$$

## 二、股票投资期望收益率

前面主要讨论如何估计股票的价值，以判断某种股票被市场高估或低估。如果假设现在有一个股票的市场价格，则可以据此计算该股票的期望收益率。当股票投资期望收益率大于股东要求的收益率时，说明股票是值得投资的。根据股利固定增长型股票的估价模型，可知：

$$P_0=\frac{D_1}{R_S-g}$$

把公式移项整理，计算 $R_S$，可以得到：

$$R_S=\frac{D_1}{P_0}+g$$

通过该公式我们可以知道，股票投资期望收益率包括两部分：一是股利收益率，它是根据预期现金股利除以当前股价计算出来的；二是股利增长率，它可以根据公司的可持续增长率估计。$P_0$ 是股票市场形成的价格，只要能预计下一年的现金股利和公司可持续增长率，就可估计出股票投资期望收益率。

## 三、股票投资优缺点

### （一）股票投资的优点

（1）投资收益高。普通股股票的价格虽然变动频繁，但从长期看，优质股票的价格总是上涨的居多，只要选择得当，就可以取得优厚的投资收益。

（2）购买力风险低。普通股的股利不固定，当通货膨胀率比较高时，由于物价普遍上涨，股份公司盈利增加，股利的支付也随之增加。因此，与固定收益证券相比，普通股可以有效地降低购买力风险。

（3）拥有经营控制权。普通股股东是公司的所有者，有权监督和管理公司。因此，欲控制某家公司，最好是收购这家公司的股票。

### （二）股票投资的缺点

（1）求偿权居后。普通股对公司盈利和剩余资产的求偿权均居于最后。公司破产时，股东原来的投资可能得不到全额补偿，甚至一无所有。

（2）股票价格不稳定。普通股的价格受多种因素影响，很不稳定。政治因素、经济因素、投资人心理因素、公司的盈利情况和风险情况都会影响股票价格，这会使股票投资具有较高的风险。

（3）股利收入不稳定。普通股股利的多少，视公司经营状况和财务状况而定，其有无、多寡均无法律上的保证，其收入的风险也远远大于固定收益证券。

# 第三节　证券投资基金

## 一、证券投资基金的概念及特点

证券投资基金是指通过发售基金份额募集资金，由基金托管人托管，由基金管理人管理和运用资金，为保障基金份额持有人的利益，以资产组合方式进行证券投资的一种利益共享、风险共担的集合投资方式。证券投资基金作为一种常见的投资工具，其主要特点有：

（1）集合投资。基金的特点是将零散的资金汇集起来，交给专业机构投资于各种金融工具，以谋取资产的增值。基金对投资的最低限额要求不高，投资者可以根据自己的经济能力决定购买数量，有些基金甚至不限制投资额大小，因此，基金可以最广泛地吸收社会闲散资金。

（2）分散风险。基金可以凭借其集中的巨额资金，在法律规定的投资范围内进行科学的组合，分散投资于多种证券，实现资产组合多样化，达到分散投资风险的目的。

（3）专业理财。基金实行专业理财制度，由受过专门训练、具有比较丰富的证券投资经验的专业人员运用各种技术手段收集、分析各种信息资料，预测金融市场上各个投资品种的价格变动趋势，制定投资策略和投资组合方案，提高投资收益。

## 二、证券投资基金的分类

### （一）按基金的组织形式划分

证券投资基金的分类

按基金的组织形式划分，分为契约型基金和公司型基金。

契约型基金又称为单位信托基金，是指将投资者、管理人、托管人三者作为信托关系的当事人，通过签订基金契约的形式发行受益凭证而设立的一种基金。契约型基金是基于信托原理而组织起来的代理投资方式，没有基金章程，也没有公司董事会，而是通过基金契约来规范三方当事人的行为。基金管理人负责基金的管理操作；基金托管人作为基金资产的名义持有人，负责基金资产的保管和处置，对基金管理人的运作实行监督。

公司型基金是依据基金公司章程设立，在法律上具有独立法人地位的股份投资公司。公司型基金以发行股份的方式募集资金，投资者购买基金公司的股份后，以基金持有人的身份成为投资公司的股东，凭其持有的股份依法享有投资收益。公司型基金在组织形式上与股份有限公司类似，由股东选举董事会，由董事会选聘基金管理公司，基金管理公司负责管理基金的投资业务。

由此可见，契约型基金和公司型基金在法律依据、组织形式以及有关当事人的地位等方面是不同的，但它们都是把投资者的资金集中起来，按照基金设立时所规定的投资目标和策略，将基金资产分散投资于众多的金融产品上，获取收益后再分配给投资者的投资方式。

### （二）按基金运作方式划分

按基金运作方式划分，分为封闭式基金和开放式基金。

封闭式基金是指经核准的基金份额总额在基金合同期限内固定不变，基金份额可以在依法设立的证券交易场所交易，但基金份额持有人不得申请赎回的基金。由于封闭式基金在封闭期内不能追加认购或赎回，因此投资者只能通过证券经纪商在二级市场上进行基金的买卖。封闭式基金的期限是指基金的存续期，即基金从成立起到终止之间的时间。基金期限届满即为基金终止，管理人应组织清算小组对基金资产进行清产核资，并将清产核资后的基金净资产按照投资者的出资比例进行公正合理的分配。

开放式基金是指基金份额总额不固定，基金份额可以在基金合同约定的时间和场所申购或者赎回的基金。为了满足投资者赎回资金、实现变现的要求，开放式基金一般都从所筹资金中拨出一定比例，以现金形式保持这部分资产。这虽然会影响基金的盈利水平，但对开放式基金来说是必需的。

### （三）按基金的投资标的划分

按基金的投资标的划分，分为债券基金、股票基金、货币市场基金。

债券基金是一种以债券为主要投资对象的证券投资基金。由于债券的年利率固定，因而这类基金的风险较低，适合于稳健型投资者。债券基金的收益会受市场利率的影响，当市场利率下降时，其收益会上升；反之，当市场利率上升时，其收益将下降。

股票基金是指以上市股票为主要投资对象的证券投资基金。股票基金的投资目标侧重于追求资本利得和长期资本增值。股票基金是最重要的基金品种，它的优点是资金的成长潜力较大，投资者不仅可以获得资本利得，还可以通过它将较少的资本投资于各类股票，从而实现在降低风险的同时保持较高收益的投资目标。

货币市场基金是以货币市场工具为投资对象的一种基金，其投资对象期限较短，一般在1年以内，包括银行短期存款、国库券、公司短期债券、银行承兑票据及商业票据等货币市场工具。货币市场基金的优点是资金安全性高，购买限额低，流动性强，收益较稳定，管理费用低，有些还不收取赎回费用。因此，货币市场基金通常被认为是低风险的投资工具。

根据中国证券监督管理委员会发布的《公开募集证券投资基金运作管理办法》的规定，80%以上的基金资产投资于债券的，为债券基金；80%以上的基金资产投资于股票的，为股票基金；仅投资于货币市场工具的，为货币市场基金。

## 三、证券投资基金的费用

### （一）基金管理费

基金管理费是指从基金资产中提取的、支付给基金管理人的费用，即基金管理人为管理和运作基金而收取的费用。基金管理费通常按照每个估值日基金净资产的一定比率（年率）逐日计提，按月支付。管理费率通常与基金规模成反比，与风险成正比。基金规模越大，风险越小，管理费率就越低；反之，则越高。

### （二）基金托管费

基金托管费是指基金托管人为保管和处置基金资产而从基金中提取的费用。基金托管费通常按照基金资产净值的一定比率提取，逐日计算并累计，按月支付给基金托管人。基金种类不同，基金托管费率高低也不一样，股票基金的托管费率高于债券基金及货币市场基金的托管费率。

### （三）基金交易费

基金交易费是指基金在进行证券交易时所发生的相关费用。目前，我国证券投资基金的交易费用主要包括印花税、交易佣金、过户费、经手费、证管费等。交易佣金由证券公司按成交金额的一定比例从基金中收取，印花税、过户费、经手费、证管费等则由登记公司或交易所按有关规定收取。

### （四）基金运作费

基金运作费是指为保证基金正常运作而发生的应由基金承担的费用，包括审计费、律师费、上市年费、信息披露费、分红手续费、持有人大会费、开户费、银行汇划手续费等。

### （五）基金销售服务费

基金销售服务费是指从基金资产中扣除的用于支付销售机构佣金以及基金管理人的基金营销广告费、促销活动费、持有人服务费等方面的费用。

## 四、证券投资基金的投资风险

证券投资基金是一种集中资金、专家管理、分散投资、降低风险的投资工具，但投资者投资于基金仍会面临一定的风险。证券投资基金存在的风险主要有以下几种。

### （一）市场风险

基金主要投资于证券市场，投资者购买基金相对于购买股票而言，由于能有效地分散投资和利用专家优势，可能对控制风险有利。分散投资虽能在一定程度上消除来自个别公司的非系统性风险，但无法消除市场的系统性风险。因此，当证券市场价格因经济、政治等各种因素的影响而产生波动时，将导致基金收益水平和净值发生变化，从而给基金投资者带来风险。

### （二）管理能力风险

基金管理人作为专业投资机构，虽然在风险管理方面与普通投资者相比有某些优势，如能较好地认识风险的性质、来源和种类，能较准确地度量风险，并通常能够按照自己的投资目标和风险承受能力构造有效的证券组合，在市场变动的情况下，及时地对投资组合进行更新，从而将基金资产风险控制在预定的范围内。但是，不同的基金管理人的基金投资管理水平、管理手段和管理技术存在差异，从而对基金收益水平产生影响。

### （三）技术风险

当计算机、通信系统、交易网络等技术保障系统或信息网络支持出现异常情况时，可能导致基金日常的申购或赎回无法按正常时限完成、注册登记系统瘫痪、核算系统无法按正常时限显示基金净值、基金的投资交易指令无法及时传输等风险。

### （四）巨额赎回风险

当因市场剧烈波动或其他原因而连续出现巨额赎回，并导致基金管理人出现现金支付困难时，基金投资者申请赎回基金份额，可能会遇到部分顺延赎回或暂停赎回等风险。

## 本章小结

债券价值是指债券投资者在未来期间获取的利息现值和到期收回的面值现值之和。债券投资的估价模型有分期计息、到期一次还本债券的估价模型和到期一次还本付息债券的估价模型等。债券到期收益率是使未来现金流现值等于债券购买价格的折现率。债券投资的风险主要有违约风险、利率风险、购买力风险、变现力风险、再投资风险等。债券投资的优点有本金安全性高、收入稳定性强、市场流动性好；缺点有购买力风险高、没有经营管理权。

股票的价值由一系列的股利和将来出售股票时价格的贴现值构成。股票的估价模型有股票估价的基本模型、股利零增长型股票的估价模型、股利固定增长型股票的估价模型、股利分阶段增长型股票的估价模型等。股票投资的优点是投资收益高、购买力风险低、拥有经营控制权；缺点是求偿权居后、股票价格不稳定、股利收入不稳定。

证券投资基金是指通过发售基金份额募集资金，由基金托管人托管，由基金管理人管理和运用资金，为保障基金份额持有人的利益，以资产组合方式进行证券投资的一种利益共享、风险共担的集合投资方式。其主要特点是集合投资、分散风险、专业理财。按基金的组织形式划分，分为契约型基金和公司型基金。按基金运作方式划分，分为封闭式基金和开放式基金。按基金的投资标的划分，可分为债券基金、股票基金、货币市场基金等。证券投资基金的费用包括基金管理费、基金托管费、基金交易费、基金运作费、基金销售服务费等。证券投资基金存在的风险主要有市场风险、管理能力风险、技术风险、巨额赎回风险。

## 思考题

1. 债券投资一般有哪些风险，如何规避？
2. 股票投资和债券投资分别有哪些优缺点？
3. 股票和债券如何进行估价？
4. 证券投资基金的含义和特点是什么？
5. 证券投资基金有哪些基本类型？
6. 证券投资基金的费用有哪些？
7. 证券投资基金的风险有哪些？

## 在线自测

扫一扫 练一练

# 第八章　项目投资决策

## 第一节　企业投资概述

### 一、企业投资的特点

企业投资是指企业为了获取收益而投放资金的经济行为，资金的投放对象包括厂房设备、股票、债券、基金等。企业投资活动不同于经营活动，投资活动对企业的影响通常是长期的。企业投资涉及资金量一般比较大、影响时间比较长，对企业未来财务状况和经营成果影响比较大。与企业经营活动相比，其主要特点包括如下几方面。

#### （一）企业投资属于战略性决策

企业投资一般涉及企业未来的发展方向转型、生产能力提升和规模扩大问题，如厂房设备的新建与更新、新产品的研发以及对其他企业的股权投资等。企业的投资活动先于经营活动，通常是一次性投入大量资金，并在较长时间发挥作用，对企业经营活动产生重大影响。

#### （二）企业投资价值波动性较大

企业投资价值由投资对象未来获取现金流入能力决定。企业投资对象未来获得的现金流入量的多少具有较强的不确定性，其价值具有较大的波动性。同时，市场利率、价格等变化也会影响投资标的资产价值。

#### （三）企业投资属于非程序化决策

企业的投资活动一般不会经常性重复出现，如厂房建设、设备购置、新产品开发、企业并购等，对这些非重复性的经济活动需要采用非程序化决策进行管理，即按照特定影响因素、相关条件和具体要求进行决策。

### 二、企业投资的分类

企业投资的类型

#### （一）按照投资对象存在的形态分类

按照投资对象存在的形态分类，企业投资分为项目投资和证券投资。

项目投资是指通过投资有形资产和无形资产等经营性资产，形成企业生产能力，开展经营活动，赚取经营利润的投资行为。项目投资的目的是改善生产条件、扩大生产能力、获取更多经营收益。

证券投资是指通过购买债券、股票、基金等证券资产获取投资收益的投资行为。证券投资的目的是通过持有证券获取投资收益或控制其他企业经营决策。

### （二）按照投资对企业未来经营影响程度分类

按照投资对企业未来经营影响程度分类，企业投资分为战略性投资和战术性投资。

战略性投资是指对企业未来经营发展全局有重大影响的投资行为，如企业并购、企业转型进入新行业、开发新产品、大规模扩建投资等。战略性投资项目实施之后，通常是改变经营领域和经营方向，或者是显著提升生产经营能力，或者是实现战略的重大调整和重组。

战术性投资是指维持现有生产经营的正常进行，不改变未来经营发展全局的企业投资行为，如设备更新决策、配套流动资金投资等。战术性投资项目一般涉及资金量不大，对企业未来发展不会造成重大影响，投资风险较小。

### （三）按照投资项目之间关系分类

按照投资项目之间关系分类，企业投资分为独立投资和互斥投资。

独立投资是指与其他投资项目互相独立、互不影响的投资行为。如建造办公楼投资和建造厂房的投资，两个项目之间并不冲突，可以同时进行。对于独立投资决策，其他项目投资是否被采纳，对本项目投资不会带来影响。独立投资只需考虑项目本身是否满足决策标准即可。

互斥投资是指各投资项目之间相互关联、相互替代，不能同时并存的投资行为。如企业更新决策中，使用新设备还是使用旧设备，两者互斥，购置新设备就必须处置旧设备；同理，购置一台生产能力大的设备，还是购置两台生产能力小的设备，也不能同时并存。对于互斥投资项目决策，其他投资项目是否被采纳，会直接影响本项目的决策，其他项目被采纳，则本项目必须放弃，即互斥投资项目决策需要考虑项目之间的排斥性，在多个可行方案中选择最优方案。

**相关链接**

**正海生物再生材料产业基地升级项目**

正海生物股份有限公司根据2015年第三次临时股东大会决议，拟申请向社会公开发行人民币普通股A股募集资金，用于生物再生材料产业基地升级建设项目、研发中心建设项目和营销网络及信息化建设项目，投资项目已经在当地相关部门备案。其中："生物再生材料产业基地升级建设项目"将新建产品生产线共计8 000平方米，同时配套工艺水处理车间、质量控制中心、智能化仓库（包括冷库）等7 000平方米，建筑面积总共15 000平方米；新增各类先进自动化工艺设备48台（套）。

项目总投资9 745.79万元，包括建设投资7 448.70万元，流动资金2 297.09万元。项目经济效益测算的计算期为10年，其中建设期为1.5年，生产运营期为8.5年。这是典型的长期项目投资。

## 第二节 项目现金流量的估计

现金流量的分析

资本性项目投资作为一项预付成本，首先表现为现金流出量，并以该项目投入运营后所取得的预期收益进行补偿，而这种预期收益最终表现为现金的流入量。在项目投资整个寿命期内，资金运动的全过程可以用现金的流出量与流入量来描述。若要进行科学的项目投资决策，就需要准确地估算项目的现金流入量、现金流出量和现金净流量。现金流量在项目投资中发挥着极为重要的作用，估计项目投资的现金流量是项目投资评价的基础。

### 一、现金流量的概念

项目投资决策中的现金流量包括现金流出量、现金流入量和现金净流量三个具体的概念。现金流量是指一个项目引起的公司现金收入和现金支出增加的数量。这里的现金是广义的现金，它既包括各种货币资金，又包括需要投入的公司现有的非货币资源的变现价值。例如，在一个设备更新决策中，现金流量就包含原有旧设备的变现价值，而不是其账面价值。

#### （一）现金流出量

现金流出量是指一个项目投资方案所引起的公司现金支出的增加额，包括在固定资产上的投资、垫支的营运资本、付现成本、各项税款、其他现金流出等。例如，公司增加一个新项目，则该项目通常会引起以下现金流出：

（1）项目的直接投资支出。项目的直接投资支出实质上是因项目形成生产能力而发生的各种现金支出，包括构建固定资产的价款支出以及运输、安装、调试等方面的支出。

（2）垫支的营运资本。垫支的营运资本是指项目投资引起的对营运资本需求的增加额，项目开始运营并形成生产能力后，由于公司的生产能力扩大，从而会引起营运资本的需求量增加，因此增加的营运资本也就成为该项目投资的一项现金流出。

（3）付现成本。付现成本是指项目运营后引起的需要使用现金支付的成本，即公司在经营期内为满足正常生产经营而动用现金支付的成本费用。例如外购原材料、燃料、动力的费用以及工资、修理费和其他费用。

#### （二）现金流入量

现金流入量是指一个项目投资方案所引起的公司现金流入量的增加额，具体包括：

（1）营业现金流入量。营业现金流入量是指项目运营期间发生的营业现金流量，项目投资建成投产后，通过生产经营活动而取得的增量现金流量，如项目的营业收入等。

（2）净残值收入。净残值收入是指投资项目结束后，回收的固定资产报废或出售时的变价收入扣除清理费用后的净流入。

（3）垫支营运资本的收回。在项目终结时，公司将垫付的营运资本收回，因此应将其作为该方案的一项现金流入。

### （三）现金净流量

现金净流量是指一定期间现金流入量与现金流出量的差额。这里所说的“一定期间”，有时是指一年，有时是指投资项目持续的整个期间。现金流入量大于现金流出量时，现金净流量为正值；反之，现金净流量为负值。其计算公式为：

现金净流量＝现金流入量－现金流出量

## 二、现金流量的分析

项目投资现金流量分析涉及项目的整个计算期，即从项目投资开始到项目结束的各个阶段。第一阶段（初始阶段）即建设期所发生的现金流量；第二阶段（经营期）即正常经营阶段所发生的现金流量；第三阶段（终结阶段）即在经营期终结点，项目结束时发生的现金流量。

### （一）建设期现金流量

建设期现金流量是指初始投资阶段所发生的现金流量，一般包括如下几个部分：

(1) 固定资产投资。固定资产投资包括固定资产的购入或建造成本、运输成本和安装成本等。

(2) 垫支的营运资本。垫支的营运资本就是增加的流动资产与增加的流动负债的差额。即为了配合项目投资，在原营运资本的基础上所增加的与固定资产相配套的营运资本投资支出，包括对材料、在产品、产成品和现金等流动资产的投资以及增加的流动负债。

(3) 其他投资费用。其他投资费用是指与固定资产投资有关的职工培训费、谈判费、注册费用等不属于上述两项的其他投资费用。

(4) 原有固定资产的变现收入。原有固定资产的变现收入是指在进行固定资产更新决策时，由于新购建固定资产而使原有固定资产淘汰出售的收入。此时，原有固定资产变卖所得的现金收入视为现金流入。

需要说明的是，在一个继续使用旧设备的投资方案中，旧设备的变现收入就是在固定资产上的投资，因此，旧设备的变现收入是一项现金流出。

### （二）经营期现金流量

经营期现金流量是指项目在正常经营期内由于生产经营所带来的现金流入量和现金流出量。这种现金流量一般以年为单位进行计算。计算公式为：

(1) 直接法下：

营业现金净流量（*NCF*）＝营业收入－付现成本－所得税

(2) 间接法下：

营业现金净流量（*NCF*）＝税后经营净利润＋折旧

(3) 税盾法下，需要考虑所得税对现金流量的影响：

营业现金净流量（*NCF*）＝税后收入－税后付现成本＋税负减少

＝(营业收入－付现成本)×(1－所得税税率)

＋折旧×所得税税率

其中：

付现成本＝营业成本－折旧

（三）终结点现金流量

终结点现金流量是指投资项目结束时固定资产变卖或停止使用所发生的现金流量，主要包括：

（1）固定资产的残值收入或变价收入以及对所得税的影响。

（2）原垫支营运资本的收回。在项目结束时，将收回垫支的营运资本视为项目投资方案的一项现金流入。

（3）在清理固定资产时发生的其他现金流出。

**相关链接**

**无烟香烟项目的“夭折”**

美国雷诺兹-纳贝斯克（RJR Nabisco）在其新产品无烟香烟的项目上投资了近3亿美元，试销5个月后宣布取消该项目，这种新烟草有两个致命的缺陷：需要用特制的打火机才能点燃，烟草的味道大多数人很难接受。那么雷诺兹-纳贝斯克公司的高管层为什么在资本预算中白白浪费巨额资本？如果他们熟悉项目现金流量估计的相关问题也许可以避免投资失误。当项目所产生的现金流量不足以弥补初始投资时，该项目最初就应该被否决，而不是陆续增资。

## 三、估计现金流量应注意的问题

在确定项目投资方案相关的现金流量时，应遵循的最基本原则是：只有增量现金流量才是与项目相关的现金流量。所谓增量现金流量，是指接受或拒绝某个项目投资方案后，公司总现金流量因此发生的变动。只有那些由于采纳某个项目引起的现金支出增加额才是该项目的现金流出量；只有那些由于采纳某个项目引起的现金收入增加额，才是该项目的现金流入量。判断增量现金流量时，需要注意以下几个问题。

（一）考虑现金流量而非会计利润

项目投资的现金流量计算是基于现金的流入流出，而不是会计中的收入、费用和利润。例如：项目最初的投资支出是用100万元购买一条生产线，则在项目建设期表现为100万元现金流出。如果该投资在后续年份中每年计提折旧费用20万元，则折旧费用20万元不是现金流出，折旧对现金流量的影响仅仅表现在对纳税金额的影响上。

（二）考虑对公司现有项目的“协同”

在估计现金流量时，要以投资对公司所有经营活动产生的整体效果为基础分析，而不是孤立地考察某一项目。因为当公司采纳一个新项目时，该项目可能对公司的其他项目或部门产生有利或不利的影响。常见的“竞争关系”即新项目会侵蚀原公司项目的现金流量。若该项目的投入会引起公司其他经济活动营业收入的减少，则增量现金流量应减去这部分减少额；若该项目的投入会引起其他项目现金流量的增加，则增量现金流量应加上这部分增加额。例如：某公司打算开发新型汽车，预计新车每年创造的现金流入时，也要考虑与其具有类似市场的原有车型会因此退出部分市场。这种老车型的损失应从新车型的现金流中扣除。当然也不能排除另一种情况，即新项目为现有产品创造出协同效应，此时应附加到项目现金流量中。

### （三）考虑机会成本

机会成本是指项目投资决策中，从多种方案中选取最优方案而放弃次优方案所丧失的潜在收益。

在项目投资中，需要考虑机会成本。例如，某公司新建厂房的项目投资方案，需要使用公司拥有使用权的一块土地，这块土地如果出租，每年可以取得租金收入 10 万元。那么在进行项目投资分析时，10 万元的租金收入就是新建厂房的一项机会成本，在计算现金流量的时候，需要将其视作现金流出。因此，机会成本不是普通意义上的“成本”，即它不是一种支出或费用，而是失去的收益，这种收益不是实际发生的而是潜在的。机会成本总是针对具体方案的，离开具体方案就无法确定。

### （四）考虑净营运资本

任何项目的运行都离不开净营运资本的投入，即增加的流动资产与增加的流动负债之间的差额。项目在流动资产上的投资主要包括现金持有量、应收账款占用以及存货占用等；在流动负债上，往往新项目会在应付账款上占用供应商的资金，这被看作是在流动资产上新增投资的一种资金来源补充，二者的差额就是净营运资本的投入。此项净营运资本投入在项目终了后可以完全收回。因此，在项目投资分析时，假定开始筹措时的净营运资本投入，在项目结束时得到完全的收回。

### （五）不考虑沉没成本

沉没成本是指过去已支付、不会影响当前决策行为的无法收回的支出。在计算现金流量时，应忽略这种支出。如在项目投资之前进行的前期市场调查工作。例如：公司为考察某项目是否值得投资花 100 万元进行市场调查，这项支出一经发生，便与接下来的决策无关。当然，这项成本在沉没之前是与未来决策有关的。沉没成本与决策的阶段性相关，前一阶段的支出不应成为后一阶段决策的现金流量。

### （六）不考虑利息费用

在项目投资现金流量分析中，对于举债筹资的利息费用、本金偿还等现金流量的处理方法有两种：一种是将这些因素视为费用支出；另一种是将其影响体现在现金流量的折现率中，利息费用越高，所取折现率越高。在实务中多采用第二种方法，因为调整比较方便。另外，在贴现计算中，由于已经考虑了利率因素，因此在现金流量分析中不必再考虑。

**相关链接**

**机会成本是“成本”还是“收益”?**

提到成本，我们往往想到的是从口袋里掏出去的钱，即必须付出一定数量现金的成本。机会成本有点不一样。最常见的一种情况发生在公司已经拥有某个项目所要使用的资产时，例如，公司想要把若干年之前花100万元买的一栋废弃的旧棉纺厂房改造成一栋职工宿舍，若实施该项目，不用直接花100万元买这栋旧厂房，因为它属于公司，但是若对职工宿舍这个项目进行评估，是否应该把这栋旧棉纺厂房看作是免费的呢？答案是否定的。这栋旧棉纺厂房是这个新项目所利用的有价值的资源。如其不用作职工宿舍的改造项目，可以用来做别的事情，至少可以卖掉它。因此，利用旧棉纺厂房改造成职工宿舍隐含着一项机会成本，即放弃用它做别的有价值投资的机会。

那么，另一个问题是：一旦我们同意利用这栋旧棉纺厂房有机会成本时，应该对利用它的职工宿舍改造项目估价多少呢？既然是花100万元买入的，似乎应该把这笔账记到职工宿舍改造项目上，这样做正确吗？答案是否定的。理由是基于我们对沉没成本的解释，应该计入新的职工宿舍改造项目的机会成本是这栋旧棉纺厂房现在能够卖出的价格（扣除相关的支出）。

## 第三节　项目投资决策评价指标

非折现现金流量指标及折现现金流量指标

项目投资决策评价指标包括非折现现金流量指标和折现现金流量指标。非折现现金流量指标（即静态的评价指标）包括投资回收期、会计平均收益率等。在20世纪50年代以前，世界各国公司在进行投资决策时一般都以非折现现金流量指标为主，特别是投资回收期。1950年，迈克尔·戈特教授对美国25家大型公司的调查资料表明，被调查的公司全部使用投资回收期等非折现现金流量指标，没有一家使用折现现金流量指标。

项目投资决策评价折现现金流量指标（即动态的评价指标）包括净现值、内含报酬率和现值指数等。从20世纪70年代开始，折现现金流量指标在项目投资决策评价中已占主导地位，并形成了以折现现金流量指标为主，以投资回收期为辅的多种指标并存的评价指标体系。折现现金流量指标广泛应用的主要原因为：

（1）非折现现金流量指标忽略了资金的货币时间价值，将不同时间的现金流量视为相同的，决策结果夸大了投资的获利水平和资本的回收速度。折现现金流量指标则把不同时间点收入或支出的现金按照统一的折现率折算到同一时间点上，使不同时间的现金流量具有可比性，这样才能做出正确的决策。

（2）投资回收期、会计平均收益率等非折现现金流量指标对寿命不同、资本投入时间和产生收益时间不同的方案缺乏鉴别能力。而折现现金流量指标则可以通过净现值、内含报酬率、现值指数和折现投资回收期等指标进行综合分析，从而做出正确合理的决策。

## 一、非折现现金流量指标

### （一）投资回收期

投资回收期是指通过项目的净现金流量来收回初始投资的现金所需要的时间，一般以年为单位。

1. 投资回收期的计算步骤

投资回收期的计算，因每年营业现金净流量是否相等而有所不同。

（1）若每年营业现金净流量相等，则投资回收期的计算公式为：

$$投资回收期=初始投资额\div 年现金净流量$$

（2）若每年现金净流量不相等，则投资回收期的计算要根据每年年末尚未收回的投资额加以确定。其计算公式为：

$$投资回收期=\frac{累计现金净流量}{首次出现正值年份}-1+\frac{上年累计现金净流量绝对值}{当年现金净流量}$$

**【例 8－1】**某公司某投资项目的现金净流量如表 8－1 所示，计算该项目的投资回收期。

**表 8－1　现金净流量表**　　单位：元

| 项目 | 年份 | | | | | | |
|---|---|---|---|---|---|---|---|
| | 0 | 1 | 2 | 3 | 4 | 5 | 6 |
| 现金净流量 | －225 000 | 39 800 | 50 110 | 67 130 | 62 760 | 78 980 | 80 000 |
| 累计现金净流量 | －225 000 | －185 200 | －135 090 | －67 960 | －5 200 | 73 780 | 153 780 |

**【解析】**

第 4 年累计现金净流量为负，第 5 年累计现金净流量为正，所以回收期在 4 年以上 5 年以内。

**【答案】**

回收期＝5－1＋5 200÷78 980＝4.07（年）

2. 投资回收期的决策规则

利用投资回收期进行项目评价的规则是，当投资回收期小于基准回收期（由公司自行确定或根据行业标准确定）时，可接受该项目；反之，则应放弃。实务分析中，如果没有建设期的话，一般认为投资回收期小于项目经营期一半时方为可行。

3. 投资回收期指标的优缺点

投资回收期的概念容易理解，计算简单，反映直观，但存在一定缺陷，主要表现在：

（1）没有考虑货币的时间价值。这显然是不科学的。为了克服这一缺点，往往需要计算折现投资回收期（也称为动态回收期）。仍沿用例 8－1 中的资料，折现率为 10%，则该项目折现现金流量如表 8－2 所示。

表 8-2　折现现金流量表　　单位：元

| 项目 | 年份 | | | | | | |
|---|---|---|---|---|---|---|---|
| | 0 | 1 | 2 | 3 | 4 | 5 | 6 |
| 现金净流量 | −225 000 | 39 800 | 50 110 | 67 130 | 62 760 | 78 980 | 80 000 |
| 当年现值 | −225 000 | 36 182 | 41 411 | 50 435 | 42 865 | 49 039 | 45 160 |
| 累计现值 | −225 000 | −188 818 | −147 407 | −96 972 | −54 107 | −5 068 | 40 092 |

$$折现投资回收期=6-1+5\ 068\div45\ 160=5.11（年）$$

显然，折现投资回收期要长于非折现投资回收期，因为考虑了货币的时间价值，更符合项目回收的实际情况。

(2) 只考虑投资回收期前各期的现金流量，将投资回收期满后的现金流量截断了，完全忽略了投资回收期满后的经济效益。事实上，有战略意义的项目投资往往早期收益较低，而中后期收益较高。该法没有考虑回收期内现金流的时间序列。使用投资回收期指标进行决策总是优先考虑急功近利的项目，它是过去评价项目投资方案最常用的指标，目前仅作为辅助指标使用，主要用来测定项目投资方案的流动性。

### （二）会计平均收益率

会计平均收益率是评价投资项目优劣的一个静态指标，是指投资项目年平均收益与该项目平均投资总额的比率。其计算公式为：

$$会计平均收益率=\frac{年平均收益}{平均投资总额}\times100\%$$

"年平均收益"可按项目投产后各年收益简单平均计算。"平均投资总额"是指固定资产投资账面价值的平均数。为了全面反映项目投资报酬率，也可将流动资金投资额包括在项目总投资额中。假设例 8-1 中项目投资的寿命为 6 年，采用直线法计提折旧，不考虑残值。根据表 8-1 的资料计算如下：

$$\begin{aligned}会计平均收益率&=\frac{(39\ 800+50\ 110+67\ 130+62\ 760+78\ 980+80\ 000-225\ 000)\div6}{225\ 000\div2}\times100\%\\&=23\%\end{aligned}$$

使用会计平均收益率指标进行决策的规则是：如果会计平均收益率大于基准会计收益率（通常由公司自行确定或根据行业标准确定），则应接受；反之，则应放弃。在多个互斥方案的选择中，应选择会计平均收益率最高的项目。

会计平均收益率的优点是简明、易懂、易算。其主要缺点是：(1) 没有考虑货币的时间价值，各年的收益均被看作具有相同的价值，所以，有时会做出错误的决策；(2) 公司基准会计收益率的确定具有很大的主观性。

## 二、折现现金流量指标

### （一）净现值

净现值是指投资项目投入使用后的净现金流量以项目资本成本作为折现率折算为现值，再减去初始投资额现值后的余额。其计算公式为：

$$NPV=\sum_{t=0}^{n}\frac{NCF_t}{(1+i)^t}$$

式中：$NPV$——净现值

$NCF_t$——第 $t$ 年项目的现金净流量；

$n$——项目的年限；

$i$——项目资本成本。

1. 净现值的计算步骤

（1）计算每年营业现金净流量。

（2）计算未来现金流量的总现值。

（3）计算净现值。

**【例 8-2】**某公司的资本成本（折现率）为 10%，有三项投资机会，各方案年现金净流量数据如表 8-3 所示。

**表 8-3　各方案现金净流量数据**　　单位：万元

| 年份 | 方案 1 | 方案 2 | 方案 3 |
|---|---|---|---|
| 0 | −20 000 | −9 000 | −12 000 |
| 1 | 11 800 | 1 200 | 4 600 |
| 2 | 13 240 | 6 000 | 4 600 |
| 3 | 0 | 6 000 | 4 600 |

**【解析】**

由于各年现金净流量不相等，先采用复利现值系数进行折现，之后求和即可。

**【答案】**

各方案的净现值为：

$$\begin{aligned}NPV_1&=[11\,800\times(P/F,10\%,1)+13\,240\times(P/F,10\%,2)]-20\,000\\&=(11\,800\times0.909\,1+13\,240\times0.826\,4)-20\,000\\&=1\,669\text{（万元）}\end{aligned}$$

$$\begin{aligned}NPV_2&=[1\,200\times(P/F,10\%,1)+6\,000\times(P/F,10\%,2)\\&\quad+6\,000\times(P/F,10\%,3)]-9\,000\\&=(1\,200\times0.909\,1+6\,000\times0.826\,4+6\,000\times0.751\,3)-9\,000\\&=1\,557\text{（万元）}\end{aligned}$$

$$\begin{aligned}NPV_3&=4\,600\times(P/A,10\%,3)-12\,000=4\,600\times2.486\,9-12\,000\\&=-560.26\text{（万元）}\end{aligned}$$

方案 1 和方案 2 的净现值为正数，说明两个项目投资报酬率均超过 10%，可以接受。方案 3 的净现值小于零，说明该项目投资报酬率达不到 10%，应予以放弃。

影响项目净现值大小的因素有两个：项目的现金流量、资本成本或最低投资报酬率。项目的现金流量与净现值大小呈同方向变化，资本成本与净现值大小呈反方向变化。

2. 净现值的决策规则

（1）对于独立项目，需要在一组独立备选方案中进行选择。净现值大于零，表示在补偿外部投资者要求的收益率后，还能为公司创造额外的价值，因此，该项目可以采纳；如果净现值小于零，表明该项目的收益不足以弥补公司外部投资者要求的收益率，不能采纳。

（2）对于互斥项目，如果对于寿命周期相同的一组互斥方案进行选择，应采纳净现值最大的项目投资方案。当项目的寿命周期不相同时，可以采用最小公倍寿命法或年均净现值法进行评价。

3. 净现值的优缺点

净现值的优点是：考虑了项目整个寿命周期的各年现金流量的现值，反映了投资项目的可获收益，在理论上较为完善。

净现值的缺点是：（1）不能反映项目产出与投入比率。（2）当各方案的经济寿命不等时，用净现值难以进行评价。（3）净现值的大小取决于折现率，而折现率的确定较为困难。实务中，折现率的确定方法之一是采用资本成本，但计算资本成本比较难，限制了它的应用；另一种方法是以现金的机会成本作为折现率，这也是公司要求的最低资本利润率，这种方法比较常用。另外，也可以根据不同阶段采用不同的折现率，如在建设期以贷款的实际利率作为折现率；在项目经营期以全社会资本平均收益率作为折现率。

一般来说，在进行投资机会和投资方案的取舍时，投资者都必须先确定一个恰当的折现率作为项目评价的依据，比较选择时都要以预先确定的折现率对各期的现金流量进行折算，因此选取一个恰当的折现率就非常重要。从上面的计算也可以看出，一个项目的净现值通常与折现率成反比关系。折现率越大，净现值越小；折现率越小，净现值越大。所以，提高折现率可以使可行的项目变成不可行的；反之，降低折现率可以使本来不可行的项目又变得可行了。所以，不同的折现率会使投资者采取不同的决策，折现率的高低对项目的取舍至关重要。折现率在净现值计算中所代表的是项目可以被接受的最小收益率，也就是项目所必须达到的最低盈利水平，也是投资者期望的最低投资报酬率。

净现值指标在资本预算中具有重要地位，是其他指标不可替代的。项目的净现值与公司价值有密切的关系，财务管理的目标就是提高公司的价值，任何净现值大于零的项目理论上都将提高公司价值。

### （二）现值指数

现值指数是指未来现金净流入量的现值与初始投资额现值的比率，亦称为盈利指数、获利指数等。其计算公式为：

$$\text{现值指数}=\frac{\text{未来现金净流量的总现值}}{\text{投资额现值}}$$

1. 现值指数的计算步骤

（1）计算未来现金净流量的总现值。

（2）计算未来现金净流量的总现值与初始投资额现值之比。

**【例 8－3】** 承例 8－2，根据表 8－3 的资料，计算三个方案的现值指数。

【解析】先计算每个方案的未来现金净流量总现值，之后用该总现值除以原始投资现值即可。

【答案】

方案 1 现值指数＝21 669÷20 000＝1.08

方案 2 现值指数＝10 557÷9 000＝1.17

方案 3 现值指数＝11 440÷12 000＝0.95

2. 现值指数的决策规则

根据现值指数指标进行项目决策的规则是：接受现值指数大于 1 的项目，放弃现值指数小于 1 的项目。在有多个互斥方案的选择决策中，选择现值指数大于 1 且最大的项目。当各个项目的寿命周期相同且初始投资规模也相同时，以现值指数值最大的项目为优。

3. 现值指数的优缺点

现值指数的优点是：可以进行独立投资项目获利能力的评价，能够真实地反映项目的盈亏程度，由于现值指数是用相对数来表示的，有利于在初始投资额不同的投资方案之间进行对比。

现值指数的缺点是：现值指数只代表获得收益的能力，而不代表实际可以获得的财富，它忽略了互斥项目之间投资规模上的差异，所以在多个互斥项目的选择中，据此可能会得到错误的结论。

## （三）内含报酬率

内含报酬率是指能够使未来现金流入量的现值等于现金流出量现值的折现率，或者说是使投资项目净现值为零的折现率。内含报酬率通常也称为内部收益率。其计算公式为：

$$\text{净现值} = \sum_{t=0}^{n} \frac{NCF_t}{(1+IRR)^t} = 0$$

式中：$NCF_t$——第 $t$ 年项目的现金净流量；

$IRR$——内含报酬率。

1. 内含报酬率的计算步骤

（1）每年现金流量不等时内含报酬率的计算步骤。每年现金流量不等时，计算内含报酬率通常要使用逐步测算法。步骤如下：

第一步，首先估计一个折现率，用它来计算项目的净现值。

第二步，如果净现值恰好为零，则表明所用的折现率就是 $IRR$；如果净现值为正数，说明方案本身的报酬率超过估计的折现率，应提高折现率后进一步测试；如果净现值为负数，说明方案本身的报酬率低于估计的折现率，应降低折现率后进一步测算。

第三步，经过多次测算，找到接近于零的正负两个净现值对应的折现率，用插值法求出近似的 $IRR$。

【例 8-4】承例 8-2，根据表 8-3 的资料，计算方案 1 和方案 2 的内含报酬率。

【解析】先估计一个折现率，如果计算的净现值大于零，则需要进一步提高折现率，直至计算的净现值小于零为止。注意：为了保证计算结果的准确性，两个折现率之差通常不超过两个百分点。之后采用插值法求解折现率即可。两个方案内含报酬率的计算过程如表 8-4 和表 8-5 所示。

【答案】

表 8-4 方案 1 内含报酬率的测试　　单位：万元

| 年份 | 现金净流量 | 折现率为 18% | | 折现率为 16% | |
|---|---|---|---|---|---|
| | | 贴现系数 | 现值 | 贴现系数 | 现值 |
| 0 | −20 000 | 1 | −20 000 | 1 | −20 000 |
| 1 | 11 800 | 0.847 5 | 10 001 | 0.862 1 | 10 173 |
| 2 | 13 240 | 0.718 2 | 9 509 | 0.743 2 | 9 840 |
| 净现值 | | | −490 | | 13 |

表 8-5 方案 2 内含报酬率的测试　　单位：万元

| 年份 | 现金净流量 | 折现率为 18% | | 折现率为 16% | |
|---|---|---|---|---|---|
| | | 贴现系数 | 现值 | 贴现系数 | 现值 |
| 0 | −9 000 | 1 | −9 000 | 1 | −9 000 |
| 1 | 1 200 | 0.847 5 | 1 017 | 0.862 1 | 1 035 |
| 2 | 6 000 | 0.718 2 | 4 309 | 0.743 2 | 4 459 |
| 3 | 6 000 | 0.608 6 | 3 652 | 0.640 7 | 3 844 |
| 净现值 | | | −22 | | 338 |

用插值法求出两方案的内含报酬率：

$$IRR_1=16\%+\left(2\%\times\frac{13}{13+490}\right)=16.05\%$$

$$IRR_2=16\%+\left(2\%\times\frac{338}{22+338}\right)=17.88\%$$

（2）每年现金流量相等时内含报酬率的计算步骤。在投资项目的有效期内，如果各期现金净流量相等，同时不存在建设期，则可用下面方法计算项目的内含报酬率：

第一步，计算年金现值系数。

因为，

初始投资额＝每年现金净流入量×年金现值系数

则：

$$年金现值系数=\frac{初始投资额}{每年现金净流入量}$$

第二步，查年金现值系数表，在相同的期数内，找出与上述年金现值系数相邻的较大和较小的两个折现率。

第三步，根据上述两个相邻的折现率和已经求得的年金现值系数，采用插值法计算出该项目的内含报酬率。

在例 8-2 中，方案 3 的内含报酬率计算如下：

$12\ 000=4\ 600\times(P/A，IRR，3)$

$(P/A，IRR，3)=2.608\ 7$

查阅年金现值系数表，寻找 $n=3$ 时系数 2.608 7 所指的利率。查表结果，与 2.608 7 所接近的年金现值系数 2.624 3 和 2.577 1 分别指向 7%和 8%。用插值法确定方案 3 的内含报酬率为：

$$IRR_3=7\%+\left(1\%\times\frac{2.6243-2.6087}{2.6243-2.5771}\right)=7.33\%$$

2. 内含报酬率的决策规则

内含报酬率的决策规则为：在只有一个备选方案采纳与否的决策中，如果计算出的内含报酬率大于或等于公司的资本成本或必要报酬率，就采纳；反之，则拒绝。

3. 内含报酬率的优缺点

内含报酬率的优点是：考虑了资金的货币时间价值，反映了项目投资的报酬率。

内含报酬率的缺点是：计算过程比较复杂，特别是每年现金净流量不相等的项目投资，要经过多次测算才能得出。另外，对于非常规项目（项目投资的现金流量出现负、正、负的情况），会出现多个内含报酬率问题，给项目投资决策带来不便。

## 第四节 项目投资决策方法的应用

### 一、固定资产更新决策

固定资产更新是指对技术上或经济上不宜继续使用的旧资产，用新资产更换或用先进的技术进行局部改造。

固定资产更新决策

固定资产更新决策主要是在继续使用旧设备与购置新设备之间进行选择。更新决策不同于一般的投资决策。一般来说，设备更换不改变其生产能力，不增加公司现金流入；同时，旧设备处置时会产生现金流入，还会带来纳税上的影响。

如果新旧设备使用年限相同，可以比较成本的现值之和，较小者为最优；如果新旧设备使用年限不同，应当采用比较年平均成本的方法进行决策分析。对于公司而言，若继续拥有旧设备，实际上丧失了将旧设备变现可获得的好处，表现为拥有旧设备的机会成本；而购置新设备则表现为现实的购置成本。

#### （一）新旧设备使用寿命相同的情况

公司在进行新旧设备更新比较时，可以用差额现金流量进行分析。具体分析如例 8-5 所示。

**【例 8-5】**某公司考虑用一台新的、效率更高的设备来代替旧设备，以减少成本，增加收益。旧设备原购置成本为 40 万元，已使用 5 年，估计还可使用 5 年，已提取折旧 20 万元，假定使用后期末无残值，如果现在销售可得价款 20 万元，使用该设备每年可获销售收入 50 万元，每年付现成本 30 万元。新设备的购置成本为 60 万元，估计可使用 5 年，期满有残值 10 万元，使用新设备每年营业收入可达 80 万元，每年付现成本 40 万元。假设项目资本成本为 10%，企业所得税税率为 25%，并均采用直线法计提折旧。试做出该公司是继续使用旧设备还是对其进行更新的决策。

**【解析】** 因为新设备预计使用年限与旧设备尚可使用年限相同，所以可以采用差量分析法。首先计算新设备替换旧设备形成的差量现金净流量，之后计算差量现金净流量的净现值，如果净现值大于零，说明新设备替换旧设备可行，即使用新设备，否则使用旧设备。

**【答案】**

（1）分别计算初始投资与折旧的现金流量的差量。

初始投资＝新设备购置成本－旧设备变现价格＝60－20＝40（万元）

$$\Delta \text{年折旧额}=\text{新设备年折旧额}-\text{旧设备年折旧额}=\frac{60-10}{5}-\frac{40}{10}=6\ (\text{万元})$$

（2）列表比较两个方案各年营业现金流量的差量，如表 8－6 所示。

**表 8－6　投资项目的年营业现金净流量差量**　　单位：万元

| 项目 | 第 1—5 年 |
|---|---|
| Δ营业收入（1） | 30 |
| Δ付现成本（2） | 10 |
| Δ折旧额（3） | 6 |
| Δ税前净利（4）＝(1)－(2)－(3) | 14 |
| Δ所得税（5)＝(4)×25％ | 3.5 |
| Δ税后净利（6)＝(4)－(5) | 10.5 |
| Δ营业现金净流量（7)＝(6)＋(3)＝(1)－(2)－(5) | 16.5 |

表 8－6 分析计算的是投资项目各年营业现金净流量的差量，下面我们就对两方案差量投资的各年现金净流量进行分析。

（3）比较两个方案现金流量的差量，如表 8－7 所示。

**表 8－7　投资项目的年现金净流量差量**　　单位：万元

| 项目 | 第 0 年 | 第 1 年 | 第 2 年 | 第 3 年 | 第 4 年 | 第 5 年 |
|---|---|---|---|---|---|---|
| Δ初始投资 | －40 | | | | | |
| Δ营业现金净流量 | | 16.50 | 16.50 | 16.50 | 16.50 | 16.50 |
| Δ终结现金流量 | | | | | | 10 |
| Δ现金流量 | －40 | 16.50 | 16.50 | 16.50 | 16.50 | 26.50 |

（4）计算差量现金流量的净现值。

$$NPV=16.50\times(P/A,\ 10\%,\ 5)+10\times(P/F,\ 10\%,\ 5)-40$$
$$=16.50\times3.790\ 8+10\times0.620\ 9-40=28.757\ 2\ (\text{万元})$$

通过计算看出：投资项目更新后，有净现值 28.757 2 万元，故应进行更新。本题也可通过分别计算两个项目的净现值来比较，结论一样。

### （二）新旧设备使用寿命不同的情况

在例 8－5 中，新旧设备尚可使用的年限相同，而多数情况下，新设备的使用年限要比旧设备长，此时的固定资产更新问题就演变成两个或两个以上寿命不同的投资项目的选择问题。对于寿命不同的项目，不能对它们的净现值、内含报酬率及现值指数进行直接比较。为了使投资项目的各项指标具有可比性，要设法使其在相同的寿命期内进行比较，此时可以采用的方法有最小公倍寿命法和年均净现值法。下面举例说明。

**【例 8－6】**某公司正在考虑进行新旧设备更替。现有旧设备原购置成本为 50 万元，已使用 6 年，尚可使用 4 年，已提取折旧 30 万元，目前可变现价值为 20 万元，使用旧设备每年可获营业收入 40 万元，每年付现成本 19 万元。新设备购置成本为 80 万元，使用寿命 8 年，使用新设备每年可获得营业收入 48 万元，每年付现成本 18 万元。假设资本成本为 10％，企业所得税税率为 25％，并均采用直线法计提折旧，期末无残值。试做出该公司是继续使用旧设备还是对其进行更新的决策。

**【解析】**因为新设备预计使用年限为 8 年，旧设备尚可使用年限为 4 年，年限不同，所以可以采用最小公倍寿命法或年均净现值法。如果采用最小公倍寿命法，需要将计算出的旧设备 4 年净现值，在 4 年结束后重置一次，即可计算 8 年净现值，之后与新设备的 8 年净现值比较，选择净现值较大的设备。如果采用年均净现值法，需要将计算的新设备和旧设备净现值分别除以 8 年期年金现值系数和 4 年期年金现值系数，之后选择年均净现值最大的设备。

**【答案】**

1. 直接使用净现值法

（1）计算新旧设备的营业现金净流量，如表 8－8 所示。

旧设备的折旧额＝20÷4＝5（万元）

新设备的折旧额＝80÷8＝10（万元）

**表 8－8 新旧设备年营业现金净流量** 单位：万元

| 项目 | 旧设备（第 1—4 年） | 新设备（第 1—8 年） |
|---|---|---|
| 营业收入（1） | 40 | 48 |
| 付现成本（2） | 19 | 18 |
| 折旧额（3） | 5 | 10 |
| 税前净利（4）＝(1)－(2)－(3) | 16 | 20 |
| 所得税（5）＝(4)×25％ | 4 | 5 |
| 税后净利（6）＝(4)－(5) | 12 | 15 |
| 营业现金净流量（7）＝(6)＋（3)＝(1)－(2)－(5) | 17 | 25 |

（2）计算新旧设备的净现值。

$NPV_{旧}=-20+17\times(P/A，10\%，4)=-20+17\times3.1699=33.8883$（万元）

$NPV_{新}=-80+25\times(P/A，10\%，8)=-80+25\times5.3349=53.3725$（万元）

从以上的计算中很容易得出应该更新设备的结论，但是这个结论是错误的。因为新旧设备的使用寿命不同，不能直接进行比较。使用最小公倍寿命法和年均净现值法可以将两个方案放到同一个寿命期内进行比较，使各项指标具有可比性，以得出正确的结论。

2. 最小公倍寿命法

最小公倍寿命法又称项目复制法，是将两个方案使用寿命的最小公倍数作为比较期间，并假设两个方案在这个比较期间内进行多次重复投资，将各自多次投资的净现值进行比较的分析方法。

例 8－6 中，两种设备使用寿命的最小公倍数是 8 年，在这 8 年中，旧设备的投资项目可以进行 2 次，新设备的投资项目可以进行 1 次。

因为继续使用旧设备的投资方案可以进行两次，相当于 4 年后按照现在的变现价值重新购置一台同样的旧设备进行第二次投资，重置一次，获得与当前继续使用旧设备同样的净现值。所以，8 年内，继续使用旧设备的净现值为：

$$NPV_{旧}=33.8883+33.8883\times(P/F，10\%，4)$$
$$=33.8883+33.8883\times0.6830=57.034（万元）$$

若使用新设备，根据前面的计算结果，其净现值为：

$$NPV_{新}=53.3725（万元）$$

通过比较可以看出，在两个方案使用寿命的最小公倍数作为比较期间内，选择继续使用旧设备，因为其净现值高于更新设备。

最小公倍寿命法的优点是易于理解，缺点是有时计算比较麻烦。比如一个投资项目的寿命是 9 年，另一个投资项目的寿命是 13 年，那么最小公倍寿命就是 117 年。

3. 年均净现值法

年均净现值法就是把投资项目在寿命周期内总的净现值转化为每年的平均净现值，并进行比较的方法。年均净现值的计算公式为：

$$年均净现值=\frac{净现值}{年金现值系数}$$

例 8－6 中，计算新旧设备的年均净现值为：

$$ANPV_{旧}=\frac{33.8883}{(P/A，10\%，4)}=\frac{33.8883}{3.1699}=10.69（万元）$$

$$ANPV_{新}=\frac{53.3725}{(P/A，10，8)}=\frac{53.3725}{5.3349}=10（万元）$$

从计算结果可以看出，继续使用旧设备的年均净现值比使用新设备的年均净现值高，所以应该继续使用旧设备。用年均净现值法和最小公倍寿命法得到的结论一致。用年均净现值法的原理还可以推导出年均成本法，当使用新旧设备的未来收益相同，但准确数字不好估计时，可以比较年均成本并选取年均成本最小的项目。年均成本是把项目的总现金流出值转化为每年的平均现金流出值。年均成本的计算公式为：

$$年均成本=\frac{项目成本总现值}{年金现值系数}$$

## 二、新建项目投资决策

新建项目投资决策的关键是分析项目的现金流量。新建项目一般在初始投资时会涉及固定资产投资、营运资本的垫支。由于新建项目通常会增加公司的生产能力，因此，在经营期间内，需要分析由于项目的实施而增加的现金流入与现金流出，计算营业现金净流量。投资项目结束时，还要分析固定资产变卖或停止使用所发生的相关现金流量以及营运资本的收回。在估算出新建项目的现金流量后，计算投资决策的相关评价指标，进而判断项目的财务可行性。

**【例 8-7】**某公司计划增添一条生产线，以扩充生产能力。该生产线预计投资 750 万元，估计使用寿命为 5 年，采用直线法计提折旧，预计净残值为 30 万元。生产线投入使用后，每年增加营业收入 1 400 万元，增加付现成本 1 050 万元。项目投入运营时，需要垫支营运资本 250 万元，公司适用的所得税税率为 25%，该项目的资本成本为 12%。计算该项目的净现值，并判断其可行性。

**【解析】**首先，估计建设期现金流量；其次，估计经营期营业现金净流量；再次，估计项目终结点的现金流量；最后，将现金流量折现，计算代数和即净现值，若净现值大于零，则项目可行。

**【答案】**

（1）计算该生产线投资的年折旧额。

$$年折旧额=\frac{750-30}{5}=144（万元）$$

（2）计算该项目的现金流量。

建设期的现金流量＝－750－250＝－1 000（万元）

$营业现金净流量_{1-5}=(1\,400-1\,050)\times(1-25\%)+144\times25\%=298.5$（万元）

项目终结点的现金流量＝250＋30＝280（万元）

（3）计算该项目的净现值。

$$\begin{aligned}净现值&=-1\,000+298.5\times(P/A,12\%,5)+280\times(P/F,12\%,5)\\&=-1\,000+298.5\times3.604\,8+280\times0.567\,4=234.904\,8（万元）\end{aligned}$$

因为该项目的净现值大于零，所以该项目可行。

## 相关链接

### 资本预算在实践中的“困惑”

许多《财富》杂志上榜 500 强公司的资本预算项目，都采用三步法：资本预算、资本预算项目评估和事后复核。第一个步骤包括识别战略规划期间可能进行的资本预算项目。这些项目涉及的范围一般比较广泛，相关的财务评价手段比较少。项目分别按照新产品、成本节约和产能扩张等分类。第二个步骤对筛选的资本预算项目进行评估，通常这种评估非常严格，包括估计项目现金流量，运用资本预算评价方法进行评估，常用的方法包括净现值法、内含报酬率法和投资回收期法。第三个步骤是进行事后复核。将项目的初始预测同实际结果的期望值进行比较。

资本预算项目评价的质量取决于项目基于何种假设。评价中的现金流量采用增量现金流量，大部分情况下，增量现金流量的估计可以通过市场调查研究得出。然而对很多项目而言，正确地识别出相关的现金流量及其影响因素是十分困难的。例如，当新开发一个投资项目时，恰当的分析应关注的是，在考虑其对现有产品的影响之后，再得出增量销售收入。大公司经常遇到的一个问题是，选择净现值法还是内含报酬率法？在处理互斥的备选方案时，净现值为我们提供了正确的投资方法，但有时决策者会发现，这个结果让人很难理解，因为净现值是一个绝对值，仅仅知道某个项目的净现值是正数远远不够，决策者还必须分析该项目的获利能力。

尽管采用内含报酬率法可能在项目选择上有时候提供错误的指示，但是它提供结果的方式能够被各方所接受，得出的内含报酬率可以与公司现行的资本成本、权益的报酬率等进行直观的比较。比如一个内含报酬率为18%的投资项目，就很容易被管理层所理解。这就是为什么调查显示，大多数《财富》杂志上榜500强的公司采用内含报酬率法作为主要的评估方法。除了内含报酬率和净现值以外，有一部分项目由于无法确定现金流量，很难应用传统的资本支出评价方法。当购买新的电脑设备、修缮办公楼或者修建停车场时，实际上是不可能确定现金流量的。因此，传统的方法受到了限制，这些资本性支出需要基于管理者的判断来做决策。

## 本章小结

项目投资的现金流量分为现金流出量与现金入流量。为了计算现金流量，在确定现金流量时，要遵循一定的假设条件。在估计现金流量时，要考虑所得税与折旧对现金流量的影响，并遵循只有增量现金流量才是项目相关现金流量的原则。

常用的项目投资决策评价指标可以分为非折现现金流量指标和折现现金流量指标。前者包括投资回收期、会计平均收益率等；后者包括净现值、内含报酬率和现值指数等。项目投资决策方法的具体应用主要涉及固定资产更新决策和新建项目投资决策。

## 思考题

1. 简述项目投资的概念。
2. 现金流量由哪几部分组成？如何计算现金净流量？
3. 在进行现金流量估计时，需要考虑哪些因素？
4. 对比分析净现值和内含报酬率指标的优缺点。
5. 在项目投资决策中，所得税和折旧是否影响投资决策的结果？如果影响，分析它们是如何影响投资决策结果的。

## 在线自测

扫一扫　练一练

# 第九章　营运资金决策

## 第一节　营运资金决策概述

### 一、营运资金的概念及特点

#### （一）营运资金的概念

营运资金有广义和狭义两种概念。广义的营运资金是指公司正常生产经营活动中占用在流动资产上的资金。狭义的营运资金则是指流动资产减流动负债后的差额。通常所说的营运资金多指狭义的营运资金。

#### （二）营运资金的特点

（1）营运资金的具体形态不断变化。企业的营运资金随着生产经营循环过程呈现不同的形态，一般会在现金、原材料、在产品、产成品、应收账款之间按顺序循环转化。

（2）周转周期较短。企业占用在流动资产上的资金，周转一次所用的时间通常在一年之内或是一个经营周期内。

（3）存量随营业收入波动。流动资产和流动负债的存量都会随营业收入的变化而呈现一定的波动性。

（4）筹资来源多样化。营运资金的筹资来源可以是各类债务和权益，其中债务筹资包括短期借款、商业信用等多种形式。

营运资金管理决策主要解决两个问题：一是如何确定流动资产的最佳持有量，二是如何筹措短期资金。具体而言，这两个问题分别涉及每一种流动资产以及每一种短期负债的管理方式与管理策略的制定。因此，从本质上看，营运资金管理包括流动资产和流动负债的各个项目管理，体现了对公司流动性财务活动的概括。通过对营运资金的分析，我们可以了解流动资产的流动性、流动资产的变现能力和短期偿债能力。

#### （三）营运资金决策的原则

公司的营运资金在全部资金中占有相当大的比重，而且周转期短、形态易变，所以营运资金决策是公司财务管理工作的一项重要内容。公司进行营运资金决策，必须遵循以下原则。

1. 权衡风险和收益

由于流动资产比固定资产更易于变现，持有流动资产的风险要小于持有固定资产的风险，因此，流动资产的预期收益率要低于固定资产。与此同时，由于流动负债的期限短，一般在一年以内，因现金流量不足等原因而导致的不能还本付息的风险就要高于长期负债和股权资本。因此，短期负债的筹资成本要低于长期负债和股权资本。这样，在营运资金的决策过程中，就必须权衡风险与收益。如果要获得较高收益，可以适当降低流动资产占总资产的比例，提高流动负债占总资金的比例，同时要承担较高的风险。

2. 合理配置营运资金

营运资金决策必须重视资金的合理配置，以实现股东财富最大化的目标。合理配置营运资金要处理好以下几个比例关系：（1）流动资产与长期资产的比例关系；（2）流动负债与长期负债、股权资本等长期资本的比例关系；（3）流动资产内部，如现金、应收账款、存货等相互之间的比例关系；（4）流动负债内部，如应付账款、短期借款等相互之间的比例关系；（5）流动资产与流动负债的比例关系。

3. 加速营运资金周转

营运资金周转期是指公司从现金投入生产经营开始，到最终转化为现金的过程。由于营运资金的周转是从现金开始到现金结束，所以又称为现金周转期。它大致包括如下三个方面：

（1）存货周转期，是指将原材料转化成产成品并出售所需要的时间。

（2）应收账款周转期，是指将应收账款转换为现金所需要的时间，即从产品销售到收回现金的期间。

（3）应付账款周转期，是指从原材料采购开始到现金支付所用的时间。

营运资金周转期如图 9－1 所示。

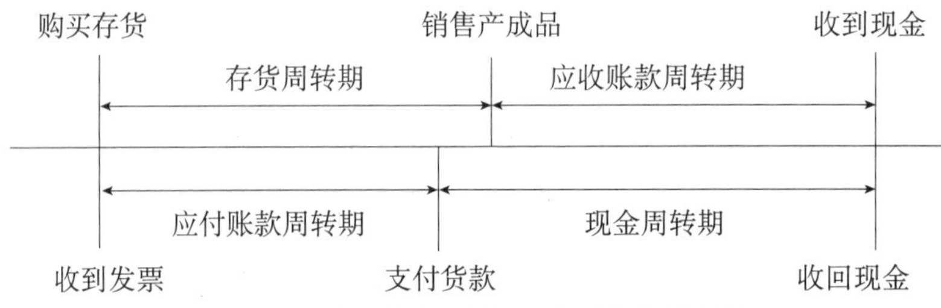


**图 9－1　制造业企业营运资金周转期示意图**

图 9－1 中，营运资金周转期的计算公式为：

营运资金周转期＝存货周转期＋应收账款周转期－应付账款周转期

若要加速营运资金的周转，就应缩短营运资金周转期，通常可以采用以下方法：（1）缩短存货周转期；（2）缩短应收账款周转期；（3）延长应付账款周转期。在其他因素不变的情况下，加速营运资金的周转，也就相应地提高了营运资金的利用效率。

## 相关链接

**如何理解营运资金？**

营运资金的概念最初来源于美国的小贩，他们用马车满载货物沿途叫卖，这些货物被称作营运资金的原因在于：这是小贩为了获利而买卖或“周转”的货物，车和马是其固定资产。为了购买货物，他们必须借入资金，这些资金被称为营运资金贷款，营运资金贷款必须在每次售货后偿还，以向银行证明其信用良好。若小贩能够偿还贷款，则银行会继续借给其款项，这一过程被称作合理的银行举债。

## 二、营运资金投资决策

营运资金投资决策及筹资决策

营运资金是流动资产和流动负债的差额。营运资金决策管理可以分为流动资产管理和流动负债管理两个方面，前者是对营运资金的投资决策，后者是对营运资金的筹资决策。

营运资金的投资决策需要在收益和风险之间进行权衡。可供公司选择的流动资产投资策略有以下三种。

### （一）宽松型流动资产投资策略（策略A）

宽松型流动资产投资策略要求公司在销售水平一定的情况下，保持较多的流动资产投资。这种策略的特点是投资收益率低、风险小。在该策略下，公司拥有较多的现金、交易性金融资产和存货，能按期支付到期债务，并且为应付不确定情况保留了大量资金，使风险大大降低；但由于现金、交易性金融资产投资收益率较低，存货占用使资金的营运效率较低，因此降低了公司的盈利水平。

### （二）适中型流动资产投资策略（策略B）

适中型流动资产投资策略要求公司在销售水平一定的情况下，保持适中的流动资产投资，流入的现金恰好满足支付的需要，存货也恰好满足生产和销售所需。这种策略的特点是收益和风险平衡，当公司能够比较准确地预测出未来的经济状况时，可以采取该策略。

### （三）紧缩型流动资产投资策略（策略C）

紧缩型流动资产投资策略要求公司在销售水平一定的情况下，保持较低的流动资产投资。这种策略的特点是收益高、风险大。在该策略下，公司的现金、交易性金融资产、应收账款和存货等流动资产投资降到了最低点，可降低资金占用成本，增加收益；但同时也可能由于资金不足造成拖欠货款或不能偿还到期债务，加大公司风险。当外部环境相对稳定，能够非常准确预测未来情况时，可采取该策略。

以上三种流动资产投资策略如图9－2所示。持有大量的流动资产可以降低公司的风险，因为当公司出现不能及时清偿债务时，流动资产可以迅速地转化为现金；但如果流动资产太多，就会降低公司的投资收益率。因此，公司在确定采用何种流动资产投资策略时，应当在收益和风险之间进行权衡。

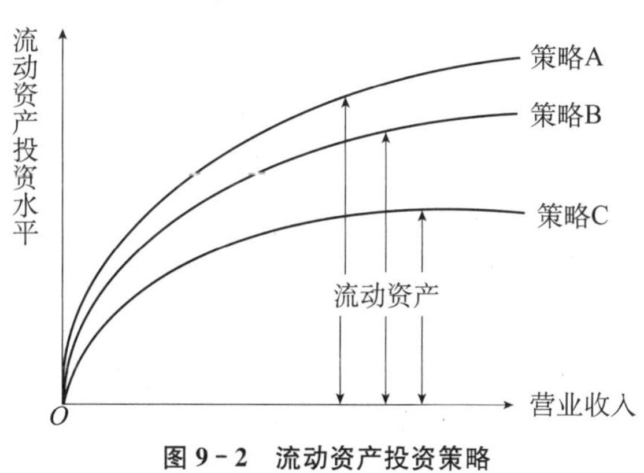

**图9－2　流动资产投资策略**

## 三、营运资金筹资决策

资产按照流动性分为流动资产和非流动资产，按照流动资产的用途可将其划分为波动性流动资产和永久性流动资产。波动性流动资产是指受季节性、周期性影响的流动资产，如季节性存货、销售旺季的应收账款等；永久性流动资产是指公司为维持持续经营而必须持有的最低限额的现金、存货以及应收账款等，这部分流动资产是相对稳定的。

公司的营运资金筹资决策就是对波动性流动资产、永久性流动资产和长期资产的来源进行管理，一般分为配合型、稳健型和激进型三种筹资策略。

### （一）配合型筹资策略

配合型筹资策略（也称适中型筹资策略）是指波动性流动资产所需要的资金用临时性短期负债筹资，永久性流动资产和长期资产所需的资金用自发性短期负债、长期负债和权益资本筹资。

在这种策略下，只要公司短期筹资计划严密，实现现金流动与预期安排一致，则在经营低谷时，公司除了自发性短期负债外没有其他短期负债，只有在经营高峰时，公司才举借临时性短期负债。

但是在公司的经营活动中，由于现金流和各类资产使用寿命的不确定性，往往做不到资产与负债的完全配合。在公司生产经营的高峰期内，一旦公司的销售和经营不理想，未能取得预期的现金收入，便会发生难以偿还临时性负债的情况。因此，该策略虽然风险与收益都相对适中，但是在实践中难以实现。配合型筹资策略如图 9-3 所示。

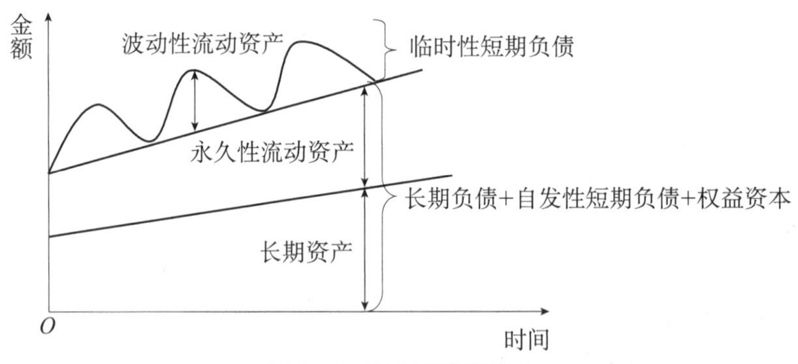


**图 9-3　配合型筹资策略**

### （二）稳健型筹资策略

稳健型筹资策略是指公司用临时性短期负债筹资来支持部分波动性流动资产，用长期负债、自发性短期负债和权益资本来支持永久性流动资产、长期资产和其余波动性流动资产的筹资策略。极端的稳健型筹资策略完全不使用临时性短期负债筹资。

在这种策略下，临时性短期负债在公司的全部资金来源中所占比例较小，可降低公司无法偿还到期债务的风险。同时，公司遭受短期利率变动损失的风险也较小，但是降低风险的同时也降低了收益，因为长期负债和权益资本在公司资本来源中的比例较大，并且二者的资本成本高于临时性短期负债，在生产经营的淡季，公司仍要负担长期债务的利息。即使将过剩的长期资本投资于短期有价证券，其投资收益一般也会低于长期债务的利息。所以，该策略是一种风险较小、收益也低的营运资金筹资策略。稳健型筹资策略如图 9－4 所示。

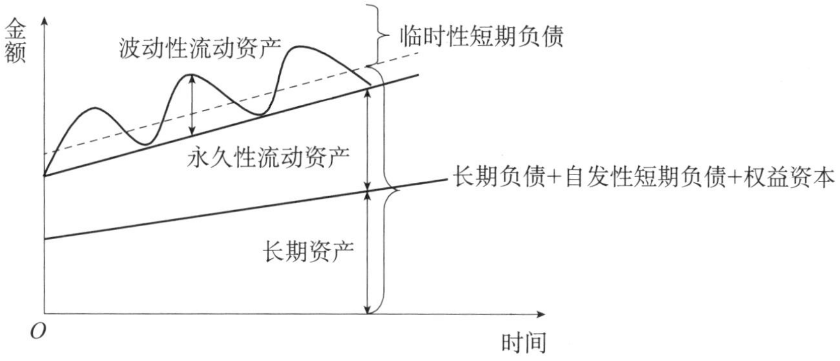

金额
波动性流动资产
临时性短期负债
永久性流动资产
长期负债+自发性短期负债+权益资本
长期资产
O
时间

**图 9－4　稳健型筹资策略**

### （三）激进型筹资策略

激进型筹资策略是指公司不仅用临时性短期负债筹资来支持波动性流动资产，还用临时性短期负债筹资来支持部分永久性流动资产，甚至用临时性短期负债筹资来支持长期资产的筹资策略。

由于临时性短期负债的资本成本相对于长期负债和权益资本来说一般较低，而激进型筹资策略下的临时性短期负债所占的比例较大，因此，该策略下公司的资本成本低于配合型筹资策略。但是，由于公司为了满足永久性流动资产长期稳定的需要，必然要在临时性短期负债到期后重新举债或申请债务展期，这样不断地举债和还债，加大了筹资和还债的风险。因此，激进型筹资策略是一种风险大、收益高的营运资金筹资策略。激进型筹资策略如图 9－5 所示。

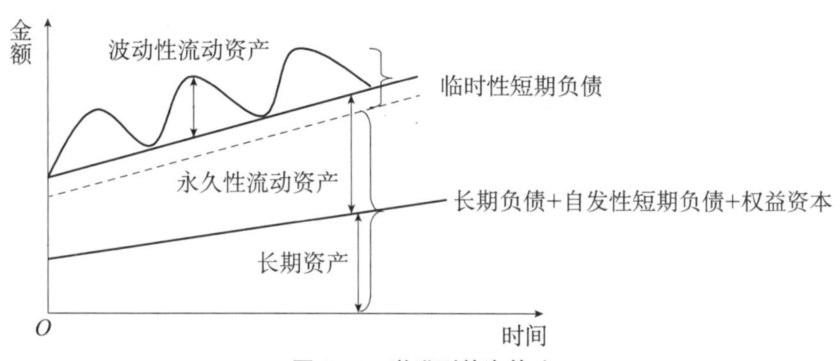


**图 9－5　激进型筹资策略**

## 相关链接

**营运资金筹资决策管理实践：激进还是稳健?**

现实中，我们对于营运资金筹资决策实践知之甚少。但是，不同时期的调查研究结果说明了公司是如何管理营运资金筹资的。调查发现：大部分公司没有正式的营运资金筹资策略，而且公司尽可能地采用稳健的策略，而不是激进的策略。

## 第二节 现金管理

现金是指公司生产经营过程中以货币形态占用的资产，包括库存现金、银行存款及其他货币资金。现金是公司中流动性最强的资产，它可以立即用来购买商品、支付劳务或偿还债务。现金管理的目标是在现金的流动性和收益性之间进行合理选择，即在保证正常业务经营需要的同时，尽量降低现金的占有量，并从暂时闲置的现金中获得最大的投资收益。

### 一、持有现金的原因

公司持有一定数量的现金，主要是为了满足交易性需求、补偿性需求、预防性需求和投机性需求。

（1）交易性需求。交易性需求是指满足公司日常经营开支的需要。公司每天的现金收入和现金支出很少同时、等额发生，保留一定的现金余额，可使公司在现金支出大于现金收入时，业务活动能正常进行。

（2）补偿性需求。银行为公司提供服务时，往往需要公司在银行中保留存款余额来补偿服务费用，同时，银行贷给公司款项也需要公司在银行中有存款，以保证银行的资金安全。这种出于银行要求而保留在公司银行账户中的存款，就是补偿性需求的现金。

（3）预防性需求。预防性需求是指公司为了预防意外事项的发生而持有的现金。如突发事件和偶然情况导致现金流出，主要客户未能及时付款等。持有一定的现金余额，可以更好地应对意外事件的发生，保证生产经营的正常进行。

（4）投机性需求。投机性需求是指持有现金以便抓住潜在投资机会，从中获得收益。投机性需求是公司在保证正常生产经营的基础上，还期望有一些回报率较高的投资机会，此时，公司也需要持有现金。

大多数公司持有现金都是基于上述需求考虑的。但是，由于各种条件的变化，每一种需求需要的现金数量是很难确定的，而且往往一笔现金余额可以服务于多个需求，如出于预防性或投机性需求的现金也可以用于交易性需求。所以，公司必须综合考虑多方面因素，合理分析公司的现金状况。

**相关链接**

**为什么公司持有巨额的现金？**

无论用什么衡量标准，美国企业的现金余额都是巨大的。2017 年，标准普尔 500 公司（不包括金融、交通和公用事业公司）的现金余额达到创纪录的 1.496 万亿美元。例如，苹果公司公布的现金和短期投资约为 700 亿美元，另外，该公司还将 1 800 亿美元的现金用于长期投资，苹果公司的现金储备总额是令人难以置信的 2 500 亿美元。2023 年 4 月，苹果公司拥有超过 1 650 亿美元的现金储备。

## 二、现金持有量决策

现金持有量决策

在现金预算中，为了确定预算期末现金的余缺情况，除了要合理估计预算期内的现金收入与现金支出项目，还需要确定期末应该保持的最佳现金余额，这就是现金持有量决策中需要解决的主要问题，也是现金管理的首要任务之一。公司出于各种需求而持有现金，但是出于成本和收益关系的考虑，必须确定最佳现金持有量。

现金持有量决策方法包括成本分析模型、存货模型、随机模型、现金周转模型和因素分析模型。

### （一）成本分析模型

成本分析模型是通过分析持有现金的成本，进而求得使总成本最低的现金量，以此作为最佳的现金持有量。公司持有现金的有关成本包括以下三种：

（1）机会成本，是指公司占用现金的代价，即公司由于持有一定数量的现金，要放弃将其用于其他投资机会而可能获得的收益。机会成本与现金持有量成正比：

机会成本＝现金持有量×有价证券利率

（2）短缺成本，是指在现金持有量不足且又无法及时将其他资产变现而给公司造成的损失，包括直接损失和间接损失。现金的短缺成本与现金持有量呈反比关系。

（3）管理成本，是指公司持有现金而发生的管理费用，如现金管理人员工资、安全措施费用等。现金的管理成本是一种固定费用，与现金持有量之间无明显比例变动关系。

上述三种成本之和最小的现金持有量，就是最佳现金持有量。三种成本放在一张图中，如图 9－6 所示。由于管理成本是固定性成本，所以机会成本和短缺成本两者之和最小时，总成本最低，此时机会成本等于短缺成本。

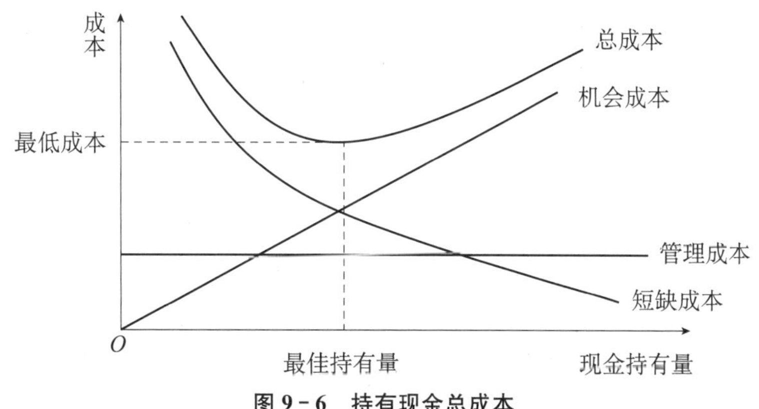


**图 9－6　持有现金总成本**

成本分析模型的计算步骤是：

（1）根据不同现金持有量测算各备选方案的有关成本数值；

（2）按照不同现金持有量及其有关部门成本资料，计算各方案的机会成本、短缺成本和管理成本之和，即总成本，并编制最佳现金持有量测算表；

(3) 在测算表中找出相关总成本最低时的现金持有量，即最佳持有量。

**【例 9-1】** 某公司现有 A、B、C、D 四种现金持有方案，有关资料如表 9-1 所示。

**表 9-1　某公司备选的现金持有方案**　　单位：万元

| 项目 | 方案 A | 方案 B | 方案 C | 方案 D |
|---|---|---|---|---|
| 平均现金持有量 | 100 | 200 | 300 | 400 |
| 机会成本率 | 12% | 12% | 12% | 12% |
| 短缺成本 | 50 | 30 | 10 | 0 |
| 管理成本 | 10 | 10 | 10 | 10 |

**【解析】** 首先，计算出机会成本，即平均现金持有量乘以机会成本率；其次，计算三种成本之和，最后，选择总成本最低对应的现金持有量。

**【答案】**

某公司最佳现金持有量的测算如表 9-2 所示。

**表 9-2　某公司最佳现金持有量测算**　　单位：万元

| 方案 | 平均现金持有量 | 机会成本 | 短缺成本 | 管理成本 | 相关总成本 |
|---|---|---|---|---|---|
| 方案 A | 100 | 100×12%=12 | 50 | 10 | 12+50+10=72 |
| 方案 B | 200 | 200×12%=24 | 30 | 10 | 24+30+10=64 |
| 方案 C | 300 | 300×12%=36 | 10 | 10 | 36+10+10=56 |
| 方案 D | 400 | 400×12%=48 | 0 | 10 | 48+10=58 |

根据分析，应该选择成本最低的 C 方案。

### (二) 存货模型

存货模型来源于存货的经济批量模型。该模型假设公司的现金收入是每隔一段时间通过转让有价证券等额发生一次，而现金支出在一定时期内均匀发生。图 9-7 形象地描述了这一过程。

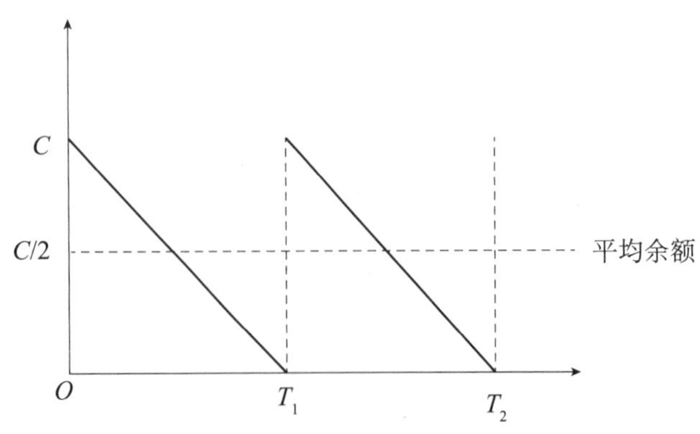


**图 9-7　确定现金余额的存货模型**

如图 9-7 所示，在原点，公司持有现金 $C$ 元，$T_1$ 时点公司的现金余额下降为零，此时公司通过转让价值为 $C$ 元的有价证券来补充现金。随后，$T_2$ 时点公司的现金余额再次下降为零，公司再次转让价值为 $C$ 元的有价证券来补充现金。这一过程不断重复。

在存货模型下，持有现金的总成本包括两个方面：一是持有成本，即成本分析模型中的机会成本；二是转换成本，是指现金与有价证券转换的固定成本，与交易次数有关。现金持有总成本可以表示为：

$$现金持有总成本=机会成本+转换成本=\frac{C}{2}\times K+\frac{T}{C}\times F$$

式中：$C$——最佳现金持有量；

$K$——有价证券利率；

$T$——公司在一定时期内现金的需求量；

$F$——现金与有价证券的单位转换成本。

令此式一阶导数等于零，可求出令总成本最小的现金持有量，此时机会成本等于转换成本。即：

$$C=\sqrt{\frac{2FT}{K}}$$

**【例 9-2】** A 公司预计全年需要现金 15 000 万元，现金与有价证券的转换成本为每次 2 000 万元，有价证券的利率为 15%，计算该公司的最佳现金持有量。

**【解析】** 将数据直接代入最佳现金持有量的计算公式即可。

**【答案】**

$$C=\sqrt{\frac{2\times15\ 000\times2\ 000}{15\%}}=20\ 000（万元）$$

### （三）随机模型

随机模型是一种基于现金流入与现金流出不稳定情况下的现金管理模型。该模型假设公司每日现金净流量是一个随机变量，在一定时期内近似地服从正态分布，且现金与有价证券之间能够自由转换。

随机模型的基本思想是公司的现金持有量在一个控制区域内随机波动，该区域的上限 $H$ 代表现金持有量的最高点，下限 $L$ 代表现金持有量的最低点。当现金持有量达到上限时，应将现金转换成有价证券；当现金持有量下降到下限时，应将有价证券转换成现金。随机模型可以用图 9-8 来表示。

如图 9-8 所示，当公司的现金持有量达到上限 $H$ 时，公司将购买有价证券，以使公司的现金持有量降至均衡点 $Z$；当公司的现金持有量降至下限 $L$ 时，公司将卖出部分有价证券，使现金持有量升至均衡点 $Z$；现金余额在 $H$ 和 $L$ 之间波动时，公司无须采取任何措施。

在确定下限 $L$ 的数额时，需要综合考虑公司每日最低现金需要、管理人员的风险承受倾向等因素的影响。

上限 $H$ 的计算公式为：

$$H=3Z-2L$$

均衡点 $Z$ 的计算公式为：

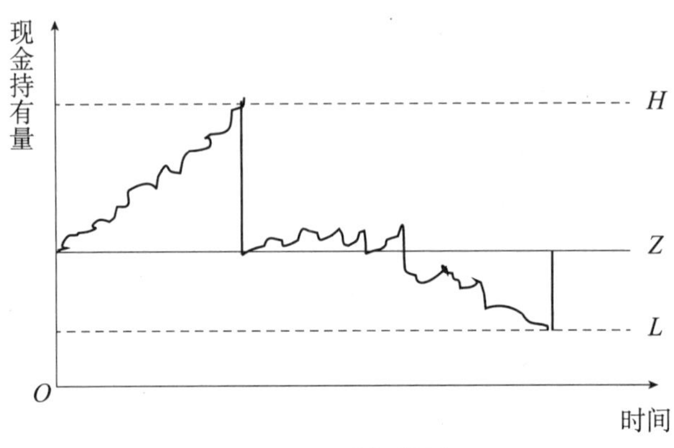


**图 9-8　随机模型**

$$Z=\sqrt[3]{\frac{3F\sigma^2}{4K}}+L$$

式中：$F$——现金与有价证券的单位转换成本；

$\sigma$——每日净现金流量变动的标准差；

$K$——有价证券的日利率。

**【例 9-3】** 假设某公司的有价证券日利率为 0.06%，每次转换有价证券的固定成本为 500 元，公司认为任何时候现金余额不能低于 2 000 元，每日现金余额标准差为 5 000 元。确定均衡点现金和上限金额。

**【解析】** 将数据直接代入随机模型的公式计算即可。

**【答案】**

$$均衡点现金=\sqrt[3]{\frac{3\times500\times5\,000^2}{4\times0.06\%}}+2\,000=27\,000（元）$$

$$上限金额=3\times27\,000-2\times2\,000=77\,000（元）$$

### （四）现金周转模型

现金周转模型是从现金周转的角度出发，根据现金周转次数等指标来测算最佳现金持有量的一种模式。其计算过程如下：

（1）计算现金周转期（天数），即公司从购买材料支付现金至销售商品收回现金的时间，其计算公式为：

$$现金周转期=存货周转期+应收账款周转期-应付账款周转期$$

（2）计算现金周转次数，即一年或一个经营周期内现金的周转次数，其计算公式为：

$$现金周转次数=\frac{计算期天数}{现金周转期}$$

（3）计算最佳现金持有量，其计算公式为：

$$最佳现金持有量=\frac{预计现金年总需求量}{现金周转次数}$$

**【例 9-4】** 某公司预计存货周转期为 80 天，应收账款周转期为 30 天，应付账款周转期为 20 天，预计全年需要现金 8 000 万元，一年按 360 天计算。计算最佳现金持有量。

【解析】将数据直接代入现金周转模型计算即可。

【答案】

现金周转期 =80+30−20=90（天）

现金周转次数 = 360/90=4（次）

最佳现金持有量= 8 000/4=2 000（万元）

现金周转模型操作比较简单，但需具备以下前提条件：(1) 公司的生产经营一直持续稳定进行，现金支出均衡稳定，不确定因素较少；(2) 根据往年的历史资料可以较为准确地测算出现金周转次数，并且未来年度与历史年度的周转效率基本一致或者其变化率可以预计。

### （五）因素分析模型

因素分析模型是根据上年现金占用额和有关因素的变动情况来确定最佳现金持有量的一种方法，其计算公式如下：

$$\text{最佳现金持有量}=\left(\text{上年现金平均占用额}-\text{不合理占用额}\right)\times\left(1\pm\text{预计营业收入变化的百分比}\right)$$

**【例 9－5】**某公司 2023 年现金平均占用额为 500 万元，经分析，其中不合理占用额为 30 万元，2024 年营业收入预计较上年增长 10%。计算 2024 年最佳现金持有量。

【解析】将数据直接代入因素分析模型计算即可。

【答案】

最佳现金持有量=(500−30)×(1+10%)= 517（万元）

因素分析模型考虑了影响现金持有量高低的最基本因素，计算也比较简单，但这种模型假定现金需求量与收入量同比例增长，有时情况并非完全如此。

## 三、现金日常管理

有效的现金日常管理方法包括现金流动同步化、合理估计“浮游量”、实行内部牵制制度、及时进行现金的清理等。

### （一）现金流动同步化

公司的现金流入与流出一般来说是很难准确预测的，为了应对这种不确定性可能带来的问题，公司往往需要保留比最佳现金持有量多的现金余额。为了尽量减少公司持有现金带来的成本增加和盈利减少，公司财务人员需要提高预测和管理能力，使现金流入和流出能够合理匹配，实现同步化的理想效果。现金流动同步化的实现可以使公司的现金余额减少到最小，从而减少持有成本，提高公司的盈利水平。

### （二）合理估计“浮游量”

“浮游量”是指公司账户中的现金余额与银行记录中的现金余额的差额。由于公司支付、收款与银行转账业务之间存在时滞，这会使本应显示同一余额的公司账户和银行记录之间出现差异。为了保证公司的安全运转，财务人员必须对这个差异有清楚的了解，以正确判断公司的现金持有情况。

### （三）实行内部牵制制度

在现金管理中，要实行管钱的不管账、管账的不管钱，使出纳人员和会计人员互相牵制，互相监督。凡有库存现金收付，应坚持复核制度，以减少差错，堵塞漏洞。出纳人员调换时，必须办理交接手续，做到责任清楚。

### （四）及时进行现金的清理

库存现金的收支应做到日清月结，确保库存现金账面余额与实际库存额相符；银行存款账户余额与银行对账单余额相符；库存现金、银行存款日记账数额分别与库存现金、银行存款总账数额相符。

# 第三节　应收账款管理

应收账款是指因对外销售产品、材料、供应劳务及其他原因，应向购货单位或接受劳务的单位及其他单位收取的款项，包括应收销售款、其他应收款、应收票据等。

## 一、应收账款的功能与成本

公司提供商业信用，采取赊销、分期收款等销售方式，可以扩大销售、增加利润。但是应收账款的增加，也会造成资本成本、坏账损失等费用的增加。应收账款管理的基本目标，就是在充分发挥应收账款功能的基础上，降低应收账款投资的成本，使提供商业信用、扩大销售所增加的收益大于相关的各项费用。

### （一）应收账款的功能

应收账款的功能是指它在生产经营中的作用。应收账款的功能包括：

（1）增加销售。在市场竞争比较激烈的情况下，赊销是促进销售的一个重要方法。对于相同的产品价格、类似的产品质量、一样的售后服务，实行赊销的产品的销售额将大于实行现销的销售额。

（2）减少存货。公司持有产成品存货，要增加管理费、仓储费和保险费等支出，相反，公司持有应收账款，则无须上述支出。因此，当公司产成品存货较多时，一般都可采用较为优惠的信用条件进行赊销，把存货转化为应收账款，节约支出。

### （二）应收账款的成本

应收账款是为公司增加销售和盈利进行的投资，会产生一定的代价。应收账款的成本包括：

（1）机会成本。机会成本是指由于应收账款占用资金而放弃将其进行其他投资所获得的收益。一般地，机会成本与持有应收账款的余额呈正比。应收账款机会成本的计算公式为：

$$\text{应收账款平均余额}=\frac{\text{全年销售额}}{360}\times\text{平均收现期}$$

$$\text{应收账款平均占用资金}=\text{应收账款平均余额}\times\text{变动成本率}$$

$$\text{应收账款占用资金的机会成本}=\text{应收账款平均占用资金}\times\text{机会成本率}$$

(2) 管理成本。管理成本是指公司为管理应收账款而发生的费用，主要包括调查顾客信用情况的费用、收集各种信息的费用、账簿的记录费用、收账费用、其他费用等。

(3) 坏账成本。坏账成本是指因故不能收回应收账款而发生的损失。一般地，坏账成本与持有应收账款的金额成正比。

坏账成本＝赊销额×坏账损失率

## 二、信用政策

信用政策

信用政策即应收账款的管理政策，是公司财务政策的一个重要组成部分。公司要管好、用好应收账款，必须事先制定合理的信用政策。信用政策主要包括信用标准、信用条件和收账政策三部分。

### (一) 信用标准

信用标准是公司用来衡量客户获得公司商业信用所应具备的基本条件，如果客户达不到信用标准，便不能享受公司的信用优惠或只能享受较低的信用优惠。

信用标准通常以预期的坏账损失率作为判别标准，进而划分信用等级。坏账损失率越高，信用等级越低，要求的信用标准就越高；坏账损失率越低，信用等级越高，要求的信用标准就越低。具体客户的坏账损失率需要通过对客户进行信用评估来确认。

公司的信用标准较严，只对信誉很好、坏账损失率很低的顾客给予赊销，会减少坏账损失，减少应收账款的机会成本，但这可能不利于扩大销售量，甚至会使销售量减少；反之，如果信用标准较宽，虽然会增加销售，但会相应增加坏账损失和应收账款的机会成本。公司应根据具体情况进行权衡。

### (二) 信用条件

信用条件是指公司要求顾客支付赊销款项的条件，包括信用期限、折扣期限和现金折扣。

信用期限是公司为顾客规定的最长付款时间；折扣期限是为顾客规定的可享受现金折扣的付款时间；现金折扣是公司为鼓励客户提前付款而给予的折扣优惠。如账单中的“2/10，n/30”就是一项信用条件，它规定如果在发票开出后 10 天内付款，可享受 2%的折扣；如果不享受折扣，则这笔货款必须在 30 天内付清。在这里，30 天为信用期限，10 天为折扣期限，2%为现金折扣。

当公司想要通过延长信用期限来增加销售额时，必须考虑由此带来的应收账款成本的增加，将改变信用期限后成本的增加与收益的增加进行比较，然后做出决策。

**【例 9-6】**某公司全年计划赊销额为 400 000 元，拟将原来的 30 天信用期限延长到 60 天，预计此项措施能使赊销额增加到 600 000 元。产品单位销售价格为 50 元，产品单位变动成本为 40 元。相关数据如表 9-3 所示。

**表 9-3 信用期限变化前后对照表**

| 项目 | n/30 | n/60 |
|---|---|---|
| 销售量（件） | 8 000 | 12 000 |
| 收账费用（元） | 2 000 | 3 000 |
| 坏账损失（元） | 4 000 | 6 000 |

假设公司管理费用和销售费用等并未随产量增加而改变。应收账款的机会成本率为20%，一年按360天计算。判断公司延长信用期限是否可行。

**【解析】** 在分析时，先计算延长信用期限增加的收益，然后计算增加的机会成本，最后根据两者比较的结果做出判断。

**【答案】**

（1）增加的收益：

增加的收益=(12 000−8 000)×(50−40)=40 000（元）

（2）增加的机会成本：

$$\text{改变信用期限增加的机会成本}=\frac{600\ 000}{360}\times60\times\frac{40}{50}\times20\%-\frac{400\ 000}{360}\times30\times\frac{40}{50}\times20\%=10\ 667\text{（元）}$$

（3）增加的收账费用和坏账损失：

增加的收账费用=3 000−2 000=1 000（元）

增加的坏账损失=6 000−4 000=2 000（元）

（4）改变信用期限增加的税前损益：

改变信用期限增加的税前损益=增加的收益−增加的成本

=40 000−(10 667+1 000+2 000)=26 333（元）

由于增加的收益大于增加的成本，所以可以延长信用期限到60天。

**【例9-7】** 承例9-6，若该公司将30天信用期限变为60天后，因为销量增加，年平均存货水平从3 000件上升到5 000件，每件存货的变动成本按40元计算。假设其他条件不变，该措施是否可行?

**【解析】** 由于考虑了存货增加因素，故需要在原有分析的基础上，再考虑存货增加而多占用资本所带来的影响，重新计算延长信用期限的税前损益。

**【答案】**

存货增加占用资金的机会成本=(5 000−3 000)×40×20%=16 000（元）

改变信用期限增加的税前损益=增加的收益−增加的成本

=40 000−(10 667+1 000+2 000+16 000)

=10 333（元）

因为仍然可以获得税前收益，所以，尽管增加了平均存货，还是可以将信用期限延长到60天。

在信用条件中规定现金折扣，主要目的是吸引顾客为享受现金折扣而提前付款，缩短公司的平均收现期，节约应收账款的机会成本。但是，提供现金折扣也意味着增加公司的现金折扣成本。判断现金折扣政策是否可行的原则是提供现金折扣增加的收益是否大于增加的成本。

**【例9-8】** 承例9-6，若该公司提供的信用条件由原来的“n/30”变为“2/10，n/60”，估计会有一半的客户（以销售额计）会利用现金折扣在10天内付款，假设其他条件不变，该措施是否可行?

**【解析】**首先，计算增加的收益，即增加的边际贡献；其次，计算增加的成本，包括增加应收账款机会成本、收账费用、坏账损失和现金折扣成本；最后，计算增加的税前损益。若增加的税前损益大于零，则可以改变信用条件。

**【答案】**

（1）增加的收益：

增加的收益＝(12 000－8 000)×(50－40)＝40 000（元）

（2）增加的机会成本：

改变信用条件后的平均收现期＝10×50%＋60×50%＝35（天）

$$改变信用条件后增加的机会成本=\frac{600\ 000}{360}\times35\times\frac{40}{50}\times20\%-\frac{400\ 000}{360}\times30\times\frac{40}{50}\times20\%=4\ 000（元）$$

（3）增加的收账费用和坏账损失：

增加的收账费用＝3 000－2 000＝1 000（元）

增加的坏账费用＝6 000－4 000＝2 000（元）

（4）增加的现金折扣成本：

增加的现金折扣成本＝600 000×50%×2%＝6 000（元）

（5）改变信用期限增加的税前损益：

改变信用条件增加的税前损益＝增加的收益－增加的成本

＝40 000－(4 000＋1 000＋2 000＋6 000)＝27 000（元）

由于增加的收益大于增加的成本，所以可以延长信用期限，并提供现金折扣。

## （三）收账政策

收账政策是指违反信用条件时，公司采取的收账策略。在制定信用政策时，应权衡增加收账费用与减少机会成本和坏账损失之间的得失。通常可以参照评价信用条件的方法来评价收账政策。一般而言，收账费用越多，坏账损失越少，但这两者并不一定存在线性关系。通常情况是：（1）开始花费一些收账费用，机会成本和坏账损失有小部分降低；（2）收账费用继续增加，机会成本和坏账损失明显减少；（3）收账费用达到某一限度以后，机会成本和坏账损失的减少就不再明显了，这个限度称为饱和点。收账费用与机会成本、坏账损失的关系如图 9－9 所示。

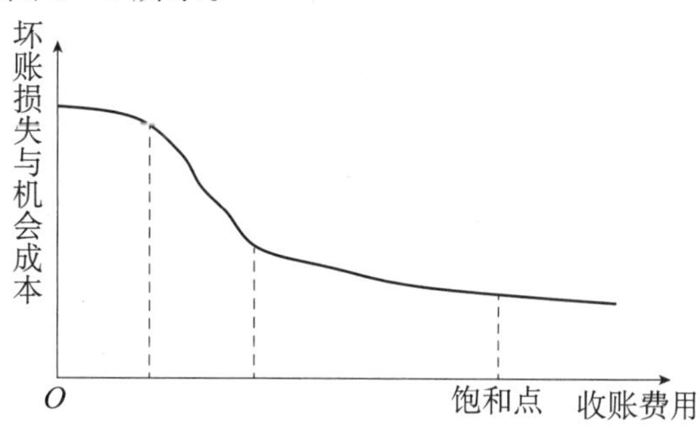


**图 9－9　收账费用与机会成本、坏账损失的关系**

## 三、应收账款的日常管理

信用政策建立以后，公司要做好应收账款的日常管理工作，进行信用调查和信用评价，以确定是否同意顾客赊欠账款；之后还要做好对账款情况的监控工作，当顾客违反信用条件时，要及时进行催收。

### （一）信用调查

对顾客的信用状况进行评价是应收账款日常管理的重要内容。只有正确地评价顾客的信用状况，才能合理地执行公司的信用政策。要想合理地评价顾客的信用状况，必须搜集有关的信息资料，对顾客信用进行调查。

信用调查有直接调查和间接调查两类。直接调查是指调查人员直接与被调查单位接触，通过现场采访、直接询问、实地考察等方式以获取信用资料的一种方法。直接调查能保证搜集资料的准确性和及时性，但若不能得到被调查单位的合作，则会使调查资料不完整。

间接调查是以被调查单位以及其他单位保存的有关原始记录和核算资料为基础，通过加工整理获得被调查单位信用资料的一种方法。这些资料主要来自如下几个方面：

(1) 财务报表。通过财务报表分析，基本上能掌握一个公司的财务状况和盈利状况。

(2) 信用评估机构。通常，专门的信用评估机构采用的评估方法先进，评估调查细致，评估程序合理，可信度较高。我国的信用评估机构目前有三种形式：第一，独立的社会评估机构，它们只根据自身的业务吸收有关专家参加，不受行政干预和集团利益的牵制，独立自主的开办信用评估业务；第二，政策性银行负责组织的评估机构，一般由银行有关人员和各部门专家进行评估；第三，由商业银行组织的评估机构，由商业银行组织专家对其客户进行评估。

(3) 银行。银行是信用资料的一个重要来源，许多银行都设有信用部为其顾客提供服务。但银行的资料一般仅愿在同业之间交流，而不愿向其他单位提供。因此，如果交易额巨大，需要了解顾客的信用状况，可以通过当地开户银行，向其征询有关资料。

(4) 其他。如财税部门、消费者协会、市场监督管理部门、公司的上级主管部门、证券交易部门等，另外，图书、报纸、杂志等也可提供有关顾客的信用情况。

### （二）信用评估

通过信用调查搜集好信用资料后，要对这些资料进行分析，用以对顾客信用状况进行评估。信用评估的方法很多，这里介绍两种常见的方法：5C 评估法和信用评分法。

#### 1. 5C 评估法

5C 评估法是常用的定性分析方法，是通过重点分析影响信用的五个方面来评价顾客信用状况的一种方法。这五个方面是品质（Character）、能力（Capacity）、资本（Capital）、抵押（Collateral）和条件（Condition）。因为这五个方面英文单词的第一个字母都是“C”，所以将其称为 5C 评估法。

(1) 品质，是指当债务到期时，顾客愿意履行偿债义务的可能性。顾客是否愿意尽自己最大努力来归还货款，直接决定着账款的回收速度和数量。品质在信用评估中常被认为是最重要的因素。

（2）能力，是指短期偿债能力。根据流动资产数量、质量以及流动资产与流动负债的比例关系进行分析。

（3）资本，是指顾客的财务状况。这主要根据顾客的有关财务比率分析。

（4）抵押，是指顾客能否为获取商业信用提供担保财产。如有抵押资产，则对顺利收回款项比较有利。

（5）条件，是指一般经济环境可能对顾客还款能力的影响，或某一地区的一些特殊情况对顾客还款能力的影响。例如，经济不景气，会对顾客的付款行为产生什么影响，这需要了解顾客在过去困难时期的付款历史。

2. 信用评分法

信用评分法是将一系列财务比率和信用情况指标进行评分，然后进行加权平均，得出顾客的综合信用分数，并以此进行信用评估的一种方法。进行信用评分的基本公式为：

$$Y = a_1x_1 + a_2x_2 + a_3x_3 + \cdots + a_nx_n = \sum_{i=1}^{n} a_ix_i$$

式中：$Y$——对某潜在顾客的综合评分；

$a_i$——评分项目的加权权重；

$x_i$——对第 $i$ 种财务比率和信用品质的实际评分值。

如果顾客的分数为 80～100 分，说明顾客的信用状况良好，预计坏账损失率低，信用等级较高；分数为 60～80 分，说明顾客的信用状况一般，预计坏账损失率一般，信用等级中等；分数为 60 分以下，说明顾客的信用状况较差，预计坏账损失率较高，信用等级偏低。实践中，公司采取的具体评分标准会因公司的具体情况不同而有差异。

### （三）应收账款的监控

一般地说，应收账款拖欠的时间越长，收回的可能性就越小，发生坏账的可能性越大。对此，公司在向客户提供赊销后，应该随时了解顾客的信用状况，并经常进行测算和分析，保持对应收账款的监控。在应收账款的监控过程中，最主要的方法是账龄分析法。

账龄分析法是通过编制应收账款的账龄分析表完成对应收账款的监控的。账龄分析表是一张能够显示应收账款账龄长短并按时间长短排序的报告。通过账龄分析可以发现：（1）公司有多少应收账款尚在信用期内；（2）公司有多少应收账款已超过了信用期；（3）不同账龄的应收账款各占多少比例；（4）公司有多少应收账款可能因拖欠时间太长而发生坏账损失。

对不同拖欠时间的应收账款，公司应采取不同的收账方法，制定出经济可行的收账政策；对可能发生的坏账损失，应合理计提坏账准备。应收账款账龄分析表如表 9－4 所示。

表 9-4　应收账款账龄分析表

| 应收账款账龄 | 账户数量 | 金额（万元） | 占比（%） |
|---|---|---|---|
| 信用期限内 | 200 | 320 | 40 |
| 超过 1～20 天 | 100 | 160 | 20 |
| 超过 21～40 天 | 50 | 80 | 10 |
| 超过 41～60 天 | 30 | 80 | 10 |
| 超过 61～80 天 | 20 | 80 | 10 |
| 超过 81～100 天 | 15 | 40 | 5 |
| 超过 100 天 | 5 | 40 | 5 |
| 应收账款总额 |  | 800 | 100 |

从应收账款账龄分析表中，可以了解到以下的情况：

（1）尚在信用期限内的应收账款。表 9-4 中，在信用期限内的应收账款为 320 万元，占全部应收账款的 40%。这些应收账款还没有到偿付期，因此欠款是正常的；但是到期后能否收回还需要看未来的实际情况，因此对这部分应收账款进行监控也是必要的。

（2）超过信用期限欠款的数额、时间的长短以及坏账的可能性。表 9-4 中，480 万元的应收账款已经超过了信用期限，占全部应收账款的 60%。在超过信用期限的欠款中，欠款时间的长短也不相等。

第一，拖欠时间较短的（在 20 天以内）的部分为 160 万元，占全部应收账款的 20%，这部分欠款收回的可能性较大；第二，拖欠时间较长（21～100 天）的应收账款为 280 万元，占全部应收账款的 35%，这部分欠款的收回有一定的难度；第三，拖欠时间很长（超过 100 天）的应收账款为 40 万元，占全部应收账款的 5%，这部分欠款的收回的可能性较小，可能会发生坏账。

### （四）应收账款的催收

公司在收款过程中遵循一系列特定步骤，这些步骤取决于账款过期多久、负债的大小和其他因素。典型的收款步骤为：

（1）信函通知。对于过期时间不长的应收账款，可寄给顾客一封措辞礼貌的通知信件，不宜过多打扰，以免将来失去这一顾客；如果仍然没有收到付款，可以发出 1～2 份甚至更多的邮件，措辞可以稍严厉。

（2）电话催收。对过期时间较长的账款，可以给顾客打电话催收。

（3）派员面谈。对拖欠时间很长的账款，公司的收账人员可以直接与顾客面谈，协商解决，可在催款时措辞严厉。

（4）交给收款机构。可以把收款工作交由专门的机构负责，但机构一般要收费。

（5）采取法律行动。必要时可以提请有关部门仲裁或提出诉讼。

对应收账款的催收要遵循几个原则：催收的顺序应该从成本最低的手段开始，只有在前面的收款方法失败后才继续采用成本较高的方法；收款决策遵循成本收益原则，一旦继续收款的催收所产生的现金流量小于继续收款所追加的成本，则停止追讨是正确的决策。

相关链接

**应收账款资产支持票据**

山河智能装备股份有限公司（以下简称山河智能）创设于1999年8月，总部在湖南省长沙市，属机械制造行业，主攻装备制造业，涉足工程机械研制、产品销售及维修服务。该公司于2006年12月8日在深交所主板上市，名列全球工程机械制造企业50强、全球挖掘机企业20强，位列国内地下工程装备先进水平，用户遍及全球近100个国家和地区。

机械行业是典型的资金和技术密集行业，山河智能自身的原材料采购业务资金密集特点尤为突出。在日常生产经营中，公司需要大量频繁采购钢材、发动机等原材料，原材料费用占生产成本的比例近20%。公司采购结算方式主要是电汇、承兑汇票和信用证等，全款采购占20%左右，承兑汇票结算占比70%左右，期限一般在3～6个月，滚动付款，导致公司应付账款和应付票据显著增加，占流动负债总额近50%。

公司为了避免出现流动负债比、资产负债率双高的状况，减轻存量债务压力、缓解营运资金不足，在2020—2022年发行了3期资产支持票据，总规模达到16.2亿元，分别是：2020年12月23日，发行金额为6.7亿元；2021年6月，在银行间证券市场发行了2021年第一期资产支持票据，发行规模为3.3亿元；2021年12月23日，发行了2021年第二期资产支持票据，发行规模为6.2亿元。

其中，2021年第一期3.3亿元资产支持票据属于高成长型债务融资工具。入池的基础资产主要是销售旗下挖钻机、旋挖机和液压静力压桩机产生的1 213笔应收账款，这些应收账款涵盖了全国21个省市，涉及93户债务人，共计36 220.77万元。入池应收账款基础资产加权平均账龄为2.65个月，最长账龄为7.92个月，基础资产具有现金流入可预期性高和回收风险可控的特点。

通过发行应收账款资产支持票据，公司有效地降低了原材料采购存量债务，保证了项目建设资金需求。

我国应收账款资产证券市场整体发展稳健。2012年资产支持票据（ABN）首次亮相中国银行间市场，应收账款资产支持证券存量稳中有升。年度发行规模从2020年的106.89亿元发展到2022年的432.4亿元，增加了3倍。

## 第四节　存货管理

存货是指公司在生产经营过程中为销售或耗用而储备的物资，包括原材料、低值易耗品、在产品、外购商品、自制半成品、产成品等。一般情况下，存货在公司流动资产中占比较大，对公司财务状况的影响较大。因此，加强存货的规划与控制，是财务管理的一项重要内容。

## 一、存货的功能与成本

### （一）存货功能

存货功能是指存货在生产经营过程中的作用。概括起来主要有：

（1）储存必要的原材料和在产品，以保证生产的正常进行。

（2）储存必要的产成品，有利于销售。公司的产品一般不是生产一件出售一件，而是要组织成批生产、成批销售才经济合算。

（3）适当储存原材料和产成品，便于组织均衡生产，降低产品成本。

（4）留有各种存货的保险储备，可以防止意外事件造成的损失。

存货的成本及经济批量模型

### （二）存货的成本

要持有一定数量的存货，必定会有一定的成本支出。持有存货的成本有以下几项。

1. 取得成本

取得成本是指为取得某种存货而支出的成本。取得成本分为购置成本和订货成本。

（1）购置成本。购置成本是指存货本身的价值。在不存在批量折扣的条件下，购置成本取决于年需求量（$D$）与单价（$U$），而与存货持有量决策无关。购置成本的计算公式为：

$$购置成本=D\times U$$

（2）订货成本。订货成本是指取得订单的成本。订货成本中有一部分与订货次数无关，称为订货固定成本，如常设采购机构的办公费开支，该成本与存货持有量决策无关，用 $F_1$ 表示；另一部分与订货次数有关，称为订货变动成本，如采购人员差旅费支出，该成本与存货持有量决策相关，用 $K$ 表示。公司要降低订货成本，可以大批量采购，减少订货次数。订货次数等于年需求量（$D$）与每次订货批量（$Q$）之比。订货成本的计算公式为：

$$订货成本=\frac{D}{Q}\times K+F_1$$

2. 储存成本

储存成本是指因储存存货而发生的成本，如仓储费、存货占用资本的利息支出、保险费、损耗费等。

储存成本分储存固定成本和储存变动成本。储存固定成本与存货数量多少无关，如仓库折旧、仓库固定职工的工资等，这些是与存货持有量决策的无关成本，用 $F_2$ 表示；储存变动成本与存货数量有关，与存货的库存数量成正比，如存货占用资金的应计利息、存货的保险费等，是存货持有量决策的相关成本。公司要降低储存成本，可以小批量采购，减少储存数量。单位存货的年储存成本用 $K_c$ 表示。储存成本的计算公式为：

$$储存成本=\frac{Q}{2}\times K_c+F_2$$

3. 缺货成本

缺货成本是指由于存货供应中断而造成的损失。主要有：(1) 材料供应中断造成的停工待料损失；(2) 产成品存货或商品存货缺货造成的延迟发货的损失、丧失销售机会的损失以及信誉的损失；(3) 采取补救措施而发生的成本，如公司紧急采购代用材料而增加的额外支出。缺货成本与存货的储存数量成反比。

综上所述，持有存货的总成本计算公式为：

总成本＝取得成本＋储存成本＋缺货成本
＝购置成本＋订货变动成本＋订货固定成本＋储存变动成本
＋储存固定成本＋缺货成本

存货经济批量就是使存货总成本最小时的存货持有量。

## 二、经济批量模型

公司存货管理决策的主要问题包括两方面：一是决定订货批量，即应当订购多少；二是决定订货时间，即应当何时订购。

### (一) 基本经济批量模型

经济批量是指能够使一定时期存货的总成本达到最低点的订货数量。通过对存货成本分析可知，决定存货经济批量的成本因素主要包括订货变动成本、储存变动成本以及允许缺货时的缺货成本。

减少订货批量，增加订货次数，在储存成本降低的同时，也会导致订货成本和缺货成本的上升；反之，增加订货批量，减少订货次数，尽管有利于降低订货成本和缺货成本，但同时会导致储存成本的上升。因此，如何权衡各项成本之间的关系，选择适当的订货批量，使存货的总成本达到最低，是公司组织订货过程中需要解决的问题。

构建基本经济批量模型的假设条件有：

(1) 能够及时补充存货，即公司在有订货需求时能够立即订购足量的存货。

(2) 所订购的存货能够集中一次到货，而不是陆续入库。

(3) 没有缺货成本。

(4) 需求量稳定且能准确预测。

(5) 存货供应稳定且单价不变，不考虑数量折扣。

(6) 公司现金充足，不会因为现金短缺而影响订货。

(7) 所需存货市场供应充足。

在上述假设条件下，存货总成本公式可以简化为：

$$TC=\frac{D}{Q}\times K+\frac{Q}{2}\times K_c$$

式中：$TC$——与订货批量相关的总成本；

$D$——一定期间存货需求量；

$Q$——每次订货批量；

$K$——每次订货变动成本；

$K_c$——单位储存变动成本。

存货成本与订货量的关系如图 9－10 所示。

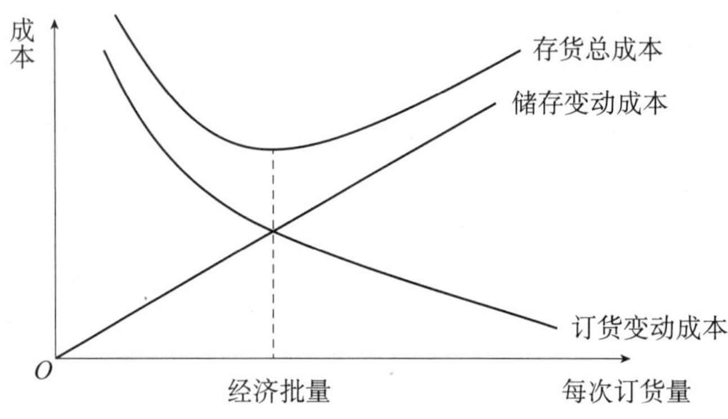


**图 9－10　存货成本与订货量的关系**

为求出 $TC$ 的极小值，令上式一阶导数为零，求出使存货总成本最低的经济批量（$Q^*$）。

经济批量（$Q^*$）$=\sqrt{\dfrac{2KD}{K_c}}$

最优订货次数（$N^*$）$=\dfrac{D}{Q^*}$

最优订货周期（$T^*$）$=\dfrac{360}{N^*}$

经济批量下的存货总成本 $TC$（$Q^*$）$=\sqrt{2KDK_c}$

经济批量下存货占用资金（$R^*$）$=\dfrac{Q^*}{2}\times U$

**【例 9－9】**某公司外购甲材料的年需求量为 3 600 千克，该材料单位成本为 20 元，预计每次订货成本为 50 元，单位存货年储存成本为 4 元。计算采购甲材料的经济批量、最优订货次数、最优订货周期、经济批量下的存货总成本和经济批量下存货占用资金。

**【解析】**将题中数据直接代入公式计算即可。

**【答案】**

$$Q^*=\sqrt{\frac{2\times 3\ 600\times 50}{4}}=300\text{（千克）}$$

$$N^*=\frac{3\ 600}{300}=12\text{（次）}$$

$$T^*=\frac{360}{12}=30\text{（天）}$$

$$TC(Q^*)=\sqrt{2\times 50\times 3\ 600\times 4}=1\ 200\text{（元）}$$

$$R^*=\frac{300}{2}\times 20=3\ 000\text{（元）}$$

## （二）基本模型的扩展

1. 订货提前期模型

一般情况下，公司的存货不能做到随用随补充，因此不能等到存货全部用完再去订货，而需要提前订货。在提前订货的情况下，公司再次发出订货单时尚有的存货库存量，称为再订货点，用 $R$ 表示：

$$R = L\times d$$

式中：$R$——再订货点；

$L$——平均交货时间；

$d$——存货每日平均需求量。

在订货期提前的情况下，订货批量、订货次数和订货间隔时间与瞬间补充存货时的情况相同，因此对经济批量并无影响。

**【例 9-10】** 承例 9-9，假设该公司甲材料订货期为 30 天，该材料全年的耗用情况比较稳定（全年生产天数按 360 天计）。公司若提前 10 天订货，计算再订货点的库存量。

**【解析】** 先计算出每天材料耗用量，之后用每天材料耗用量乘以提前订货时间即可。

**【答案】**

平均每天耗用量＝3 600÷360＝10（千克）

再订货点＝10×10 ＝100（千克）

2. 存货陆续入库模型

在经济批量基本模型中，假设所订购的存货能够集中一次到货，而事实上，存货可能是陆续入库。在这种情况下，我们需要对基本模型做一些修改，在计算经济批量时，还要考虑存货的送货期，此时存货的总成本可以表示为：

$$TC=\frac{D}{Q}\times K+\frac{Q}{2}\left(1-\frac{d}{p}\right)\times K_c$$

式中：$p$——每日送货量；

$d$——每日耗用量。

则存货陆续入库模型的经济批量模型为：

$$Q^*=\sqrt{\frac{2KD}{K_c\left(1-\frac{d}{p}\right)}}$$

存货陆续入库模型经济批量下的总成本为：

$$TC(Q^*)=\sqrt{2KDK_c\left(1-\frac{d}{p}\right)}$$

**【例 9-11】** 承例 9-9，若存货陆续入库，每日供货量为 30 千克，每日耗用量为 10 千克，其他条件不变。要求：计算存货的经济批量和经济批量下的总成本。

**【解析】** 将题中数据直接代入公式计算即可。

**【答案】**

$$Q^*=\sqrt{\frac{2\times 50\times 3\,600}{4\times\left(1-\frac{10}{30}\right)}}=367\text{（千克）}$$

$$TC(Q^*)=\sqrt{2\times 50\times 3\,600\times 4\times\left(1-\frac{10}{30}\right)}=980\text{（元）}$$

3. 保险储备模型

上述所有模型均假设存货每日需求量不变，交货时间也不变，但实际情况并非完全如此。按照经济批量订货后，如果每日需求量增大或送货延迟，就会发生由缺货而引起供应中断的现象，所以就要求公司多储备一些存货，以备应急之需，这部分储存量称为保险储备量。

保险储备量是公司库存材料物资即将发生不足的警戒线，存货储备量降到此点前，公司应及时组织订货，否则可能会影响生产和销售。

一般情况下，存货需求和供应的变化越大，公司需要保持的保险储备量越多。公司的保险储备量越多，储存成本越大，但缺货成本越低；相反，保险储备量越少，储存成本越低，但缺货造成损失的可能性增加。研究保险储备的目的，就是找到合理的保险储备量，使缺货成本和储存成本之和最小。确定方法是先计算各种不同的保险储备量的总成本，之后比较总成本，选定其中最低的总成本所对应的保险储备量。保险储备量总成本计算公式为：

$$TC（S，B）=\text{短缺成本}+\text{储存成本}=K_U\times S\times N+B\times K_c$$

式中：$TC（S，B）$——与保险储备有关的总成本；

$K_U$——单位缺货成本；

$S$——预期缺货数量；

$N$——年订货次数；

$B$——保险储备量；

$K_c$——单位储存变动成本。

## 第五节　短期债务筹资管理

公司在生产经营过程中，许多因素都会导致公司出现临时资金短缺的问题，运用短期债务筹资是公司处理这类问题最适宜的方法，主要包括商业信用筹资和短期借款筹资。

### 一、商业信用筹资

商业信用筹资

商业信用是指在商品交易中延期付款或延期交货所形成的公司间的借贷关系。商业信用产生于商品交货中，也称“自发性筹资”。商业信用被广泛使用，在短期债务筹资中占有很大的比重。

#### （一）商业信用的形式

利用商业信用筹资，主要有以下三种形式。

1. 应付账款

应付账款即买卖双方发生商品交易，买方收到商品后不需要立即支付现金，可以延期付款的一种形式。延期付款等同于向卖方借用资金购进商品，从而满足短期资金需要。

（1）应付账款成本。如果买方购买商品后在卖方规定的折扣期内付款，则买方不需要为获得商业信用而付出代价。但是，如果没有在折扣期内付款，就要承担因放弃折扣而造成的隐含利息成本。一般来讲，放弃现金折扣成本的计算公式为：

$$放弃现金折扣成本=\frac{现金折扣率}{1-现金折扣率}\times\frac{360}{信用期-折扣期}$$

**【例 9 - 12】**某公司购进材料一批，货款总计 100 000 元，信用条件为“3/10，n/30”，要求：计算放弃现金折扣成本。

**【解析】**如果该公司在 10 天内付款，便可享受 10 天的免费信用期间，并获得 3%的现金折扣，免费信用额为 9 700 元（10 000－10 000×3%）。如果该公司 10 天后、30 天内付款，则将承受因放弃现金折扣而造成的机会成本。将数据直接代入公式计算即可。

**【答案】**

$$放弃现金折扣成本=\frac{3\%}{1-3\%}\times\frac{360}{30-10}=55.67\%$$

（2）利用现金折扣的决策。如果能够以低于放弃现金折扣的隐含利息成本的利率借入资金，就应该在折扣期用借入资金支付货款，享受现金折扣。假设同期银行借款利率是 10%，买方应该利用更便宜的银行借款资金在折扣期偿还应付账款；反之，应该放弃现金折扣。

2. 预收账款

预收账款即卖方在交付商品之前向买方先收取部分或全部货款的形式。对于卖方来讲，预收账款相当于是向买方借款后将来再用商品偿还。预收账款通常适用于生产周期长、资金需要量大、商品供应较为紧张的情况。

3. 应付票据

应付票据即公司进行延期付款购入商品时开具的反映债权债务关系的票据。根据承兑人不同，分为商业承兑汇票和银行承兑汇票两种。电子商业汇票最长付款期为 1 年。应付票据可以带息，也可以不带息。应付票据利率一般低于银行借款利率。但是，应付票据到期必须归还，如果延期，则需要支付违约金，因此，其风险较高。

### （二）商业信用筹资的优缺点

1. 商业信用筹资的优点

（1）使用方便。商业信用筹资是一种自发性筹资，伴随商品交易而自然产生，不需要为此特别办理手续。

（2）成本低。如果没有现金折扣或公司不放弃现金折扣，则使用商业信用筹资没有筹资成本。

（3）限制少。与借款相比，商业信用筹资限制条件较少，选择余地较大。

2. 商业信用筹资的缺点

商业信用筹资的缺点主要表现在：商业信用筹资的期限较短，特别是应付账款，不利于公司对资金的统筹运用，如果拖欠，则有可能导致公司信用地位和信用等级下降。另外，如果公司享受现金折扣，则付款时间会更短；如果放弃现金折扣，则会负担较高的机会成本。

## 二、短期借款筹资

短期借款是公司为解决短期资金需求而向银行申请借入、期限在一年以内的款项。公司举借短期借款，首先应向银行提出申请，经审查同意后借贷双方签订借款合同，办理借款手续，然后取得借款。

## （一）短期借款的种类

### 1. 按照目的和用途分类

短期借款按照目的和用途不同，分为生产周转借款和商品周转借款、临时借款、结算借款等。

（1）生产周转借款和商品周转借款。生产周转借款是指制造业企业生产经营过程中因所需的经常占用资金不足而向银行申请的借款。商品周转借款是指商业企业因经营商品购销业务所需的经常占用资金不足而向银行申请的借款。这两种周转借款都属于调节公司资金平均需要量以内的资金需求借款，期限最长为一年。

（2）临时借款。临时借款是指公司由于季节性储备或集中到货、节假日供应等临时原因需要向银行申请的借款。举借临时借款，公司要在借款前 3～5 天向银行提出申请，银行逐笔核贷，贷款期限根据实际需要确定，最长不超过半年。

（3）结算借款。结算借款是指公司向外地销售商品采用托收承付结算方式时，为抵补在途资金占用而向银行申请的贷款。结算借款的借款额度以商品销售成本和代垫运杂费为限，贷款期限为预定托收货款收回的期限。

### 2. 按银行发放贷款的具体形式分类

短期借款按银行发放贷款的具体形式，可以分为信用借款、担保借款、抵押借款等。

（1）信用借款。信用借款是指完全凭借款人信用，不需要借款人提供担保或财产抵押的借款方式。规定借款限额或周转额度的银行借款均属于信用借款。信用借款主要适用于经营时间长、经济实力强、借贷往来时间长、信誉好的公司。

（2）担保借款。担保借款是要求借款人以第三方信誉或财产作为还款保证的借款方式。担保借款要求借款公司、担保人、银行三方签订合法完整的借贷合同和担保合同，明确三方的权利和责任。

（3）抵押借款。抵押借款是指公司以某种资产作为担保，抵押给银行，以此获得一定数额短期资金的借款方式。有价证券、应收账款和存货是常用的抵押品。

### 3. 按借款利息支付方法分类

短期借款按借款利息支付方法的不同，分为收款法借款、贴现法借款和加息法借款。

（1）收款法借款。收款法借款是指公司在借款到期时向银行支付利息的借款方式。银行向公司发放的贷款大多采用此法收取利息。收款法借款的实际利率等于名义利率。

（2）贴现法借款。贴现法借款是指银行向公司发放贷款时，先从本金中扣除利息部分，而到期时借款公司要偿还贷款本金的借款方式。采用这种方法，公司可利用的贷款额只有本金减去利息后的差额，因此贷款的实际利率高于名义利率。

（3）加息法借款。加息法借款是指公司需要分期等额偿还贷款本金及其利息的借款方式。在分期等额偿还贷款的情况下，公司所负担的资金的实际利率高于名义利率。

## （二）短期借款的信用条件

### 1. 信贷限额

信贷限额是银行与借款人之间达成的一种无法律约束的非正式的协议，它规定银行愿

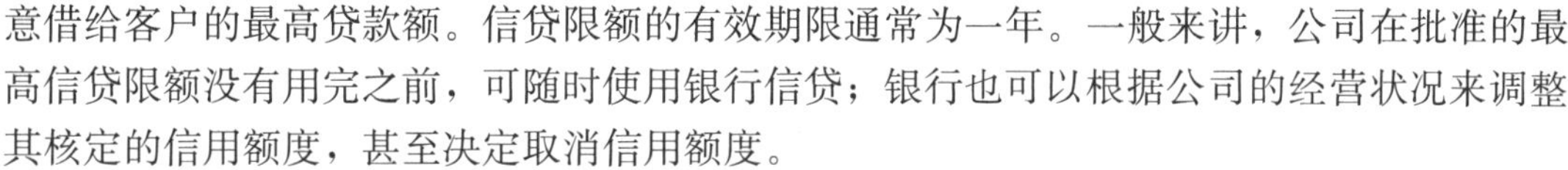

意借给客户的最高贷款额。信贷限额的有效期限通常为一年。一般来讲，公司在批准的最高信贷限额没有用完之前，可随时使用银行信贷；银行也可以根据公司的经营状况来调整其核定的信用额度，甚至决定取消信用额度。

2. 周转信贷协定

周转信贷协定是指银行从法律上承诺向公司提供不超过某一最高限额的贷款协定，是一种正式的具有法律约束的信用额度形式。在周转信贷协定中，只要公司的借款总额未超过最高限额，银行必须满足公司任何时候提出的借款要求。公司享用周转信贷协定，应按使用贷款的实际资金额向银行支付相应的利息，此外，还要对贷款限额未使用部分付给银行一笔承诺费。

3. 补偿性余额

补偿性余额是银行要求借款公司在银行中按贷款限额或实际借款额的一定百分比（一般为10%～20%）保持的最低存款余额。从银行角度讲，补偿性余额可降低贷款风险，补偿可能遭受的贷款损失；对于公司来说，补偿性余额实际上提高了借款的实际利率。

### （三）短期借款的优缺点

短期借款的优点主要表现在：与长期借款相比，筹资效率较高；筹资弹性较大，公司可以根据需要随时借款，而当公司资金充足时可及早偿还。

短期借款的缺点主要表现在：筹资风险较高；当存在补偿性余额时，筹资成本也较高。

## 本章小结

营运资金有广义和狭义两种：广义的营运资金是指在公司正常生产经营活动中占用在流动资产上的资金；狭义的营运资金是指流动资产减流动负债后的差额。

营运资金投资决策包括流动资产投资策略和流动资产投资日常管理。流动资产投资策略包括宽松型、适中型、紧缩型三种；流动资产投资的日常管理的主要内容包括现金和交易性金融资产管理、存货管理和应收账款管理。营运资金筹资政策分为配合型、稳健型、激进型三种。

公司进行现金管理，要在资产的流动性和收益性之间做出权衡，需要满足交易性需求、补偿性需求、预防性需求和投机性需求。确定现金最佳持有量的方法主要有成本分析模型、存货模型、随机模型、现金周转模型和因素分析模型等。

信用政策即应收账款管理政策，主要包括信用标准、信用条件和收账政策三部分。

存货成本包括购置成本、订货成本、储存成本和缺货成本。存货的经济批量是指使一定时期存货的总成本达到最低点的订货数量。存货管理决策的模型包括基本经济批量模型、订货提前期模型、存货陆续入库模型和保险储备模型等。

短期债务筹资主要包括商业信用筹资和短期借款筹资。

## 思考题

1. 什么是营运资金？
2. 流动资产投资策略与营运资金筹资策略的类型及特点是什么？
3. 公司为什么要持有现金？

4. 信用政策包括哪些内容?
5. 应收账款的成本包括哪些内容?
6. 存货的功能是什么?存货的成本包括哪些内容?
7. 简述商业信用的形式及商业信用筹资的优缺点。

## 在线自测

扫一扫　练一练

# 第十章　股利分配决策

## 第一节　股利分配概述

### 一、股利分配的概念和意义

股利分配是指公司按照国家有关规定，在兼顾公司发展和投资者及各方利益的基础上，对实现的税后利润所进行的分配。股利分配主要是确定净利润中有多少留存和向股东分配多少股利。

公司的股利分配是关系公司自身发展和股东以及其他有关方面的经济利益的重大问题。做好股利分配工作的重要意义主要有两点：

（1）股利分配关系公司的生存和发展。公司的生存和发展离不开资金，而资金一方面从公司外部融通，另一方面应当从公司盈利中补充。除按照国家的规定必须提取一定比例的公积金外，公司要根据自身发展需要，制定相应的股利政策，确定留存公司的净利润和分配的股利。留存利润作为一项重要的资金来源，能为公司的发展奠定一定的物质基础。

（2）合理的股利分配能处理好公司与各方经济利益的财务关系。股利分配政策直接关系到与公司有经济利益关系的各类当事人，涉及股东、债权人和公司员工等的切身利益。制定合理的股利分配方案，最终目的在于恰当地解决公司发展与股东及其他利益关系人之间的经济利益问题。从本质上讲，净利润属于股东。但由于公司要考虑近期需要和长期发展的问题，不同的股东利益要求的差异，以及市场环境因素的不断变化等，因此，公司在留存部分利润以用于生产经营扩大的同时，还要向股东分配股利，满足他们的利益要求，增强他们对公司发展的信心。

### 二、股利支付程序和方式

股利支付
程序和方式

#### （一）股利支付程序

股份公司分配股利必须遵循法定的程序，先由公司董事会提出分配预案，然后提交股东大会审议，股东大会决议通过分配预案之后，由董事会向股东宣布发放股利的方案，并在规定的股利发放日以约定的支付方式派发。

（1）股利宣布日，即公司董事会将股东大会通过本年度利润分配方案的情况以及股利支付情况予以公告的日期。公告中将宣布每股股利、股权登记日、除息日和股利支付日等事项。

（2）股权登记日，即有权领取股利的股东资格登记截止日期。只有在股权登记日这一天登记在股东名册上的股东（即在此日及之前持有或买入股票的股东），才有权分享本期股利。

（3）除息日，即指领取股利的权利与股票相互分离的日期。在除息日前，股利权从属于股票，持有股票者即享有领取股利的权利；在除息日当日及以后买入的股票不再享有本次股利分配的权利。我国上市公司的除息日通常是在股权登记日的下一个交易日。由于在除息日之前的股票价格中包含了本次派发的股利，而自除息日起的股票价格中则不包含本次派发的股利，通常经过除权调整上市公司每股股票对应的价格，以便投资者对股价进行对比分析。

（4）股利支付日，即公司确定的向股东正式发放股利的日期。

**【例 10－1】**C 公司于 2023 年 5 月 15 日发布《C 公司 2022 年度利润分配方案实施公告》。公告称本公司 2022 年度利润分配方案已经于 2023 年 5 月 14 日召开的 2022 年度股东大会上审议并通过。2023 年 5 月 20 日，对 C 公司股东名册中登记在册的股东进行 2022 年度利润分配，每 10 股派送现金股利人民币 0.6 元（含税），2023 年 6 月 10 日，向符合条件的股东派发 2022 年度现金股利。

实施日期：股利宣布日为 2023 年 5 月 15 日，股权登记日为 2023 年 5 月 20 日，除息日为 2023 年 5 月 21 日，股利支付日为 2023 年 6 月 10 日。

#### （二）股利支付方式

（1）现金股利。现金股利是股份公司以现金的形式发放给股东的股利。发放现金股利的多少主要取决于公司的股利政策和经营业绩。公司支付现金股利时，必须具备两个基本条件：一是公司要有足够的未指明用途的累计盈余；二是公司要有足够的现金。

（2）股票股利。股票股利是公司以股票形式发放的股利，即股利分配方案中的送股。这种股利支付方式对公司来讲没有现金流出，仅仅是增加了流通在外的普通股数量。

（3）财产股利。财产股利是公司以现金以外的其他资产支付股利，主要是公司持有的其他公司的有价证券，如债券、股票等。

（4）负债股利。负债股利是公司以其负债向股东支付的股利，通常以公司的应付票据支付给股东，在不得已的情况下也有以发行公司债券的形式抵付股利的。

在我国上市公司的股利分配实践中，财产股利和负债股利很少使用，但并非法律所禁止。常用的股利支付方式是现金股利、股票股利或者是两种方式兼有的组合分配方式。公司有时也会同时实施资本公积转增股本的方案。

## 第二节　股利理论与股利政策

### 一、股利理论

财务管理的目标是股东财富最大化或公司价值最大化，那么作为一项重要的财务管理活动，股利分配同样涉及这个问题，那就是股利政策的选择是否会影响公司的价值？对这个问题的回答是不同股利理论争论的焦点。

### （一）股利无关论

股利无关论认为股利分配对公司的市场价值不会产生影响。该理论是1961年由美国学者莫迪格莱尼和米勒在以下基本假设的前提下提出来的：（1）不存在公司和个人所得税；（2）不存在任何筹资费用；（3）公司的投资政策独立于其股利政策；（4）关于未来的投资机会，投资者和管理者可以获得相同的信息。

显然，上述假设与现实世界相差很大，两位学者描述的是一个完美的市场。在这样的假设基础上，投资者不关心公司股利的分配情况，公司的股票价格完全由公司的投资方案和获利能力所决定，而并非取决于公司的股利政策。当公司有较好的投资机会时，即使股利分配较少，公司的股票价格也会上升，投资者可以通过出售股票来换取现金；当股利分配较多时，投资者获得现金后会寻找新的投资机会，公司仍可以顺利筹集到新的资本。所以，股票价格与公司的股利政策无关。

### （二）股利相关论

股利相关论认为公司的股利分配对公司市场价值有影响。在现实生活中，不存在股利无关论提出的假定前提，公司的股利分配政策是在考虑各种制约因素下制定的。股利相关论主要有以下几种观点。

1. “一鸟在手”理论

“一鸟在手”理论认为，用留存收益再投资带给投资者的收益具有很大的不确定性，并且投资风险随着时间的推移将进一步增大，因此，投资者更喜欢现金股利。其理由是：

（1）投资者偏好当前收入。大多数投资者均偏好尽早获得收入，即当期获得股利。如果偏好高股利的投资者持有了低股利的股票，他们会很快将股票抛售并发生交易成本。投资者为了避免交易成本，通常购买并保持高股利的股票。同时，公司支付的股利较少甚至不发放股利，投资者会对公司的经营和财务状况产生怀疑，失去投资信心，导致股票价格下跌。

（2）股利消除了不确定性。股利收益与留存收益再投资所获收益相比，投资者更偏好容易预测的股利收益。因为股利更现实和更确定，其风险低于资本利得的风险，并且投资者对公司股票价格的估计，依据未来股利的预期和要求的报酬率。预计近期取得的股利越多，股票价格越高；反之，其股票价格必然会下降。根据这种理论，公司需要定期向股东支付较高的股利。公司分配的股利越多，公司的市场价值越大。

2. 信号传递理论

信号传递理论是基于股票价格随股利增长信息而上涨这一现象提出的。在信息不对称的情况下，股利可以传递公司前景的信息。具体而言，股利增减所引起的股票价格变动，主要在于股利政策所包含的有关公司未来盈利的信息。一般来说，预期未来盈利能力强的公司往往愿意通过相对较高的股利支付率以吸引更多的投资者。对市场上的投资者来说，股利政策的差异或许是反映公司预期未来盈利能力差异的极有价值的信号。如果公司连续保持较为稳定的股利支付率，那么，投资者就可能对公司未来的盈利能力与现金流量抱有较为乐观的预期。

虽然股利分配的信号传递理论已经被人们广泛接受，但也有一些学者对此持不同的看法：一是公司目前的股利分配并不能帮助投资者预测公司未来的盈利能力；二是支付高股利的公司向市场传递的并不是公司具有较好前景的利好信息，相反，而是公司当前没有好的投资项目，或公司缺乏较好的投资机会的利空消息。

3. 税差理论

一般来说，股利收益的税率高于资本利得的税率。税差理论认为，如果不考虑股票交易成本，股利支付率较高，股东的股利收益纳税负担会高于资本利得纳税负担，公司应采取低股利支付率的分配政策。如果存在股票的交易成本，当资本利得税与交易成本之和大于股利收益税时，股东会倾向于公司采用高股利支付率政策。

4. 代理理论

代理理论认为，股利政策有助于缓解股东与经营者之间、股东和债权人之间的代理冲突。公司发放股利，减少了内部筹资，导致其进入资本市场寻求更多的外部筹资，从而可以经常接受资本市场的有效监督，通过加强资本市场的监督而减少代理成本。因此，高股利政策有助于降低公司的代理成本，但同时也增加了公司的外部筹资成本。

## 二、影响股利政策的因素

公司股利政策的制定有许多限制性因素，有的限制性因素是强制的，比如一些法律性约束；有些限制性因素是非强制的，比如一些公司本身条件的约束。

### （一）法律因素

为了保护投资者的利益和公司更好地发展，我国法律对公司派发股利做了相应的限制。

（1）资本保全限制。资本保全是指公司不能用资本（包括股本和资本公积）支付股利，应保持资本完整。比如，上市公司不能用资本市场上募集的资金来发放股利，而只能用当期利润或累计留用利润支付股利。这是为了保证权益资本能够真正保障债务资本而做出的限制。

（2）公司积累的限制。规定公司当期的净利润应首先满足公司积累的法律要求，然后再支付股利。按照我国《公司法》的规定，公司当期的净利润在进行分配时，首先要按规定弥补以前年度的亏损，再提取规定比例的法定公积金，而且法律还鼓励公司提取任意公积金，然后才能以本年的剩余利润，或加上以前年度未分配利润形成的累计利润来分配股利。

（3）偿债能力限制。公司必须在能够保障偿债能力的前提下才能派发股利。因为公司发放现金股利，将有大量现金流出公司，如果现金的流出将导致其无法偿还到期债务，则为了保障债权人的利益，原则上不允许公司支付现金股利。

（4）超额累积利润限制。如果公司的留存收益超过法律所认可的合理水平，将被加征额外的税款。之所以有这样的限制，是因为股东如果获得股利收入，将被征收较高的税款，而获得的资本利得，税率则相对较低。所以公司可以少发放股利，而选择累积利润使股价上涨来帮助股东避税。

### （二）公司因素

（1）盈利能力。公司的股利政策在很大程度上会受其盈利能力的限制。一般而言，盈利能力较强的公司，通常采取较高的股利支付率政策，盈利能力较弱或不稳定的公司，通常采取较低的股利支付率政策。

(2) 变现能力。公司的变现能力是影响股利政策的一个重要因素。公司资金的灵活周转是公司生产经营得以正常进行的必要条件。公司现金股利的分配自然也应以不危及公司经营资金的流动性为前提。如果公司的现金充足，资产有较强的变现能力，则支付股利的能力也比较强。如果公司因扩充或偿债已消耗大量现金，资产的变现能力较差，大幅度支付现金股利则非明智之举。由此可见，公司现金股利的支付能力，在很大程度上受其资产变现能力的限制。

(3) 筹资能力。公司如果有较强的筹资能力，则可考虑发放较高现金股利，并可以使用再筹集资金来满足公司经营对货币资金的需求；反之，则要考虑保留更多的资金用于内部周转或偿还将要到期的债务。一般而言，规模大、盈利多的大公司能较容易地筹集到所需资金，因此，它们较倾向于多支付现金股利；而创办时间短、规模小、风险大的中小企业，通常需要经营一段时间以后，才能较顺利地取得外部资金，因而往往在某一阶段要限制现金股利的支付。

(4) 资本成本。与新发行普通股相比，留存收益是公司内部筹资的一种重要方式，无须考虑筹资费用。从资本成本角度考虑，如果公司有扩大资金的需要，可以采用低股利支付率政策。

(5) 投资机会。从股东财富最大化出发，公司之所以能将税后利润部分或全部留下来用于公司内部积累，其前提是这一部分属于股东的净收益，可以使股东获得高于股东投资必要报酬率的再投资收益。因此，如果公司有较多的好的投资机会，往往采用低股利支付率政策。反之，如果它的投资机会较少，就可采用高股利支付率政策。

### （三）股东因素

(1) 控制权的稀释。如果公司大量支付现金股利，使得内部留存利润减少，而通过增发新的普通股形式以筹集所需资金，那么现有股东的控股权就有可能被稀释。另外，随着新股的发行，流通在外的普通股股数增加，最终会导致普通股的每股收益和每股市价下降，从而影响现有股东的利益。

(2) 降低税负与稳定收入。如果股东的主要收入来源是股利，则这些股东通常会要求公司支付稳定的股利。他们认为增加利润留存引起股价上涨而获得的资本利得收益是有风险的。因此，降低股利支付比率，会受到这部分股东的反对。但是边际税率较高的股东出于避税考虑，为降低税收负担，通常反对公司采用高股利支付率政策。

### （四）其他因素

(1) 通货膨胀因素。通货膨胀使公司的资金购买力下降，维持现有的经营规模尚需不断追加投入，需要将较多的税后利润用于内部积累。因此，采取相对较低的股利支付率政策是必要的。

(2) 债务合同的约束。为了保护债权人的利益，公司的长期债务合同通常有限制公司股利支付程度的条款，因此只能采用低股利支付率政策。

## 三、股利政策的类型

### （一）剩余股利政策

股利政策的类型

剩余股利政策，是指公司有良好的投资机会时，按照目标资本结构（最佳资本结构）计算出投资所需要的权益资本，先从净利润中留用，然后将剩余的净利润作为现金股利进行分配。运用剩余股利政策应遵循以下四个步骤：

（1）确定目标资本结构，即权益资本和债务资本的比例，在该资本结构下，公司的加权平均资本成本最低。

（2）根据目标资本结构确定投资所需要筹集的股东权益资本数额。

（3）最大限度运用留存收益来满足投资中所需要的股东权益资本数额。

（4）当净利润满足投资所需的股东权益资本数额后仍有剩余时，再将其用于股利发放。

**【例 10－2】**某公司本年净利润为 100 万元，明年新增投资为 50 万元，在目标资本结构中，股东权益资本占比是 60％。公司采用剩余股利政策，计算本年应分配现金股利金额。

**【解析】**按照目标资本结构，先计算明年投资中的股东权益资本数额，之后从本年净利润中扣除，差额即现金股利发放金额。

**【答案】**

明年投资中需要的股东权益资本数额＝50×60％＝30（万元）

股利支付额＝100－30＝70（万元）

采用剩余股利政策的优点是可以保持目标资本结构（最佳的资本结构），使公司加权平均资本成本最低，进而使公司的价值达到最高。

### （二）固定或稳定增长股利政策

固定股利政策，是指公司将每年发放的股利固定在某一水平上并在较长的时期保持不变，只有当公司未来利润将显著地而且不可逆转地提高时，才增加年度的股利发放额。稳定增长股利政策，是指每年发放的股利在上一年股利的基础上按照固定增长率稳定增长。

采用固定或稳定增长股利政策的优点有：

（1）能增强投资者的信心。固定或稳定增长股利政策可以表达公司对其未来前景的预期，向市场传递公司经营业绩正常或稳定增长的信息，可以消除投资者内心的不确定性，有利于树立良好的公司形象，增强投资者的信心，有利于公司股票价格稳定或上升。

（2）能满足投资者取得正常稳定收入的需要。多数投资者将股利视为收入来源之一，希望得到稳定性收入，因此这种政策对他们有着很大的吸引力。而不稳定的股利会降低他们对公司股票的需求，从而引致股票价格的下降。

固定或稳定增长股利政策的缺点有：

（1）股利的发放与公司利润相脱节。在利润下降的时期，公司仍发放固定或稳定增长的股利，可能会导致资金短缺，财务状况恶化。

（2）该股利政策不能像剩余股利政策那样使公司保持目标资本结构和最低的加权平均资本成本。

### （三）固定股利支付率政策

固定股利支付率政策，是指公司先确定一个股利占净利润的比率，之后长期按照该比率支付股利的政策。按照该股利政策，各年支付给股东的股利随盈利的多少而相应变化，盈利高的年份股利发放额就多，反之，盈利低的年度股利发放额就会减少。

固定股利支付率政策的优点有：股利与公司盈利紧密结合，体现多盈利多分、少盈利少分、不盈利不分的原则。

固定股利支付率政策的缺点有：由于公司盈利不稳定，导致各年度的股利发放额变化较大，容易造成公司信誉下降，股东投资信心不足，资本成本升高，股票价格上下波动。

### （四）低正常股利加额外股利政策

低正常股利加额外股利政策，是指公司在一般情况下，每年只发放固定的、数额较低的股利，在公司经营业绩好的年份，除了按期支付给股东固定股利外，再加付额外的股利。采用该股利政策的优点有：

（1）使公司具备较强的灵活性。当公司盈利较少或投资需要较多资金时，维持较低的正常股利，能使股东不会产生股利跌落感；而当盈利有较大幅度增长时，适当地增发股利，可以增强投资者对公司的信心，有助于稳定股票价格。

（2）适时地支付额外股利，既可以使公司保持正常的股利发放水平，又能使股东分享公司繁荣的好处，并向市场传递有关公司当前和未来经营业绩良好的信息。

（3）可以使依赖股利收入的股东在各年得到最低的、稳定的正常股利收入，因而对这种投资者会有很强的吸引力。

**相关链接**

**盘点“铁公鸡”，139 家上市公司 10 年不分红**

根据《上海证券报》记者的统计，截至 2023 年 4 月 27 日，剔除 2013 年以后上市的公司，139 家上市公司在最近 10 年（2013 年至 2022 年）中从未进行过现金分红。这些公司主要分布在机械设备、电子、化工、医药等行业，其中医药生物公司数量最多。

对于不分红的理由，多家公司表示可供分配利润连年为负数，不具备利润分配的条件，因此始终未进行利润分配。但是，有些公司即便手握大额的现金，滚存的未分配利润颇多，也并未现金分红。

## 第三节　股票股利、股票分割与股票回购

### 一、股票股利

股票股利、股票分割、股票回购

股票股利是公司以发放的股票作为股利的支付方式。股票股利通常以现有股票的百分率表示，如某公司宣告发放 10%的股票股利，则股东拥有 1 000 股股票就会获得 100 股新股。股票股利并不直接增加股东的财富，不会导致公司资产的流出或负债的增加，但会引起股东权益各项目结构发

生变化。

### （一）发放股票股利对公司的影响

发放股票股利对公司不仅有财务上的直接影响，而且也会影响公司的股价以及长远发展。现举例说明。

**【例 10－3】** 某股份有限公司发放股票股利之前股东权益项目的构成情况如表 10－1 所示。

**表 10－1　股东权益情况表（利润分配前）**　　单位：元

| 普通股股本（面值 1 元，200 000 股） | 200 000 |
|---|---|
| 资本公积 | 400 000 |
| 盈余公积 | 600 000 |
| 未分配利润 | 1 400 000 |
| 股东权益合计 | 2 600 000 |

假定该公司宣布发放 10%的股票股利，即 20 000 股普通股。

我国上市公司规定股票股利按照股票面值从未分配利润转入普通股股本。即未分配利润减少 20 000 元，同时股本增加 20 000 元。发放股票股利之后，公司的股东权益各项目的构成如表 10－2 所示。

**表 10－2　股东权益情况表（利润分配后）**　　单位：元

| 普通股股本（面值 1 元，220 000 股） | 220 000 |
|---|---|
| 资本公积 | 400 000 |
| 盈余公积 | 600 000 |
| 未分配利润 | 1 380 000 |
| 股东权益合计 | 2 600 000 |

可见，发放股票股利不会对公司股东权益总额产生影响，只是影响股东权益内部项目构成的比例。

公司发放股票股利除了上述财务影响之外，一般来说，对公司的意义有以下几点：

（1）发放股票股利可以使公司留存大量的现金进行再投资，有利于公司的长期发展。

（2）在盈利总额和市盈率（即每股市价/每股收益）不变的情况下，发放股票股利可以降低每股收益和每股市价，从而吸引更多的投资者。

（3）发放股票股利会向市场传递公司将会继续发展的信息，从而提高投资者对公司的信心。

### （二）发放股票股利对股东的影响

如果盈利总额和市盈率不变，发放股票股利会因发行在外普通股股数增加而引起每股收益和每股市价下降，但发放股票股利并不改变股东的持股比例，因此每位股东所持有的股票市场价值总额不变。

承例 10－3，如果公司本年净利润为 440 000 元，某股东持有 20 000 股普通股，股票的市价为 20 元。假设市盈率不变，发放股票股利前后相关财务指标的变动如表 10－3 所示。

**表 10－3 股票股利发放前后对比表** 单位：元

| 财务指标 | 股票股利发放前 | 股票股利发放后 |
| --- | --- | --- |
| 每股收益（元/股） | 440 000÷200 000＝2.2 | 440 000÷220 000＝2 |
| 每股市价（元/股） | 20 | 20÷(1＋10％)＝18.18 |
| 持股比例 | 20 000÷200 000×100％＝10％ | 22 000÷220 000×100％＝10％ |
| 持股市场总价值（元） | 20×20 000＝400 000 | 18.18×22 000＝400 000* |

注：标注＊的受每股市价尾数的影响。

可见，发放股票股利不会直接增加股东的财富，不会改变股东的持股比例，但是对股东仍有意义。

（1）发放股票股利之后，其股票价格不一定成比例下降，这可使股东得到股票价格相对上升的好处。

（2）发放股票股利通常是成长中公司的行为。投资者通常认为发放股票股利预示着公司将会有较大的发展，利润将会有大幅度的提高，这种心理会有助于稳定股价甚至使股价略有上升。

（3）一般来说，出售股票的资本利得收益比现金股利的收益税率要低，投资者可以获得税收方面的好处。

## 二、股票分割

股票分割是指将面值较高的股票转换成面值较低股票的行为，如 1 比 2 的股票分割就是将股票数量增加一倍，而每股面值以同比例下降。股票分割产生的效果与股票股利类似，即 1 比 2 的股票分割相当于 100％的股票股利发放率。

股票分割导致发行在外的股数增加，使得每股面值降低，每股收益下降；但公司的股票价值总额不变，股东权益总额和股东权益内部各项目的构成比例也不变。

**【例 10－4】**某公司原发行面值 2 元的普通股 200 000 股，若按 1 股换 2 股的比例进行股票分割，则分割前后的股东权益项目变化如表 10－4 所示。

**表 10－4 股票分割前后股东权益各项目对比表** 单位：元

| 项目 | 股票分割前 | 项目 | 股票分割后 |
| --- | --- | --- | --- |
| 普通股股本（面值 2 元，200 000 股） | 400 000 | 普通股（面值 1 元，400 000 股） | 400 000 |
| 资本公积 | 800 000 | 资本公积 | 800 000 |
| 盈余公积 | 1 000 000 | 盈余公积 | 1 000 000 |
| 未分配利润 | 4 000 000 | 未分配利润 | 4 000 000 |
| 股东权益 | 6 200 000 | 股东权益 | 6 200 000 |

假定公司本年的净利润为 400 000 元，则股票分割前的每股收益为 2 元（400 000÷200 000）；股票分割后的每股收益为 1 元（400 000÷400 000）。如果市盈率不变，则每股市价也会因此而下降。

对公司来讲，实行股票分割的主要目的在于增加股票的数量，降低每股市价，从而吸引更多的投资者。此外，股票分割通常是成长中公司的行为，宣布股票分割后容易给人一种“公司正处于发展之中”的印象，这种利好信息会在短时间内提高股价。

对股东来讲，股票分割后其持有股数增加，持股比例不变，持有的股票价值总额不变。然而，如果股票分割后的每股现金股利下降幅度小于股票分割的幅度，股东仍能够多获得现金股利。例如，公司股票分割前每股现金股利 2 元，某股东持有 1 000 股，可分得现金股利 2 000 元；若公司按 1 比 2 的比例进行股票分割，该股东所持股数变为 2 000 股，如果现金股利降为 1.1 元，则该股东仍能获得现金股利 2 200 元，大于股票分割前的现金股利总额。

### 三、股票回购

股票回购是指公司在有多余现金时，购回自己发行的股票。近年来，股票回购已经成为向股东分配利润的一个重要形式，尤其是当避税效用显著时，股票回购可能就是股利分配政策的一个有效替代方式。通过股票回购，使流通在外的股数减少，每股股利增加。在市盈率不变的情况下，会使股价上升，股东因此获得资本利得，这就相当于公司支付给股东现金股利。

对股东而言，股票回购后股东得到的资本利得收益需要缴纳资本利得税，发放现金股利后，股东则需要缴纳股息税。在前者低于后者的情况下，股东将得到纳税上的好处。

对公司而言，股票回购将有利于增加公司的价值：(1) 公司进行股票回购是向市场传递股价被低估的信号。如果公司管理层认为目前的股价被低估，通过股票回购，向市场传递积极信息，提升股价。(2) 如果公司认为资本结构中权益资本比例过高，可以通过股票回购提高负债比例，改变资本结构，有助于降低加权平均资本成本，发挥财务杠杆作用。尤其是通过举债筹资回购本公司股票，可以更快速地提高负债比例。(3) 通过股票回购，可以减少流通在外普通股数，提高股票价格，在一定程度上可以降低公司被收购的风险。(4) 避免股利波动带来不利的影响。如果公司剩余的现金流量是暂时的或不稳定的，则可以维持一个稳定的股利基础，而通过股票回购形式回馈股东。

## 本章小结

股利分配是指公司按照国家有关规定，在兼顾公司发展和投资者及各方利益的基础上，对实现的税后利润所进行的分配。股利分配必须遵循法定的程序，具体包括的重要日期有股利宣布日、股权登记日、除息日和股利支付日。股利支付形式有现金股利、股票股利、财产股利和负债股利。

股利理论有股利无关论和股利相关论。股利相关论认为公司的股利分配对公司市场价值有影响。其主要观点有“一鸟在手”理论、信号传递理论、税差理论和代理理论。

影响股利政策的因素包括法律因素、公司因素、股东因素和其他因素等。股利政策类型主要包括剩余股利政策、固定或稳定增长股利政策、固定股利支付率政策、低正常股利加额外股利政策等。

股票股利是公司以发放的股票作为股利的支付方式。股票股利并不直接增加股东的财富，不会导致公司资产的流出或负债的增加，但会引起股东权益各项目结构发生变化。尽管如此，股票股利对公司和股东均有特殊意义。

股票分割是指将面值较高的股票转换成面值较低股票的行为。股票分割导致发行在外的股数增加，使得每股面值降低，每股收益下降；但公司的股票价值总额不变，股东权益总额和股东权益内部各项目的构成比例也不变。与股票股利类似，股票分割对公司和股东有重要意义。

股票回购是指公司在有多余现金时，回购自己发行的股票，股票回购对股东和公司均有重要作用。

## 思考题

1. 股利支付形式有哪几种？
2. 股利相关论有哪些主要观点？
3. 阐述影响股利政策制定的因素。
4. 阐述股利信号传递理论和代理理论的基本观点。
5. 股利政策的类型有哪几种？各有什么优缺点？
6. 阐述股票股利与股票分割的异同点。
7. 阐述股票回购对公司和股东影响。

## 在线自测

扫一扫　练一练

# 参考文献

1. 贾国军．财务管理学．北京：中国人民大学出版社，2014.

2. 财政部会计资格评价中心．财务管理．北京：经济科学出版社，2024.

3. 中国注册会计师协会．财务成本管理．北京：中国财政经济出版社，2024.

4. 乔纳森·伯克，彼得·德马佐．公司理财．姜英兵，陈梅，译．北京：中国人民大学出版社，2009.

5.《中华人民共和国公司法》(中华人民共和国主席令第 15 号，2023 年 12 月 29 日修订，2024 年 7 月 1 日起施行).

6.《中华人民共和国证券法》(中华人民共和国主席令第 37 号，2019 年 12 月 28 日修订，2020 年 3 月 1 日起施行).

7.《上市公司证券发行注册管理办法》(证监会令第 206 号，2023 年 2 月 17 日起施行).

8.《财政部关于全面推进管理会计体系建设的指导意见》(财会〔2014〕27 号).

# 附表 1　复利终值系数表

| 期数 | 1% | 2% | 3% | 4% | 5% | 6% | 7% | 8% | 9% | 10% |
|---|---|---|---|---|---|---|---|---|---|---|
| 1 | 1.010 0 | 1.020 0 | 1.030 0 | 1.040 0 | 1.050 0 | 1.060 0 | 1.070 0 | 1.080 0 | 1.090 0 | 1.100 0 |
| 2 | 1.020 1 | 1.040 4 | 1.060 9 | 1.081 6 | 1.102 5 | 1.123 6 | 1.144 9 | 1.166 4 | 1.188 1 | 1.210 0 |
| 3 | 1.030 3 | 1.061 2 | 1.092 7 | 1.124 9 | 1.157 6 | 1.191 0 | 1.225 0 | 1.259 7 | 1.295 0 | 1.331 0 |
| 4 | 1.040 6 | 1.082 4 | 1.125 5 | 1.169 9 | 1.215 5 | 1.262 5 | 1.310 8 | 1.360 5 | 1.411 6 | 1.464 1 |
| 5 | 1.051 0 | 1.104 1 | 1.159 3 | 1.216 7 | 1.276 3 | 1.338 2 | 1.402 6 | 1.469 3 | 1.538 6 | 1.610 5 |
| 6 | 1.061 5 | 1.126 2 | 1.194 1 | 1.265 3 | 1.340 1 | 1.418 5 | 1.500 7 | 1.586 9 | 1.677 1 | 1.771 6 |
| 7 | 1.072 1 | 1.148 7 | 1.229 9 | 1.315 9 | 1.407 1 | 1.503 6 | 1.605 8 | 1.713 8 | 1.828 0 | 1.948 7 |
| 8 | 1.082 9 | 1.171 7 | 1.266 8 | 1.368 6 | 1.477 5 | 1.593 8 | 1.718 2 | 1.850 9 | 1.992 6 | 2.143 6 |
| 9 | 1.093 7 | 1.195 1 | 1.304 8 | 1.423 3 | 1.551 3 | 1.689 5 | 1.838 5 | 1.999 0 | 2.171 9 | 2.357 9 |
| 10 | 1.104 6 | 1.219 0 | 1.343 9 | 1.480 2 | 1.628 9 | 1.790 8 | 1.967 2 | 2.158 9 | 2.367 4 | 2.593 7 |
| 11 | 1.115 7 | 1.243 4 | 1.384 2 | 1.539 5 | 1.710 3 | 1.898 3 | 2.104 9 | 2.331 6 | 2.580 4 | 2.853 1 |
| 12 | 1.126 8 | 1.268 2 | 1.425 8 | 1.601 0 | 1.795 9 | 2.012 2 | 2.252 2 | 2.518 2 | 2.812 7 | 3.138 4 |
| 13 | 1.138 1 | 1.293 6 | 1.468 5 | 1.665 1 | 1.885 6 | 2.132 9 | 2.409 8 | 2.719 6 | 3.065 8 | 3.452 3 |
| 14 | 1.149 5 | 1.319 5 | 1.512 6 | 1.731 7 | 1.979 9 | 2.260 9 | 2.578 5 | 2.937 2 | 3.341 7 | 3.797 5 |
| 15 | 1.161 0 | 1.345 9 | 1.558 0 | 1.800 9 | 2.078 9 | 2.396 6 | 2.759 0 | 3.172 2 | 3.642 5 | 4.177 2 |
| 16 | 1.172 6 | 1.372 8 | 1.604 7 | 1.873 0 | 2.182 9 | 2.540 4 | 2.952 2 | 3.425 9 | 3.970 3 | 4.595 0 |
| 17 | 1.184 3 | 1.400 2 | 1.652 8 | 1.947 9 | 2.292 0 | 2.692 8 | 3.158 8 | 3.700 0 | 4.327 6 | 5.054 5 |
| 18 | 1.196 1 | 1.428 2 | 1.702 4 | 2.025 8 | 2.406 6 | 2.854 3 | 3.379 9 | 3.996 0 | 4.717 1 | 5.559 9 |
| 19 | 1.208 1 | 1.456 8 | 1.753 5 | 2.106 8 | 2.527 0 | 3.025 6 | 3.616 5 | 4.315 7 | 5.141 7 | 6.115 9 |
| 20 | 1.220 2 | 1.485 9 | 1.806 1 | 2.191 1 | 2.653 3 | 3.207 1 | 3.869 7 | 4.661 0 | 5.604 4 | 6.727 5 |
| 21 | 1.232 4 | 1.515 7 | 1.860 3 | 2.278 8 | 2.786 0 | 3.399 6 | 4.140 6 | 5.033 8 | 6.108 8 | 7.400 2 |
| 22 | 1.244 7 | 1.546 0 | 1.916 1 | 2.369 9 | 2.925 3 | 3.603 5 | 4.430 4 | 5.436 5 | 6.658 6 | 8.140 3 |
| 23 | 1.257 2 | 1.576 9 | 1.973 6 | 2.464 7 | 3.071 5 | 3.819 7 | 4.740 5 | 5.871 5 | 7.257 9 | 8.954 3 |
| 24 | 1.269 7 | 1.608 4 | 2.032 8 | 2.563 3 | 3.225 1 | 4.048 9 | 5.072 4 | 6.341 2 | 7.911 1 | 9.849 7 |
| 25 | 1.282 4 | 1.640 6 | 2.093 8 | 2.665 8 | 3.386 4 | 4.291 9 | 5.427 4 | 6.848 5 | 8.623 1 | 10.834 7 |
| 26 | 1.295 3 | 1.673 4 | 2.156 6 | 2.772 5 | 3.555 7 | 4.549 4 | 5.807 4 | 7.396 4 | 9.399 2 | 11.918 2 |
| 27 | 1.308 2 | 1.706 9 | 2.221 3 | 2.883 4 | 3.733 5 | 4.822 3 | 6.213 9 | 7.988 1 | 10.245 1 | 13.110 0 |
| 28 | 1.321 3 | 1.741 0 | 2.287 9 | 2.998 7 | 3.920 1 | 5.111 7 | 6.648 8 | 8.627 1 | 11.167 1 | 14.421 0 |
| 29 | 1.334 5 | 1.775 8 | 2.356 6 | 3.118 7 | 4.116 1 | 5.418 4 | 7.114 3 | 9.317 3 | 12.172 2 | 15.863 1 |
| 30 | 1.347 8 | 1.811 4 | 2.427 3 | 3.243 4 | 4.321 9 | 5.743 5 | 7.612 3 | 10.062 7 | 13.267 7 | 17.449 4 |

续表

| 期数 | 11% | 12% | 13% | 14% | 15% | 16% | 17% | 18% | 19% | 20% |
|---|---|---|---|---|---|---|---|---|---|---|
| 1 | 1.110 0 | 1.120 0 | 1.130 0 | 1.140 0 | 1.150 0 | 1.160 0 | 1.170 0 | 1.180 0 | 1.190 0 | 1.200 0 |
| 2 | 1.232 1 | 1.254 4 | 1.276 9 | 1.299 6 | 1.322 5 | 1.345 6 | 1.368 9 | 1.392 4 | 1.416 1 | 1.440 0 |
| 3 | 1.367 6 | 1.404 9 | 1.442 9 | 1.481 5 | 1.520 9 | 1.560 9 | 1.601 6 | 1.643 0 | 1.685 2 | 1.728 0 |
| 4 | 1.518 1 | 1.573 5 | 1.630 5 | 1.689 0 | 1.749 0 | 1.810 6 | 1.873 9 | 1.938 8 | 2.005 3 | 2.073 6 |
| 5 | 1.685 1 | 1.762 3 | 1.842 4 | 1.925 4 | 2.011 4 | 2.100 3 | 2.192 4 | 2.287 8 | 2.386 4 | 2.488 3 |
| 6 | 1.870 4 | 1.973 8 | 2.082 0 | 2.195 0 | 2.313 1 | 2.436 4 | 2.565 2 | 2.699 6 | 2.839 8 | 2.986 0 |
| 7 | 2.076 2 | 2.210 7 | 2.352 6 | 2.502 3 | 2.660 0 | 2.826 2 | 3.001 2 | 3.185 5 | 3.379 3 | 3.583 2 |
| 8 | 2.304 5 | 2.476 0 | 2.658 4 | 2.852 6 | 3.059 0 | 3.278 4 | 3.511 5 | 3.758 9 | 4.021 4 | 4.299 8 |
| 9 | 2.558 0 | 2.773 1 | 3.004 0 | 3.251 9 | 3.517 9 | 3.803 0 | 4.108 4 | 4.435 5 | 4.785 4 | 5.159 8 |
| 10 | 2.839 4 | 3.105 8 | 3.394 6 | 3.707 2 | 4.045 6 | 4.411 4 | 4.806 8 | 5.233 8 | 5.694 7 | 6.191 7 |
| 11 | 3.151 8 | 3.478 6 | 3.835 9 | 4.226 2 | 4.652 4 | 5.117 3 | 5.624 0 | 6.175 9 | 6.776 7 | 7.430 1 |
| 12 | 3.498 5 | 3.896 0 | 4.334 5 | 4.817 9 | 5.350 3 | 5.936 0 | 6.580 1 | 7.287 6 | 8.064 2 | 8.916 1 |
| 13 | 3.883 3 | 4.363 5 | 4.898 0 | 5.492 4 | 6.152 8 | 6.885 8 | 7.698 7 | 8.599 4 | 9.596 4 | 10.699 3 |
| 14 | 4.310 4 | 4.887 1 | 5.534 8 | 6.261 3 | 7.075 7 | 7.987 5 | 9.007 5 | 10.147 2 | 11.419 8 | 12.839 2 |
| 15 | 4.784 6 | 5.473 6 | 6.254 3 | 7.137 9 | 8.137 1 | 9.265 5 | 10.538 7 | 11.973 7 | 13.589 5 | 15.407 0 |
| 16 | 5.310 9 | 6.130 4 | 7.067 3 | 8.137 2 | 9.357 6 | 10.748 0 | 12.330 3 | 14.129 0 | 16.171 5 | 18.488 4 |
| 17 | 5.895 1 | 6.866 0 | 7.986 1 | 9.276 5 | 10.761 3 | 12.467 7 | 14.426 5 | 16.672 2 | 19.244 1 | 22.186 1 |
| 18 | 6.543 6 | 7.690 0 | 9.024 3 | 10.575 2 | 12.375 5 | 14.462 5 | 16.879 0 | 19.673 3 | 22.900 5 | 26.623 3 |
| 19 | 7.263 3 | 8.612 8 | 10.197 4 | 12.055 7 | 14.231 8 | 16.776 5 | 19.748 4 | 23.214 4 | 27.251 6 | 31.948 0 |
| 20 | 8.062 3 | 9.646 3 | 11.523 1 | 13.743 5 | 16.366 5 | 19.460 8 | 23.105 6 | 27.393 0 | 32.429 4 | 38.337 6 |
| 21 | 8.949 2 | 10.803 8 | 13.021 1 | 15.667 6 | 18.821 5 | 22.574 5 | 27.033 6 | 32.323 8 | 38.591 0 | 46.005 1 |
| 22 | 9.933 6 | 12.100 3 | 14.713 8 | 17.861 0 | 21.644 7 | 26.186 4 | 31.629 3 | 38.142 1 | 45.923 3 | 55.206 1 |
| 23 | 11.026 3 | 13.552 3 | 16.626 6 | 20.361 6 | 24.891 5 | 30.376 2 | 37.006 2 | 45.007 6 | 54.648 7 | 66.247 4 |
| 24 | 12.239 2 | 15.178 6 | 18.788 1 | 23.212 2 | 28.625 2 | 35.236 4 | 43.297 3 | 53.109 0 | 65.032 0 | 79.496 8 |
| 25 | 13.585 5 | 17.000 1 | 21.230 5 | 26.461 9 | 32.919 0 | 40.874 2 | 50.657 8 | 62.668 6 | 77.388 1 | 95.396 2 |
| 26 | 15.079 9 | 19.040 1 | 23.990 5 | 30.166 6 | 37.856 8 | 47.414 1 | 59.269 7 | 73.949 0 | 92.091 8 | 114.475 5 |
| 27 | 16.738 7 | 21.324 9 | 27.109 3 | 34.389 9 | 43.535 3 | 55.000 4 | 69.345 5 | 87.259 8 | 109.589 3 | 137.370 6 |
| 28 | 18.579 9 | 23.883 9 | 30.633 5 | 39.204 5 | 50.065 6 | 63.800 4 | 81.134 2 | 102.966 6 | 130.411 2 | 164.844 7 |
| 29 | 20.623 7 | 26.749 9 | 34.615 8 | 44.693 1 | 57.575 5 | 74.008 5 | 94.927 1 | 121.500 5 | 155.189 3 | 197.813 6 |
| 30 | 22.892 3 | 29.959 9 | 39.115 9 | 50.950 2 | 66.211 8 | 85.849 9 | 111.064 7 | 143.370 6 | 184.675 3 | 237. 376 3 |

续表

| 期数 | 21% | 22% | 23% | 24% | 25% | 26% | 27% | 28% | 29% | 30% |
|---|---|---|---|---|---|---|---|---|---|---|
| 1 | 1.210 0 | 1.220 0 | 1.230 0 | 1.240 0 | 1.250 0 | 1.260 0 | 1.270 0 | 1.280 0 | 1.290 0 | 1.300 0 |
| 2 | 1.464 1 | 1.488 4 | 1.512 9 | 1.537 6 | 1.562 5 | 1.587 6 | 1.612 9 | 1.638 4 | 1.664 1 | 1.690 0 |
| 3 | 1.771 6 | 1.815 8 | 1.860 9 | 1.906 6 | 1.953 1 | 2.000 4 | 2.048 4 | 2.097 2 | 2.146 7 | 2.197 0 |
| 4 | 2.143 6 | 2.215 3 | 2.288 9 | 2.364 2 | 2.441 4 | 2.520 5 | 2.601 4 | 2.684 4 | 2.769 2 | 2.856 1 |
| 5 | 2.593 7 | 2.702 7 | 2.815 3 | 2.931 6 | 3.051 8 | 3.175 8 | 3.303 8 | 3.436 0 | 3.572 3 | 3.712 9 |
| 6 | 3.138 4 | 3.297 3 | 3.462 8 | 3.635 2 | 3.814 7 | 4.001 5 | 4.195 9 | 4.398 0 | 4.608 3 | 4.826 8 |
| 7 | 3.797 5 | 4.022 7 | 4.259 3 | 4.507 7 | 4.768 4 | 5.041 9 | 5.328 8 | 5.629 5 | 5.944 7 | 6.274 9 |
| 8 | 4.595 0 | 4.907 7 | 5.238 9 | 5.589 5 | 5.960 5 | 6.352 8 | 6.767 5 | 7.205 8 | 7.668 6 | 8.157 3 |
| 9 | 5.559 9 | 5.987 4 | 6.443 9 | 6.931 0 | 7.450 6 | 8.004 5 | 8.594 8 | 9.223 4 | 9.892 5 | 10.604 5 |
| 10 | 6.727 5 | 7.304 6 | 7.925 9 | 8.594 4 | 9.313 2 | 10.085 7 | 10.915 3 | 11.805 9 | 12.761 4 | 13.785 8 |
| 11 | 8.140 3 | 8.911 7 | 9.748 9 | 10.657 1 | 11.641 5 | 12.708 0 | 13.862 5 | 15.111 6 | 16.462 2 | 17.921 6 |
| 12 | 9.849 7 | 10.872 2 | 11.991 2 | 13.214 8 | 14.551 9 | 16.012 0 | 17.605 3 | 19.342 8 | 21.236 2 | 23.298 1 |
| 13 | 11.918 2 | 13.264 1 | 14.749 1 | 16.386 3 | 18.189 9 | 20.175 2 | 22.358 8 | 24.758 8 | 27.394 7 | 30.287 5 |
| 14 | 14.421 0 | 16.182 2 | 18.141 4 | 20.319 1 | 22.737 4 | 25.420 7 | 28.395 7 | 31.691 3 | 35.339 1 | 39.373 8 |
| 15 | 17.449 4 | 19.742 3 | 22.314 0 | 25.195 6 | 28.421 7 | 32.030 1 | 36.062 5 | 40.564 8 | 45.587 5 | 51.185 9 |
| 16 | 21.113 8 | 24.085 6 | 27.446 2 | 31.242 6 | 35.527 1 | 40.357 9 | 45.799 4 | 51.923 0 | 58.807 9 | 66.541 7 |
| 17 | 25.547 7 | 29.384 4 | 33.758 8 | 38.740 8 | 44.408 9 | 50.851 0 | 58.165 2 | 66.461 4 | 75.862 1 | 86.504 2 |
| 18 | 30.912 7 | 35.849 0 | 41.523 3 | 48.038 6 | 55.511 2 | 64.072 2 | 73.869 8 | 85.070 6 | 97.862 2 | 112.455 4 |
| 19 | 37.404 3 | 43.735 8 | 51.073 7 | 59.567 9 | 69.388 9 | 80.731 0 | 93.814 7 | 108.890 4 | 126.242 2 | 146.192 0 |
| 20 | 45.259 3 | 53.357 6 | 62.820 6 | 73.864 1 | 86.736 2 | 101.721 1 | 119.144 6 | 139.379 7 | 162.852 4 | 190.049 6 |
| 21 | 54.763 7 | 65.096 3 | 77.269 4 | 91.591 5 | 108.420 2 | 128.168 5 | 151.313 7 | 178.406 0 | 210.079 6 | 247.064 5 |
| 22 | 66.264 1 | 79.417 5 | 95.041 3 | 113.573 5 | 135.525 3 | 161.492 4 | 192.168 3 | 228.359 6 | 271.002 7 | 321.183 9 |
| 23 | 80.179 5 | 96.889 4 | 116.900 8 | 140.831 2 | 169.406 6 | 203.480 4 | 244.053 8 | 292.300 3 | 349.593 5 | 417.539 1 |
| 24 | 97.017 2 | 118.205 0 | 143.788 0 | 174.630 6 | 211.758 2 | 256.385 3 | 309.948 3 | 374.144 4 | 450.975 6 | 542.800 8 |
| 25 | 117.390 9 | 144.210 1 | 176.859 3 | 216.542 0 | 264.697 8 | 323.045 4 | 393.634 4 | 478.904 9 | 581.758 5 | 705.641 0 |
| 26 | 142.042 9 | 175.936 4 | 217.536 9 | 268.512 1 | 330.872 2 | 407.037 3 | 499.915 7 | 612.998 2 | 750.468 5 | 917.333 3 |
| 27 | 171.871 9 | 214.642 4 | 267.570 4 | 332.955 0 | 413.590 3 | 512.867 0 | 634.892 9 | 784.637 7 | 968.104 4 | 1 192.533 3 |
| 28 | 207.965 1 | 261.863 7 | 329.111 5 | 412.864 2 | 516.987 9 | 646.212 4 | 806.314 0 | 1 004.336 3 | 1 248.854 6 | 1 550.293 3 |
| 29 | 251.637 7 | 319.473 7 | 404.807 2 | 511.951 6 | 646.234 9 | 814.227 6 | 1 024.018 7 | 1 285.550 4 | 1 611.022 5 | 2 015.381 3 |
| 30 | 304.481 6 | 389.757 9 | 497.912 9 | 634.819 9 | 807.793 6 | 1 025.926 7 | 1 300.503 8 | 1 645.504 6 | 2 078.219 0 | 2 619.995 6 |

# 附表 2　复利现值系数表

| 期数 | 1% | 2% | 3% | 4% | 5% | 6% | 7% | 8% | 9% | 10% |
|---|---|---|---|---|---|---|---|---|---|---|
| 1 | 0.990 1 | 0.980 4 | 0.970 9 | 0.961 5 | 0.952 4 | 0.943 4 | 0.934 6 | 0.925 9 | 0.917 4 | 0.909 1 |
| 2 | 0.980 3 | 0.961 2 | 0.942 6 | 0.924 6 | 0.907 0 | 0.890 0 | 0.873 4 | 0.857 3 | 0.841 7 | 0.826 4 |
| 3 | 0.970 6 | 0.942 3 | 0.915 1 | 0.889 0 | 0.863 8 | 0.839 6 | 0.816 3 | 0.793 8 | 0.772 2 | 0.751 3 |
| 4 | 0.961 0 | 0.923 8 | 0.888 5 | 0.854 8 | 0.822 7 | 0.792 1 | 0.762 9 | 0.735 0 | 0.708 4 | 0.683 0 |
| 5 | 0.951 5 | 0.905 7 | 0.862 6 | 0.821 9 | 0.783 5 | 0.747 3 | 0.713 0 | 0.680 6 | 0.649 9 | 0.620 9 |
| 6 | 0.942 0 | 0.888 0 | 0.837 5 | 0.790 3 | 0.746 2 | 0.705 0 | 0.666 3 | 0.630 2 | 0.596 3 | 0.564 5 |
| 7 | 0.932 7 | 0.870 6 | 0.813 1 | 0.759 9 | 0.710 7 | 0.665 1 | 0.622 7 | 0.583 5 | 0.547 0 | 0.513 2 |
| 8 | 0.923 5 | 0.853 5 | 0.789 4 | 0.730 7 | 0.676 8 | 0.627 4 | 0.582 0 | 0.540 3 | 0.501 9 | 0.466 5 |
| 9 | 0.914 3 | 0.836 8 | 0.766 4 | 0.702 6 | 0.644 6 | 0.591 9 | 0.543 9 | 0.500 2 | 0.460 4 | 0.424 1 |
| 10 | 0.905 3 | 0.820 3 | 0.744 1 | 0.675 6 | 0.613 9 | 0.558 4 | 0.508 3 | 0.463 2 | 0.422 4 | 0.385 5 |
| 11 | 0.896 3 | 0.804 3 | 0.722 4 | 0.649 6 | 0.584 7 | 0.526 8 | 0.475 1 | 0.428 9 | 0.387 5 | 0.350 5 |
| 12 | 0.887 4 | 0.788 5 | 0.701 4 | 0.624 6 | 0.556 8 | 0.497 0 | 0.444 0 | 0.397 1 | 0.355 5 | 0.318 6 |
| 13 | 0.878 7 | 0.773 0 | 0.681 0 | 0.600 6 | 0.530 3 | 0.468 8 | 0.415 0 | 0.367 7 | 0.326 2 | 0.289 7 |
| 14 | 0.870 0 | 0.757 9 | 0.661 1 | 0.577 5 | 0.505 1 | 0.442 3 | 0.387 8 | 0.340 5 | 0.299 2 | 0.263 3 |
| 15 | 0.861 3 | 0.743 0 | 0.641 9 | 0.555 3 | 0.481 0 | 0.417 3 | 0.362 4 | 0.315 2 | 0.274 5 | 0.239 4 |
| 16 | 0.852 8 | 0.728 4 | 0.623 2 | 0.533 9 | 0.458 1 | 0.393 6 | 0.338 7 | 0.291 9 | 0.251 9 | 0.217 6 |
| 17 | 0.844 4 | 0.714 2 | 0.605 0 | 0.513 4 | 0.436 3 | 0.371 4 | 0.316 6 | 0.270 3 | 0.231 1 | 0.197 8 |
| 18 | 0.836 0 | 0.700 2 | 0.587 4 | 0.493 6 | 0.415 5 | 0.350 3 | 0.295 9 | 0.250 2 | 0.212 0 | 0.179 9 |
| 19 | 0.827 7 | 0.686 4 | 0.570 3 | 0.474 6 | 0.395 7 | 0.330 5 | 0.276 5 | 0.231 7 | 0.194 5 | 0.163 5 |
| 20 | 0.819 5 | 0.673 0 | 0.553 7 | 0.456 4 | 0.376 9 | 0.311 8 | 0.258 4 | 0.214 5 | 0.178 4 | 0.148 6 |
| 21 | 0.811 4 | 0.659 8 | 0.537 5 | 0.438 8 | 0.358 9 | 0.294 2 | 0.241 5 | 0.198 7 | 0.163 7 | 0.135 1 |
| 22 | 0.803 4 | 0.646 8 | 0.521 9 | 0.422 0 | 0.341 8 | 0.277 5 | 0.225 7 | 0.183 9 | 0.150 2 | 0.122 8 |
| 23 | 0.795 4 | 0.634 2 | 0.506 7 | 0.405 7 | 0.325 6 | 0.261 8 | 0.210 9 | 0.170 3 | 0.137 8 | 0.111 7 |
| 24 | 0.787 6 | 0.621 7 | 0.491 9 | 0.390 1 | 0.310 1 | 0.247 0 | 0.197 1 | 0.157 7 | 0.126 4 | 0.101 5 |
| 25 | 0.779 8 | 0.609 5 | 0.477 6 | 0.375 1 | 0.295 3 | 0.233 0 | 0.184 2 | 0.146 0 | 0.116 0 | 0.092 3 |
| 26 | 0.772 0 | 0.597 6 | 0.463 7 | 0.360 7 | 0.281 2 | 0.219 8 | 0.172 2 | 0.135 2 | 0.106 4 | 0.083 9 |
| 27 | 0.764 4 | 0.585 9 | 0.450 2 | 0.346 8 | 0.267 8 | 0.207 4 | 0.160 9 | 0.125 2 | 0.097 6 | 0.076 3 |
| 28 | 0.756 8 | 0.574 4 | 0.437 1 | 0.333 5 | 0.255 1 | 0.195 6 | 0.150 4 | 0.115 9 | 0.089 5 | 0.069 3 |
| 29 | 0.749 3 | 0.563 1 | 0.424 3 | 0.320 7 | 0.242 9 | 0.184 6 | 0.140 6 | 0.107 3 | 0.082 2 | 0.063 0 |
| 30 | 0.741 9 | 0.552 1 | 0.412 0 | 0.308 3 | 0.231 4 | 0.174 1 | 0.131 4 | 0.099 4 | 0.075 4 | 0.057 3 |

续表

| 期数 | 11% | 12% | 13% | 14% | 15% | 16% | 17% | 18% | 19% | 20% |
|---|---|---|---|---|---|---|---|---|---|---|
| 1 | 0.900 9 | 0.892 9 | 0.885 0 | 0.877 2 | 0.869 6 | 0.862 1 | 0.854 7 | 0.847 5 | 0.840 3 | 0.833 3 |
| 2 | 0.811 6 | 0.797 2 | 0.783 1 | 0.769 5 | 0.756 1 | 0.743 2 | 0.730 5 | 0.718 2 | 0.706 2 | 0.694 4 |
| 3 | 0.731 2 | 0.711 8 | 0.693 1 | 0.675 0 | 0.657 5 | 0.640 7 | 0.624 4 | 0.608 6 | 0.593 4 | 0.578 7 |
| 4 | 0.658 7 | 0.635 5 | 0.613 3 | 0.592 1 | 0.571 8 | 0.552 3 | 0.533 7 | 0.515 8 | 0.498 7 | 0.482 3 |
| 5 | 0.593 5 | 0.567 4 | 0.542 8 | 0.519 4 | 0.497 2 | 0.476 1 | 0.456 1 | 0.437 1 | 0.419 0 | 0.401 9 |
| 6 | 0.534 6 | 0.506 6 | 0.480 3 | 0.455 6 | 0.432 3 | 0.410 4 | 0.389 8 | 0.370 4 | 0.352 1 | 0.334 9 |
| 7 | 0.481 7 | 0.452 3 | 0.425 1 | 0.399 6 | 0.375 9 | 0.353 8 | 0.333 2 | 0.313 9 | 0.295 9 | 0.279 1 |
| 8 | 0.433 9 | 0.403 9 | 0.376 2 | 0.350 6 | 0.326 9 | 0.305 0 | 0.284 8 | 0.266 0 | 0.248 7 | 0.232 6 |
| 9 | 0.390 9 | 0.360 6 | 0.332 9 | 0.307 5 | 0.284 3 | 0.263 0 | 0.243 4 | 0.225 5 | 0.209 0 | 0.193 8 |
| 10 | 0.352 2 | 0.322 0 | 0.294 6 | 0.269 7 | 0.247 2 | 0.226 7 | 0.208 0 | 0.191 1 | 0.175 6 | 0.161 5 |
| 11 | 0.317 3 | 0.287 5 | 0.260 7 | 0.236 6 | 0.214 9 | 0.195 4 | 0.177 8 | 0.161 9 | 0.147 6 | 0.134 6 |
| 12 | 0.285 8 | 0.256 7 | 0.230 7 | 0.207 6 | 0.186 9 | 0.168 5 | 0.152 0 | 0.137 2 | 0.124 0 | 0.112 2 |
| 13 | 0.257 5 | 0.229 2 | 0.204 2 | 0.182 1 | 0.162 5 | 0.145 2 | 0.129 9 | 0.116 3 | 0.104 2 | 0.093 5 |
| 14 | 0.232 0 | 0.204 6 | 0.180 7 | 0.159 7 | 0.141 3 | 0.125 2 | 0.111 0 | 0.098 5 | 0.087 6 | 0.077 9 |
| 15 | 0.209 0 | 0.182 7 | 0.159 9 | 0.140 1 | 0.122 9 | 0.107 9 | 0.094 9 | 0.083 5 | 0.073 6 | 0.064 9 |
| 16 | 0.188 3 | 0.163 1 | 0.141 5 | 0.122 9 | 0.106 9 | 0.093 0 | 0.081 1 | 0.070 8 | 0.061 8 | 0.054 1 |
| 17 | 0.169 6 | 0.145 6 | 0.125 2 | 0.107 8 | 0.092 9 | 0.080 2 | 0.069 3 | 0.060 0 | 0.052 0 | 0.045 1 |
| 18 | 0.152 8 | 0.130 0 | 0.110 8 | 0.094 6 | 0.080 8 | 0.069 1 | 0.059 2 | 0.050 8 | 0.043 7 | 0.037 6 |
| 19 | 0.137 7 | 0.116 1 | 0.098 1 | 0.082 9 | 0.070 3 | 0.059 6 | 0.050 6 | 0.043 1 | 0.036 7 | 0.031 3 |
| 20 | 0.124 0 | 0.103 7 | 0.086 8 | 0.072 8 | 0.061 1 | 0.051 4 | 0.043 3 | 0.036 5 | 0.030 8 | 0.026 1 |
| 21 | 0.111 7 | 0.092 6 | 0.076 8 | 0.063 8 | 0.053 1 | 0.044 3 | 0.037 0 | 0.030 9 | 0.025 9 | 0.021 7 |
| 22 | 0.100 7 | 0.082 6 | 0.068 0 | 0.056 0 | 0.046 2 | 0.038 2 | 0.031 6 | 0.026 2 | 0.021 8 | 0.018 1 |
| 23 | 0.090 7 | 0.073 8 | 0.060 1 | 0.049 1 | 0.040 2 | 0.032 9 | 0.027 0 | 0.022 2 | 0.018 3 | 0.015 1 |
| 24 | 0.081 7 | 0.065 9 | 0.053 2 | 0.043 1 | 0.034 9 | 0.028 4 | 0.023 1 | 0.018 8 | 0.015 4 | 0.012 6 |
| 25 | 0.073 6 | 0.058 8 | 0.047 1 | 0.037 8 | 0.030 4 | 0.024 5 | 0.019 7 | 0.016 0 | 0.012 9 | 0.010 5 |
| 26 | 0.066 3 | 0.052 5 | 0.041 7 | 0.033 1 | 0.026 4 | 0.021 1 | 0.016 9 | 0.013 5 | 0.010 9 | 0.008 7 |
| 27 | 0.059 7 | 0.046 9 | 0.036 9 | 0.029 1 | 0.023 0 | 0.018 2 | 0.014 4 | 0.011 5 | 0.009 1 | 0.007 3 |
| 28 | 0.053 8 | 0.041 9 | 0.032 6 | 0.025 5 | 0.020 0 | 0.015 7 | 0.012 3 | 0.009 7 | 0.007 7 | 0.006 1 |
| 29 | 0.048 5 | 0.037 4 | 0.028 9 | 0.022 4 | 0.017 4 | 0.013 5 | 0.010 5 | 0.008 2 | 0.006 4 | 0.005 1 |
| 30 | 0.043 7 | 0.033 4 | 0.025 6 | 0.019 6 | 0.015 1 | 0.011 6 | 0.009 0 | 0.007 0 | 0.005 4 | 0.004 2 |

续表

| 期数 | 21% | 22% | 23% | 24% | 25% | 26% | 27% | 28% | 29% | 30% |
|---|---|---|---|---|---|---|---|---|---|---|
| 1 | 0.826 4 | 0.819 7 | 0.813 0 | 0.806 5 | 0.800 0 | 0.793 7 | 0.787 4 | 0.781 3 | 0.775 2 | 0.769 2 |
| 2 | 0.683 0 | 0.671 9 | 0.661 0 | 0.650 4 | 0.640 0 | 0.629 9 | 0.620 0 | 0.610 4 | 0.600 9 | 0.591 7 |
| 3 | 0.564 5 | 0.550 7 | 0.537 4 | 0.524 5 | 0.512 0 | 0.499 9 | 0.488 2 | 0.476 8 | 0.465 8 | 0.455 2 |
| 4 | 0.466 5 | 0.451 4 | 0.436 9 | 0.423 0 | 0.409 6 | 0.396 8 | 0.384 4 | 0.372 5 | 0.361 1 | 0.350 1 |
| 5 | 0.385 5 | 0.370 0 | 0.355 2 | 0.341 1 | 0.327 7 | 0.314 9 | 0.302 7 | 0.291 0 | 0.279 9 | 0.269 3 |
| 6 | 0.318 6 | 0.303 3 | 0.288 8 | 0.275 1 | 0.262 1 | 0.249 9 | 0.238 3 | 0.227 4 | 0.217 0 | 0.207 2 |
| 7 | 0.263 3 | 0.248 6 | 0.234 8 | 0.221 8 | 0.209 7 | 0.198 3 | 0.187 7 | 0.177 6 | 0.168 2 | 0.159 4 |
| 8 | 0.217 6 | 0.203 8 | 0.190 9 | 0.178 9 | 0.167 8 | 0.157 4 | 0.147 8 | 0.138 8 | 0.130 4 | 0.122 6 |
| 9 | 0.179 9 | 0.167 0 | 0.155 2 | 0.144 3 | 0.134 2 | 0.124 9 | 0.116 4 | 0.108 4 | 0.101 1 | 0.094 3 |
| 10 | 0.148 6 | 0.136 9 | 0.126 2 | 0.116 4 | 0.107 4 | 0.099 2 | 0.091 6 | 0.084 7 | 0.078 4 | 0.072 5 |
| 11 | 0.122 8 | 0.112 2 | 0.102 6 | 0.093 8 | 0.085 9 | 0.078 7 | 0.072 1 | 0.066 2 | 0.060 7 | 0.055 8 |
| 12 | 0.101 5 | 0.092 0 | 0.083 4 | 0.075 7 | 0.068 7 | 0.062 5 | 0.056 8 | 0.051 7 | 0.047 1 | 0.042 9 |
| 13 | 0.083 9 | 0.075 4 | 0.067 8 | 0.061 0 | 0.055 0 | 0.049 6 | 0.044 7 | 0.040 4 | 0.036 5 | 0.033 0 |
| 14 | 0.069 3 | 0.061 8 | 0.055 1 | 0.049 2 | 0.044 0 | 0.039 3 | 0.035 2 | 0.031 6 | 0.028 3 | 0.025 4 |
| 15 | 0.057 3 | 0.050 7 | 0.044 8 | 0.039 7 | 0.035 2 | 0.031 2 | 0.027 7 | 0.024 7 | 0.021 9 | 0.019 5 |
| 16 | 0.047 4 | 0.041 5 | 0.036 4 | 0.032 0 | 0.028 1 | 0.024 8 | 0.021 8 | 0.019 3 | 0.017 0 | 0.015 0 |
| 17 | 0.039 1 | 0.034 0 | 0.029 6 | 0.025 8 | 0.022 5 | 0.019 7 | 0.017 2 | 0.015 0 | 0.013 2 | 0.011 6 |
| 18 | 0.032 3 | 0.027 9 | 0.024 1 | 0.020 8 | 0.018 0 | 0.015 6 | 0.013 5 | 0.011 8 | 0.010 2 | 0.008 9 |
| 19 | 0.026 7 | 0.022 9 | 0.019 6 | 0.016 8 | 0.014 4 | 0.012 4 | 0.010 7 | 0.009 2 | 0.007 9 | 0.006 8 |
| 20 | 0.022 1 | 0.018 7 | 0.015 9 | 0.013 5 | 0.011 5 | 0.009 8 | 0.008 4 | 0.007 2 | 0.006 1 | 0.005 3 |
| 21 | 0.018 3 | 0.015 4 | 0.012 9 | 0.010 9 | 0.009 2 | 0.007 8 | 0.006 6 | 0.005 6 | 0.004 8 | 0.004 0 |
| 22 | 0.015 1 | 0.012 6 | 0.010 5 | 0.008 8 | 0.007 4 | 0.006 2 | 0.005 2 | 0.004 4 | 0.003 7 | 0.003 1 |
| 23 | 0.012 5 | 0.010 3 | 0.008 6 | 0.007 1 | 0.005 9 | 0.004 9 | 0.004 1 | 0.003 4 | 0.002 9 | 0.002 4 |
| 24 | 0.010 3 | 0.008 5 | 0.007 0 | 0.005 7 | 0.004 7 | 0.003 9 | 0.003 2 | 0.002 7 | 0.002 2 | 0.001 8 |
| 25 | 0.008 5 | 0.006 9 | 0.005 7 | 0.004 6 | 0.003 8 | 0.003 1 | 0.002 5 | 0.002 1 | 0.001 7 | 0.001 4 |
| 26 | 0.007 0 | 0.005 7 | 0.004 6 | 0.003 7 | 0.003 0 | 0.002 5 | 0.002 0 | 0.001 6 | 0.001 3 | 0.001 1 |
| 27 | 0.005 8 | 0.004 7 | 0.003 7 | 0.003 0 | 0.002 4 | 0.001 9 | 0.001 6 | 0.001 3 | 0.001 0 | 0.000 8 |
| 28 | 0.004 8 | 0.003 8 | 0.003 0 | 0.002 4 | 0.001 9 | 0.001 5 | 0.001 2 | 0.001 0 | 0.000 8 | 0.000 6 |
| 29 | 0.004 0 | 0.003 1 | 0.002 5 | 0.002 0 | 0.001 5 | 0.001 2 | 0.001 0 | 0.000 8 | 0.000 6 | 0.000 5 |
| 30 | 0.003 3 | 0.002 6 | 0.002 0 | 0.001 6 | 0.001 2 | 0.001 0 | 0.000 8 | 0.000 6 | 0.000 5 | 0.000 4 |

# 附表3　年金终值系数表

| 期数 | 1% | 2% | 3% | 4% | 5% | 6% | 7% | 8% | 9% | 10% |
|---|---|---|---|---|---|---|---|---|---|---|
| 1 | 1.000 0 | 1.000 0 | 1.000 0 | 1.000 0 | 1.000 0 | 1.000 0 | 1.000 0 | 1.000 0 | 1.000 0 | 1.000 0 |
| 2 | 2.010 0 | 2.020 0 | 2.030 0 | 2.040 0 | 2.050 0 | 2.060 0 | 2.070 0 | 2.080 0 | 2.090 0 | 2.100 0 |
| 3 | 3.030 1 | 3.060 4 | 3.090 9 | 3.121 6 | 3.152 5 | 3.183 6 | 3.214 9 | 3.246 4 | 3.278 1 | 3.310 0 |
| 4 | 4.060 4 | 4.121 6 | 4.183 6 | 4.246 5 | 4.310 1 | 4.374 6 | 4.439 9 | 4.506 1 | 4.573 1 | 4.641 0 |
| 5 | 5.101 0 | 5.204 0 | 5.309 1 | 5.416 3 | 5.525 6 | 5.637 1 | 5.750 7 | 5.866 6 | 5.984 7 | 6.105 1 |
| 6 | 6.152 0 | 6.308 1 | 6.468 4 | 6.633 0 | 6.801 9 | 6.975 3 | 7.153 3 | 7.335 9 | 7.523 3 | 7.715 6 |
| 7 | 7.213 5 | 7.434 3 | 7.662 5 | 7.898 3 | 8.142 0 | 8.393 8 | 8.654 0 | 8.922 8 | 9.200 4 | 9.487 2 |
| 8 | 8.285 7 | 8.583 0 | 8.892 3 | 9.214 2 | 9.549 1 | 9.897 5 | 10.259 8 | 10.636 6 | 11.028 5 | 11.435 9 |
| 9 | 9.368 5 | 9.754 6 | 10.159 1 | 10.582 8 | 11.026 6 | 11.491 3 | 11.978 0 | 12.487 6 | 13.021 0 | 13.579 5 |
| 10 | 10.462 2 | 10.949 7 | 11.463 9 | 12.006 1 | 12.577 9 | 13.180 8 | 13.816 4 | 14.486 6 | 15.192 9 | 15.937 4 |
| 11 | 11.566 8 | 12.168 7 | 12.807 8 | 13.486 4 | 14.206 8 | 14.971 6 | 15.783 6 | 16.645 5 | 17.560 3 | 18.531 2 |
| 12 | 12.682 5 | 13.412 1 | 14.192 0 | 15.025 8 | 15.917 1 | 16.869 9 | 17.888 5 | 18.977 1 | 20.140 7 | 21.384 3 |
| 13 | 13.809 3 | 14.680 3 | 15.617 8 | 16.626 8 | 17.713 0 | 18.882 1 | 20.140 6 | 21.495 3 | 22.953 4 | 24.522 7 |
| 14 | 14.947 4 | 15.973 9 | 17.086 3 | 18.291 9 | 19.598 6 | 21.015 1 | 22.550 5 | 24.214 9 | 26.019 2 | 27.975 0 |
| 15 | 16.096 9 | 17.293 4 | 18.598 9 | 20.023 6 | 21.578 6 | 23.276 0 | 25.129 0 | 27.152 1 | 29.360 9 | 31.772 5 |
| 16 | 17.257 9 | 18.639 3 | 20.156 9 | 21.824 5 | 23.657 5 | 25.672 5 | 27.888 1 | 30.324 3 | 33.003 4 | 35.949 7 |
| 17 | 18.430 4 | 20.012 1 | 21.761 6 | 23.697 5 | 25.840 4 | 28.212 9 | 30.840 2 | 33.750 2 | 36.973 7 | 40.544 7 |
| 18 | 19.614 7 | 21.412 3 | 23.414 4 | 25.645 4 | 28.132 4 | 30.905 7 | 33.999 0 | 37.450 2 | 41.301 3 | 45.599 2 |
| 19 | 20.810 9 | 22.840 6 | 25.116 9 | 27.671 2 | 30.539 0 | 33.760 0 | 37.379 0 | 41.446 3 | 46.018 5 | 51.159 1 |
| 20 | 22.019 0 | 24.297 4 | 26.870 4 | 29.778 1 | 33.066 0 | 36.785 6 | 40.995 5 | 45.762 0 | 51.160 1 | 57.275 0 |
| 21 | 23.239 2 | 25.783 3 | 28.676 5 | 31.969 2 | 35.719 3 | 39.992 7 | 44.865 2 | 50.422 9 | 56.764 5 | 64.002 5 |
| 22 | 24.471 6 | 27.299 0 | 30.536 8 | 34.248 0 | 38.505 2 | 43.392 3 | 49.005 7 | 55.456 8 | 62.873 3 | 71.402 7 |
| 23 | 25.716 3 | 28.845 0 | 32.452 9 | 36.617 9 | 41.430 5 | 46.995 8 | 53.436 1 | 60.893 3 | 69.531 9 | 79.543 0 |
| 24 | 26.973 5 | 30.421 9 | 34.426 5 | 39.082 6 | 44.502 0 | 50.815 6 | 58.176 7 | 66.764 8 | 76.789 8 | 88.497 3 |
| 25 | 28.243 2 | 32.030 3 | 36.459 3 | 41.645 9 | 47.727 1 | 54.864 5 | 63.249 0 | 73.105 9 | 84.700 9 | 98.347 1 |
| 26 | 29.525 6 | 33.670 9 | 38.553 0 | 44.311 7 | 51.113 5 | 59.156 4 | 68.676 5 | 79.954 4 | 93.324 0 | 109.181 8 |
| 27 | 30.820 9 | 35.344 3 | 40.709 6 | 47.084 2 | 54.669 1 | 63.705 8 | 74.483 8 | 87.350 8 | 102.723 1 | 121.099 9 |
| 28 | 32.129 1 | 37.051 2 | 42.930 9 | 49.967 6 | 58.402 6 | 68.528 1 | 80.697 7 | 95.338 8 | 112.968 2 | 134.209 9 |
| 29 | 33.450 4 | 38.792 2 | 45.218 9 | 52.966 3 | 62.322 7 | 73.639 8 | 87.346 5 | 103.965 9 | 124.135 4 | 148.630 9 |
| 30 | 34.784 9 | 40.568 1 | 47.575 4 | 56.084 9 | 66.438 8 | 79.058 2 | 94.460 8 | 113.283 2 | 136.307 5 | 164.494 0 |

续表

| 期数 | 11% | 12% | 13% | 14% | 15% | 16% | 17% | 18% | 19% | 20% |
|---|---|---|---|---|---|---|---|---|---|---|
| 1 | 1.000 0 | 1.000 0 | 1.000 0 | 1.000 0 | 1.000 0 | 1.000 0 | 1.000 0 | 1.000 0 | 1.000 0 | 1.000 0 |
| 2 | 2.110 0 | 2.120 0 | 2.130 0 | 2.140 0 | 2.150 0 | 2.160 0 | 2.170 0 | 2.180 0 | 2.190 0 | 2.200 0 |
| 3 | 3.342 1 | 3.374 4 | 3.406 9 | 3.439 6 | 3.472 5 | 3.505 6 | 3.538 9 | 3.572 4 | 3.606 1 | 3.640 0 |
| 4 | 4.709 7 | 4.779 3 | 4.849 8 | 4.921 1 | 4.993 4 | 5.066 5 | 5.140 5 | 5.215 4 | 5.291 3 | 5.368 0 |
| 5 | 6.227 8 | 6.352 8 | 6.480 3 | 6.610 1 | 6.742 4 | 6.877 1 | 7.014 4 | 7.154 2 | 7.296 6 | 7.441 6 |
| 6 | 7.912 9 | 8.115 2 | 8.322 7 | 8.535 5 | 8.753 7 | 8.977 5 | 9.206 8 | 9.442 0 | 9.683 0 | 9.929 9 |
| 7 | 9.783 3 | 10.089 0 | 10.404 7 | 10.730 5 | 11.066 8 | 11.413 9 | 11.772 0 | 12.141 5 | 12.522 7 | 12.915 9 |
| 8 | 11.859 4 | 12.299 7 | 12.757 3 | 13.232 8 | 13.726 8 | 14.240 1 | 14.773 3 | 15.327 0 | 15.902 0 | 16.499 1 |
| 9 | 14.164 0 | 14.775 7 | 15.415 7 | 16.085 3 | 16.785 8 | 17.518 5 | 18.284 7 | 19.085 9 | 19.923 4 | 20.798 9 |
| 10 | 16.722 0 | 17.548 7 | 18.419 7 | 19.337 3 | 20.303 7 | 21.321 5 | 22.393 1 | 23.521 3 | 24.708 9 | 25.958 7 |
| 11 | 19.561 4 | 20.654 6 | 21.814 3 | 23.044 5 | 24.349 3 | 25.732 9 | 27.199 9 | 28.755 1 | 30.403 5 | 32.150 4 |
| 12 | 22.713 2 | 24.133 1 | 25.650 2 | 27.270 7 | 29.001 7 | 30.850 2 | 32.823 9 | 34.931 1 | 37.180 2 | 39.580 5 |
| 13 | 26.211 6 | 28.029 1 | 29.984 7 | 32.088 7 | 34.351 9 | 36.786 2 | 39.404 0 | 42.218 7 | 45.244 5 | 48.496 6 |
| 14 | 30.094 9 | 32.392 6 | 34.882 7 | 37.581 1 | 40.504 7 | 43.672 0 | 47.102 7 | 50.818 0 | 54.840 9 | 59.195 9 |
| 15 | 34.405 4 | 37.279 7 | 40.417 5 | 43.842 4 | 47.580 4 | 51.659 5 | 56.110 1 | 60.965 3 | 66.260 7 | 72.035 1 |
| 16 | 39.189 9 | 42.753 3 | 46.671 7 | 50.980 4 | 55.717 5 | 60.925 0 | 66.648 8 | 72.939 0 | 79.850 2 | 87.442 1 |
| 17 | 44.500 8 | 48.883 7 | 53.739 1 | 59.117 6 | 65.075 1 | 71.673 0 | 78.979 2 | 87.068 0 | 96.021 8 | 105.930 6 |
| 18 | 50.395 9 | 55.749 7 | 61.725 1 | 68.394 1 | 75.836 4 | 84.140 7 | 93.405 6 | 103.740 3 | 115.265 9 | 128.116 7 |
| 19 | 56.939 5 | 63.439 7 | 70.749 4 | 78.969 2 | 88.211 8 | 98.603 2 | 110.284 6 | 123.413 5 | 138.166 4 | 154.740 0 |
| 20 | 64.202 8 | 72.052 4 | 80.946 8 | 91.024 9 | 102.443 6 | 115.379 7 | 130.032 9 | 146.628 0 | 165.418 0 | 186.688 0 |
| 21 | 72.265 1 | 81.698 7 | 92.469 9 | 104.768 4 | 118.810 1 | 134.840 5 | 153.138 5 | 174.021 0 | 197.847 4 | 225.025 6 |
| 22 | 81.214 3 | 92.502 6 | 105.491 0 | 120.436 0 | 137.631 6 | 157.415 0 | 180.172 1 | 206.344 8 | 236.438 5 | 271.030 7 |
| 23 | 91.147 9 | 104.602 9 | 120.204 8 | 138.297 0 | 159.276 4 | 183.601 4 | 211.801 3 | 244.486 8 | 282.361 8 | 326.236 9 |
| 24 | 102.174 2 | 118.155 2 | 136.831 5 | 158.658 6 | 184.167 8 | 213.977 6 | 248.807 6 | 289.494 5 | 337.010 5 | 392.484 2 |
| 25 | 114.413 3 | 133.333 9 | 155.619 6 | 181.870 8 | 212.793 0 | 249.214 0 | 292.104 9 | 342.603 5 | 402.042 5 | 471.981 1 |
| 26 | 127.998 8 | 150.333 9 | 176.850 1 | 208.332 7 | 245.712 0 | 290.088 3 | 342.762 7 | 405.272 1 | 479.430 6 | 567.377 3 |
| 27 | 143.078 6 | 169.374 0 | 200.840 6 | 238.499 3 | 283.568 8 | 337.502 4 | 402.032 3 | 479.221 1 | 571.522 4 | 681.852 8 |
| 28 | 159.817 3 | 190.698 9 | 227.949 9 | 272.889 2 | 327.104 1 | 392.502 8 | 471.377 8 | 566.480 9 | 681.111 6 | 819.223 3 |
| 29 | 178.397 2 | 214.582 8 | 258.583 4 | 312.093 7 | 377.169 7 | 456.303 2 | 552.512 1 | 669.447 5 | 811.522 8 | 984.068 0 |
| 30 | 199.020 9 | 241.332 7 | 293.199 2 | 356.786 8 | 434.745 1 | 530.311 7 | 647.439 1 | 790.948 0 | 966.712 2 | 1 181.881 6 |

续表

| 期数 | 21% | 22% | 23% | 24% | 25% | 26% | 27% | 28% | 29% | 30% |
|---|---|---|---|---|---|---|---|---|---|---|
| 1 | 1.000 0 | 1.000 0 | 1.000 0 | 1.000 0 | 1.000 0 | 1.000 0 | 1.000 0 | 1.000 0 | 1.000 0 | 1.000 0 |
| 2 | 2.210 0 | 2.220 0 | 2.230 0 | 2.240 0 | 2.250 0 | 2.260 0 | 2.270 0 | 2.280 0 | 2.290 0 | 2.300 0 |
| 3 | 3.674 1 | 3.708 4 | 3.742 9 | 3.777 6 | 3.812 5 | 3.847 6 | 3.882 9 | 3.918 4 | 3.954 1 | 3.990 0 |
| 4 | 5.445 7 | 5.524 2 | 5.603 8 | 5.684 2 | 5.765 6 | 5.848 0 | 5.931 3 | 6.015 6 | 6.100 8 | 6.187 0 |
| 5 | 7.589 2 | 7.739 6 | 7.892 6 | 8.048 4 | 8.207 0 | 8.368 4 | 8.532 7 | 8.699 9 | 8.870 0 | 9.043 1 |
| 6 | 10.183 0 | 10.442 3 | 10.707 9 | 10.980 1 | 11.258 8 | 11.544 2 | 11.836 6 | 12.135 9 | 12.442 3 | 12.756 0 |
| 7 | 13.321 4 | 13.739 6 | 14.170 8 | 14.615 3 | 15.073 5 | 15.545 8 | 16.032 4 | 16.533 9 | 17.050 6 | 17.582 8 |
| 8 | 17.118 9 | 17.762 3 | 18.430 0 | 19.122 9 | 19.841 9 | 20.587 6 | 21.361 2 | 22.163 4 | 22.995 3 | 23.857 7 |
| 9 | 21.713 9 | 22.670 0 | 23.669 0 | 24.712 5 | 25.802 3 | 26.940 4 | 28.128 7 | 29.369 2 | 30.663 9 | 32.015 0 |
| 10 | 27.273 8 | 28.657 4 | 30.112 8 | 31.643 4 | 33.252 9 | 34.944 9 | 36.723 5 | 38.592 6 | 40.556 4 | 42.619 5 |
| 11 | 34.001 3 | 35.962 0 | 38.038 8 | 40.237 9 | 42.566 1 | 45.030 6 | 47.638 8 | 50.398 5 | 53.317 8 | 56.405 3 |
| 12 | 42.141 6 | 44.873 7 | 47.787 7 | 50.895 0 | 54.207 7 | 57.738 6 | 61.501 3 | 65.510 0 | 69.780 0 | 74.327 0 |
| 13 | 51.991 3 | 55.745 9 | 59.778 8 | 64.109 7 | 68.759 6 | 73.750 6 | 79.106 6 | 84.852 9 | 91.016 1 | 97.625 0 |
| 14 | 63.909 5 | 69.010 0 | 74.528 0 | 80.496 1 | 86.949 5 | 93.925 8 | 101.465 4 | 109.611 7 | 118.410 8 | 127.912 5 |
| 15 | 78.330 5 | 85.192 2 | 92.669 4 | 100.815 1 | 109.686 8 | 119.346 5 | 129.861 1 | 141.302 9 | 153.750 0 | 167.286 3 |
| 16 | 95.779 9 | 104.934 5 | 114.983 4 | 126.010 8 | 138.108 5 | 151.376 6 | 165.923 6 | 181.867 7 | 199.337 4 | 218.472 2 |
| 17 | 116.893 7 | 129.020 1 | 142.429 5 | 157.253 4 | 173.635 7 | 191.734 5 | 211.723 0 | 233.790 7 | 258.145 3 | 285.013 9 |
| 18 | 142.441 3 | 158.404 5 | 176.188 3 | 195.994 2 | 218.044 6 | 242.585 5 | 269.888 2 | 300.252 1 | 334.007 4 | 371.518 0 |
| 19 | 173.354 0 | 194.253 5 | 217.711 6 | 244.032 8 | 273.555 8 | 306.657 7 | 343.758 0 | 385.322 7 | 431.869 6 | 483.973 4 |
| 20 | 210.758 4 | 237.989 3 | 268.785 3 | 303.600 6 | 342.944 7 | 387.388 7 | 437.572 6 | 494.213 1 | 558.111 8 | 630.165 5 |
| 21 | 256.017 6 | 291.346 9 | 331.605 9 | 377.464 8 | 429.680 9 | 489.109 8 | 556.717 3 | 633.592 7 | 720.964 2 | 820.215 1 |
| 22 | 310.781 3 | 356.443 2 | 408.875 3 | 469.056 3 | 538.101 1 | 617.278 3 | 708.030 9 | 811.998 7 | 931.043 8 | 1 067.279 6 |
| 23 | 377.045 4 | 435.860 7 | 503.916 6 | 582.629 8 | 673.626 4 | 778.770 7 | 900.199 3 | 1 040.358 3 | 1 202.046 5 | 1 388.463 5 |
| 24 | 457.224 9 | 532.750 1 | 620.817 4 | 723.461 0 | 843.032 9 | 982.251 1 | 1 144.253 1 | 1 332.658 6 | 1 551.640 0 | 1 806.002 6 |
| 25 | 554.242 2 | 650.955 1 | 764.605 4 | 898.091 6 | 1 054.791 2 | 1 238.636 3 | 1 454.201 4 | 1 706.803 1 | 2 002.615 6 | 2 348.803 3 |
| 26 | 671.633 0 | 795.165 3 | 941.464 7 | 1 114.633 6 | 1 319.489 0 | 1 561.681 8 | 1 847.835 8 | 2 185.707 9 | 2 584.374 1 | 3 054.444 3 |
| 27 | 813.675 9 | 971.101 6 | 1 159.001 6 | 1 383.145 7 | 1 650.361 2 | 1 968.719 1 | 2 347.751 5 | 2 798.706 1 | 3 334.842 6 | 3 971.777 6 |
| 28 | 985.547 9 | 1 185.744 0 | 1 426.571 9 | 1 716.100 7 | 2 063.951 5 | 2 481.586 0 | 2 982.644 4 | 3 583.343 8 | 4 302.947 0 | 5 164.310 9 |
| 29 | 1 193.512 9 | 1 447.607 7 | 1 755.683 5 | 2 128.964 8 | 2 580.939 4 | 3 127.798 4 | 3 788.958 3 | 4 587.680 1 | 5 551.801 6 | 6 714.604 2 |
| 30 | 1 445.150 7 | 1 767.081 3 | 2 160.490 7 | 2 640.916 4 | 3 227.174 3 | 3 942.026 0 | 4 812.977 1 | 5 873.230 6 | 7 162.824 1 | 8 729.985 5 |

# 附表 4　年金现值系数表

| 期数 | 1% | 2% | 3% | 4% | 5% | 6% | 7% | 8% | 9% | 10% |
|---|---|---|---|---|---|---|---|---|---|---|
| 1 | 0.990 1 | 0.980 4 | 0.970 9 | 0.961 5 | 0.952 4 | 0.943 4 | 0.934 6 | 0.925 9 | 0.917 4 | 0.909 1 |
| 2 | 1.970 4 | 1.941 6 | 1.913 5 | 1.886 1 | 1.859 4 | 1.833 4 | 1.808 0 | 1.783 3 | 1.759 1 | 1.735 5 |
| 3 | 2.941 0 | 2.883 9 | 2.828 6 | 2.775 1 | 2.723 2 | 2.673 0 | 2.624 3 | 2.577 1 | 2.531 3 | 2.486 9 |
| 4 | 3.902 0 | 3.807 7 | 3.717 1 | 3.629 9 | 3.546 0 | 3.465 1 | 3.387 2 | 3.312 1 | 3.239 7 | 3.169 9 |
| 5 | 4.853 4 | 4.713 5 | 4.579 7 | 4.451 8 | 4.329 5 | 4.212 4 | 4.100 2 | 3.992 7 | 3.889 7 | 3.790 8 |
| 6 | 5.795 5 | 5.601 4 | 5.417 2 | 5.242 1 | 5.075 7 | 4.917 3 | 4.766 5 | 4.622 9 | 4.485 9 | 4.355 3 |
| 7 | 6.728 2 | 6.472 0 | 6.230 3 | 6.002 1 | 5.786 4 | 5.582 4 | 5.389 3 | 5.206 4 | 5.033 0 | 4.868 4 |
| 8 | 7.651 7 | 7.325 5 | 7.019 7 | 6.732 7 | 6.463 2 | 6.209 8 | 5.971 3 | 5.746 6 | 5.534 8 | 5.334 9 |
| 9 | 8.566 0 | 8.162 2 | 7.786 1 | 7.435 3 | 7.107 8 | 6.801 7 | 6.515 2 | 6.246 9 | 5.995 2 | 5.759 0 |
| 10 | 9.471 3 | 8.982 6 | 8.530 2 | 8.110 9 | 7.721 7 | 7.360 1 | 7.023 6 | 6.710 1 | 6.417 7 | 6.144 6 |
| 11 | 10.367 6 | 9.786 8 | 9.252 6 | 8.760 5 | 8.306 4 | 7.886 9 | 7.498 7 | 7.139 0 | 6.805 2 | 6.495 1 |
| 12 | 11.255 1 | 10.575 3 | 9.954 0 | 9.385 1 | 8.863 3 | 8.383 8 | 7.942 7 | 7.536 1 | 7.160 7 | 6.813 7 |
| 13 | 12.133 7 | 11.348 4 | 10.635 0 | 9.985 6 | 9.393 6 | 8.852 7 | 8.357 7 | 7.903 8 | 7.486 9 | 7.103 4 |
| 14 | 13.003 7 | 12.106 2 | 11.296 1 | 10.563 1 | 9.898 6 | 9.295 0 | 8.745 5 | 8.244 2 | 7.786 2 | 7.366 7 |
| 15 | 13.865 1 | 12.849 3 | 11.937 9 | 11.118 4 | 10.379 7 | 9.712 2 | 9.107 9 | 8.559 5 | 8.060 7 | 7.606 1 |
| 16 | 14.717 9 | 13.577 7 | 12.561 1 | 11.652 3 | 10.837 8 | 10.105 9 | 9.446 6 | 8.851 4 | 8.312 6 | 7.823 7 |
| 17 | 15.562 3 | 14.291 9 | 13.166 1 | 12.165 7 | 11.274 1 | 10.477 3 | 9.763 2 | 9.121 6 | 8.543 6 | 8.021 6 |
| 18 | 16.398 3 | 14.992 0 | 13.753 5 | 12.659 3 | 11.689 6 | 10.827 6 | 10.059 1 | 9.371 9 | 8.755 6 | 8.201 4 |
| 19 | 17.226 0 | 15.678 5 | 14.323 8 | 13.133 9 | 12.085 3 | 11.158 1 | 10.335 6 | 9.603 6 | 8.950 1 | 8.364 9 |
| 20 | 18.045 6 | 16.351 4 | 14.877 5 | 13.590 3 | 12.462 2 | 11.469 9 | 10.594 0 | 9.818 1 | 9.128 5 | 8.513 6 |
| 21 | 18.857 0 | 17.011 2 | 15.415 0 | 14.029 2 | 12.821 2 | 11.764 1 | 10.835 5 | 10.016 8 | 9.292 2 | 8.648 7 |
| 22 | 19.660 4 | 17.658 0 | 15.936 9 | 14.451 1 | 13.163 0 | 12.041 6 | 11.061 2 | 10.200 7 | 9.442 4 | 8.771 5 |
| 23 | 20.455 8 | 18.292 2 | 16.443 6 | 14.856 8 | 13.488 6 | 12.303 4 | 11.272 2 | 10.371 1 | 9.580 2 | 8.883 2 |
| 24 | 21.243 4 | 18.913 9 | 16.935 5 | 15.247 0 | 13.798 6 | 12.550 4 | 11.469 3 | 10.528 8 | 9.706 6 | 8.984 7 |
| 25 | 22.023 2 | 19.523 5 | 17.413 1 | 15.622 1 | 14.093 9 | 12.783 4 | 11.653 6 | 10.674 8 | 9.822 6 | 9.077 0 |
| 26 | 22.795 2 | 20.121 0 | 17.876 8 | 15.982 8 | 14.375 2 | 13.003 2 | 11.825 8 | 10.810 0 | 9.929 0 | 9.160 9 |
| 27 | 23.559 6 | 20.706 9 | 18.327 0 | 16.329 6 | 14.643 0 | 13.210 5 | 11.986 7 | 10.935 2 | 10.026 6 | 9.237 2 |
| 28 | 24.316 4 | 21.281 3 | 18.764 1 | 16.663 1 | 14.898 1 | 13.406 2 | 12.137 1 | 11.051 1 | 10.116 1 | 9.306 6 |
| 29 | 25.065 8 | 21.844 4 | 19.188 5 | 16.983 7 | 15.141 1 | 13.590 7 | 12.277 7 | 11.158 4 | 10.198 3 | 9.369 6 |
| 30 | 25.807 7 | 22.396 5 | 19.600 4 | 17.292 0 | 15.372 5 | 13.764 8 | 12.409 0 | 11.257 8 | 10.273 7 | 9.426 9 |

续表

| 期数 | 11% | 12% | 13% | 14% | 15% | 16% | 17% | 18% | 19% | 20% |
|---|---|---|---|---|---|---|---|---|---|---|
| 1 | 0.900 9 | 0.892 9 | 0.885 0 | 0.877 2 | 0.869 6 | 0.862 1 | 0.854 7 | 0.847 5 | 0.840 3 | 0.833 3 |
| 2 | 1.712 5 | 1.690 1 | 1.668 1 | 1.646 7 | 1.625 7 | 1.605 2 | 1.585 2 | 1.565 6 | 1.546 5 | 1.527 8 |
| 3 | 2.443 7 | 2.401 8 | 2.361 2 | 2.321 6 | 2.283 2 | 2.245 9 | 2.209 6 | 2.174 3 | 2.139 9 | 2.106 5 |
| 4 | 3.102 4 | 3.037 3 | 2.974 5 | 2.913 7 | 2.855 0 | 2.798 2 | 2.743 2 | 2.690 1 | 2.638 6 | 2.588 7 |
| 5 | 3.695 9 | 3.604 8 | 3.517 2 | 3.433 1 | 3.352 2 | 3.274 3 | 3.199 3 | 3.127 2 | 3.057 6 | 2.990 6 |
| 6 | 4.230 5 | 4.111 4 | 3.997 5 | 3.888 7 | 3.784 5 | 3.684 7 | 3.589 2 | 3.497 6 | 3.409 8 | 3.325 5 |
| 7 | 4.712 2 | 4.563 8 | 4.422 6 | 4.288 3 | 4.160 4 | 4.038 6 | 3.922 4 | 3.811 5 | 3.705 7 | 3.604 6 |
| 8 | 5.146 1 | 4.967 6 | 4.798 8 | 4.638 9 | 4.487 3 | 4.343 6 | 4.207 2 | 4.077 6 | 3.954 4 | 3.837 2 |
| 9 | 5.537 0 | 5.328 2 | 5.131 7 | 4.946 4 | 4.771 6 | 4.606 5 | 4.450 6 | 4.303 0 | 4.163 3 | 4.031 0 |
| 10 | 5.889 2 | 5.650 2 | 5.426 2 | 5.216 1 | 5.018 8 | 4.833 2 | 4.658 6 | 4.494 1 | 4.338 9 | 4.192 5 |
| 11 | 6.206 5 | 5.937 7 | 5.686 9 | 5.452 7 | 5.233 7 | 5.028 6 | 4.836 4 | 4.656 0 | 4.486 5 | 4.327 1 |
| 12 | 6.492 4 | 6.194 4 | 5.917 6 | 5.660 3 | 5.420 6 | 5.197 1 | 4.988 4 | 4.793 2 | 4.610 5 | 4.439 2 |
| 13 | 6.749 9 | 6.423 5 | 6.121 8 | 5.842 4 | 5.583 1 | 5.342 3 | 5.118 3 | 4.909 5 | 4.714 7 | 4.532 7 |
| 14 | 6.981 9 | 6.628 2 | 6.302 5 | 6.002 1 | 5.724 5 | 5.467 5 | 5.229 3 | 5.008 1 | 4.802 3 | 4.610 6 |
| 15 | 7.190 9 | 6.810 9 | 6.462 4 | 6.142 2 | 5.847 4 | 5.575 5 | 5.324 2 | 5.091 6 | 4.875 9 | 4.675 5 |
| 16 | 7.379 2 | 6.974 0 | 6.603 9 | 6.265 1 | 5.954 2 | 5.668 5 | 5.405 3 | 5.162 4 | 4.937 7 | 4.729 6 |
| 17 | 7.548 8 | 7.119 6 | 6.729 1 | 6.372 9 | 6.047 2 | 5.748 7 | 5.474 6 | 5.222 3 | 4.989 7 | 4.774 6 |
| 18 | 7.701 6 | 7.249 7 | 6.839 9 | 6.467 4 | 6.128 0 | 5.817 8 | 5.533 9 | 5.273 2 | 5.033 3 | 4.812 2 |
| 19 | 7.839 3 | 7.365 8 | 6.938 0 | 6.550 4 | 6.198 2 | 5.877 5 | 5.584 5 | 5.316 2 | 5.070 0 | 4.843 5 |
| 20 | 7.963 3 | 7.469 4 | 7.024 8 | 6.623 1 | 6.259 3 | 5.928 8 | 5.627 8 | 5.352 7 | 5.100 9 | 4.869 6 |
| 21 | 8.075 1 | 7.562 0 | 7.101 6 | 6.687 0 | 6.312 5 | 5.973 1 | 5.664 8 | 5.383 7 | 5.126 8 | 4.891 3 |
| 22 | 8.175 7 | 7.644 6 | 7.169 5 | 6.742 9 | 6.358 7 | 6.011 3 | 5.696 4 | 5.409 9 | 5.148 6 | 4.909 4 |
| 23 | 8.266 4 | 7.718 4 | 7.229 7 | 6.792 1 | 6.398 8 | 6.044 2 | 5.723 4 | 5.432 1 | 5.166 8 | 4.924 5 |
| 24 | 8.348 1 | 7.784 3 | 7.282 9 | 6.835 1 | 6.433 8 | 6.072 6 | 5.746 5 | 5.450 9 | 5.182 2 | 4.937 1 |
| 25 | 8.421 7 | 7.843 1 | 7.330 0 | 6.872 9 | 6.464 1 | 6.097 1 | 5.766 2 | 5.466 9 | 5.195 1 | 4.947 6 |
| 26 | 8.488 1 | 7.895 7 | 7.371 7 | 6.906 1 | 6.490 6 | 6.118 2 | 5.783 1 | 5.480 4 | 5.206 0 | 4.956 3 |
| 27 | 8.547 8 | 7.942 6 | 7.408 6 | 6.935 2 | 6.513 5 | 6.136 4 | 5.797 5 | 5.491 9 | 5.215 1 | 4.963 6 |
| 28 | 8.601 6 | 7.984 4 | 7.441 2 | 6.960 7 | 6.533 5 | 6.152 0 | 5.809 9 | 5.501 6 | 5.222 8 | 4.969 7 |
| 29 | 8.650 1 | 8.021 8 | 7.470 1 | 6.983 0 | 6.550 9 | 6.165 6 | 5.820 4 | 5.509 8 | 5.229 2 | 4.974 7 |
| 30 | 8.693 8 | 8.055 2 | 7.495 7 | 7.002 7 | 6.566 0 | 6.177 2 | 5.829 4 | 5.516 8 | 5.234 7 | 4.978 9 |

续表

| 期数 | 21% | 22% | 23% | 24% | 25% | 26% | 27% | 28% | 29% | 30% |
|---|---|---|---|---|---|---|---|---|---|---|
| 1 | 0.826 4 | 0.819 7 | 0.813 0 | 0.806 5 | 0.800 0 | 0.793 7 | 0.787 4 | 0.781 3 | 0.775 2 | 0.769 2 |
| 2 | 1.509 5 | 1.491 5 | 1.474 0 | 1.456 8 | 1.440 0 | 1.423 5 | 1.407 4 | 1.391 6 | 1.376 1 | 1.360 9 |
| 3 | 2.073 9 | 2.042 2 | 2.011 4 | 1.981 3 | 1.952 0 | 1.923 4 | 1.895 6 | 1.868 4 | 1.842 0 | 1.816 1 |
| 4 | 2.540 4 | 2.493 6 | 2.448 3 | 2.404 3 | 2.361 6 | 2.320 2 | 2.280 0 | 2.241 0 | 2.203 1 | 2.166 2 |
| 5 | 2.926 0 | 2.863 6 | 2.803 5 | 2.745 4 | 2.689 3 | 2.635 1 | 2.582 7 | 2.532 0 | 2.483 0 | 2.435 6 |
| 6 | 3.244 6 | 3.166 9 | 3.092 3 | 3.020 5 | 2.951 4 | 2.885 0 | 2.821 0 | 2.759 4 | 2.700 0 | 2.642 7 |
| 7 | 3.507 9 | 3.415 5 | 3.327 0 | 3.242 3 | 3.161 1 | 3.083 3 | 3.008 7 | 2.937 0 | 2.868 2 | 2.802 1 |
| 8 | 3.725 6 | 3.619 3 | 3.517 9 | 3.421 2 | 3.328 9 | 3.240 7 | 3.156 4 | 3.075 8 | 2.998 6 | 2.924 7 |
| 9 | 3.905 4 | 3.786 3 | 3.673 1 | 3.565 5 | 3.463 1 | 3.365 7 | 3.272 8 | 3.184 2 | 3.099 7 | 3.019 0 |
| 10 | 4.054 1 | 3.923 2 | 3.799 3 | 3.681 9 | 3.570 5 | 3.464 8 | 3.364 4 | 3.268 9 | 3.178 1 | 3.091 5 |
| 11 | 4.176 9 | 4.035 4 | 3.901 8 | 3.775 7 | 3.656 4 | 3.543 5 | 3.436 5 | 3.335 1 | 3.238 8 | 3.147 3 |
| 12 | 4.278 4 | 4.127 4 | 3.985 2 | 3.851 4 | 3.725 1 | 3.605 9 | 3.493 3 | 3.386 8 | 3.285 9 | 3.190 3 |
| 13 | 4.362 4 | 4.202 8 | 4.053 0 | 3.912 4 | 3.780 1 | 3.655 5 | 3.538 1 | 3.427 2 | 3.322 4 | 3.223 3 |
| 14 | 4.431 7 | 4.264 6 | 4.108 2 | 3.961 6 | 3.824 1 | 3.694 9 | 3.573 3 | 3.458 7 | 3.350 7 | 3.248 7 |
| 15 | 4.489 0 | 4.315 2 | 4.153 0 | 4.001 3 | 3.859 3 | 3.726 1 | 3.601 0 | 3.483 4 | 3.372 6 | 3.268 2 |
| 16 | 4.536 4 | 4.356 7 | 4.189 4 | 4.033 3 | 3.887 4 | 3.750 9 | 3.622 8 | 3.502 6 | 3.389 6 | 3.283 2 |
| 17 | 4.575 5 | 4.390 8 | 4.219 0 | 4.059 1 | 3.909 9 | 3.770 5 | 3.640 0 | 3.517 7 | 3.402 8 | 3.294 8 |
| 18 | 4.607 9 | 4.418 7 | 4.243 1 | 4.079 9 | 3.927 9 | 3.786 1 | 3.653 6 | 3.529 4 | 3.413 0 | 3.303 7 |
| 19 | 4.634 6 | 4.441 5 | 4.262 7 | 4.096 7 | 3.942 4 | 3.798 5 | 3.664 2 | 3.538 6 | 3.421 0 | 3.310 5 |
| 20 | 4.656 7 | 4.460 3 | 4.278 6 | 4.110 3 | 3.953 9 | 3.808 3 | 3.672 6 | 3.545 8 | 3.427 1 | 3.315 8 |
| 21 | 4.675 0 | 4.475 6 | 4.291 6 | 4.121 2 | 3.963 1 | 3.816 1 | 3.679 2 | 3.551 4 | 3.431 9 | 3.319 8 |
| 22 | 4.690 0 | 4.488 2 | 4.302 1 | 4.130 0 | 3.970 5 | 3.822 3 | 3.684 4 | 3.555 8 | 3.435 6 | 3.323 0 |
| 23 | 4.702 5 | 4.498 5 | 4.310 6 | 4.137 1 | 3.976 4 | 3.827 3 | 3.688 5 | 3.559 2 | 3.438 4 | 3.325 4 |
| 24 | 4.712 8 | 4.507 0 | 4.317 6 | 4.142 8 | 3.981 1 | 3.831 2 | 3.691 8 | 3.561 9 | 3.440 6 | 3.327 2 |
| 25 | 4.721 3 | 4.513 9 | 4.323 2 | 4.147 4 | 3.984 9 | 3.834 2 | 3.694 3 | 3.564 0 | 3.442 3 | 3.328 6 |
| 26 | 4.728 4 | 4.519 6 | 4.327 8 | 4.151 1 | 3.987 9 | 3.836 7 | 3.696 3 | 3.565 6 | 3.443 7 | 3.329 7 |
| 27 | 4.734 2 | 4.524 3 | 4.331 6 | 4.154 2 | 3.990 3 | 3.838 7 | 3.697 9 | 3.566 9 | 3.444 7 | 3.330 5 |
| 28 | 4.739 0 | 4.528 1 | 4.334 6 | 4.156 6 | 3.992 3 | 3.840 2 | 3.699 1 | 3.567 9 | 3.445 5 | 3.331 2 |
| 29 | 4.743 0 | 4.531 2 | 4.337 1 | 4.158 5 | 3.993 8 | 3.841 4 | 3.700 1 | 3.568 7 | 3.446 1 | 3.331 7 |
| 30 | 4.746 3 | 4.533 8 | 4.339 1 | 4.160 1 | 3.995 0 | 3.842 4 | 3.700 9 | 3.569 3 | 3.446 6 | 3.332 1 |

# 后记

经全国高等教育自学考试指导委员会同意，由经济管理类专业委员会负责高等教育自学考试《财务管理学》教材的审定工作。

《财务管理学》自学考试教材由河北大学贾国军教授、山东大学刘海英教授担任主编，河南师范大学李胜坤教授、北京化工大学林莉教授、北京石油化工学院刘广斌教授担任副主编。

参加本教材审稿讨论会并提出修改意见的有中国人民大学周华教授、中央财经大学宋顺林教授、北京经济管理职业学院冯秀娟教授。全书由贾国军教授修改定稿。

编审人员付出了大量努力，在此一并表示感谢！

全国高等教育自学考试指导委员会<br>经济管理类专业委员会<br>2023 年 12 月

**图书在版编目（CIP）数据**

财务管理学 / 贾国军，刘海英主编. --北京：中国人民大学出版社，2024.7. --(全国高等教育自学考试指定教材). --ISBN 978-7-300-33054-9

Ⅰ. F275

中国国家版本馆 CIP 数据核字第 2024AH1994 号

全国高等教育自学考试指定教材
**财务管理学**
（含：财务管理学自学考试大纲）
（2024 年版）
全国高等教育自学考试指导委员会　组编
主　编　贾国军　刘海英
副主编　李胜坤　林　莉　刘广斌
Caiwu Guanlixue

---

| | | | |
|---|---|---|---|
| **出版发行** | 中国人民大学出版社 | | |
| **社　　址** | 北京中关村大街 31 号 | **邮政编码** | 100080 |
| **电　　话** | 010－62511242（总编室） | | 010－62511770（质管部） |
| | 010－82501766（邮购部） | | 010－62514148（门市部） |
| | 010－62511173（发行公司） | | 010－62515275（盗版举报） |
| **网　　址** | http：//www. crup. com. cn | | |
| **经　　销** | 新华书店 | | |
| **印　　刷** | 北京市鑫霸印务有限公司 | | |
| **开　　本** | 787 mm×1092 mm　1/16 | **版　　次** | 2024 年 7 月第 1 版 |
| **印　　张** | 15 插页 1 | **印　　次** | 2025 年 7 月第 3 次印刷 |
| **字　　数** | 352 000 | **定　　价** | 48.00 元 |


---